JN278839

地域の社会学

森岡清志［編］

ARMA
有斐閣アルマ
Specialized

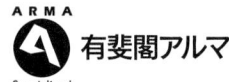

はしがき

Preface
Sociology of Urban Community …

さまざまな領域で「地域」の重要性が再認識されている。1995年の阪神・淡路大震災の苦い経験を通して，私たちは防災と復興に果たす「地域」の役割の大きさを教えられた。少子化と高齢化の予想を超える進行のなかで，私たちは，高齢者と幼児・児童の生活が「地域」を基盤としていることの意味を，あらためて捉え直そうとしている。環境問題も結局は「地域」での解決を要する問題であることにも，私たちは気づき始めている。また，地方分権の流れは「地域」の自立と自治の回復を求め，「地域資源」の再評価を要請する住民の声となり，しだいにその勢いを増しつつある。

このように，近年，「地域」に対する人々の関心はしだいに高まりつつある。「地域」という言葉の使用頻度も，高くなっているように思われる。ところが，「地域」という言葉が内包する意味内容も，空間範域も，人によって，文脈によって，じつにさまざまである。これほどよく用いられるのに，これほど多義的な言葉もめずらしい。

かりに〈地域〉という言葉を日常用語と学術用語に分けたとしても，日常用語は多義的であるが学術用語は一義的であるというわけでもない。日常用語は多義的であるほうがかえって使い勝手がよいかもしれないが，学術用語は一義的であったほうがよい。概念の意味内容が一義的であるからこそ，学生たちはこれを理解し習得することができる。教える側に立つ研究者集団は，概念を共有しつつ同じ土俵のうえで議論を進めることができる。もちろん学生へのきちんとした説明もできるようになる。

本書の第一の目的は，学術用語としても多義的な「地域」ないし「地域社会」という語の意味内容と空間範域を明確にすることであり，そのうえで「地域」ないし「地域社会」の多様な（多義的ではない）側面をさまざまな角度から描くことである。

第二の目的は，社会学（とりわけ都市社会学）の立場から，「地域」ないし「地域社会」に関するわかりやすいテキストを提供することである。このため，学問的検討を要する箇所でも，できるだけ平易な説明をこころみた。また，大学生だけでなく，自治体職員の方々，「地域」に関心をもつ住民の方々も読者に想定し，幅広い方々に読んでいただけるようこころがけて執筆したつもりである。

本書はやむをえざる事情から，執筆者の途中での交替を余儀なくされたこともあり，当初の予定よりも，刊行が大幅に遅れることとなった。もっと前に執筆者の交替を決断していれば，2年ほど早く刊行できていたかもしれないと今になって思う。いずれにせよ，結果として刊行が遅れてしまったことの全ての責任は編者に帰属するものである。

最後になったが，この間，根気強く支え続けてくださった有斐閣アカデミアの池 一氏には，心よりの感謝の意をささげる。氏の助言と励ましなしに本書の刊行はありえなかった。

2008年1月吉日

森 岡 清 志

執筆者紹介（執筆順，＊は編者）

＊森岡　清志（もりおか　きよし）　〔第**1**，**2**，**12**章〕
現職　首都大学東京大学院人文科学研究科教授，世田谷自治政策研究所所長
主著　『ガイドブック社会調査（第2版）』（編著）日本評論社，2007年。『都市化とパートナーシップ』（編著）ミネルヴァ書房，2008年。

玉野　和志（たまの　かずし）　〔第**3**，**4**，**8**章〕
現職　首都大学東京大学院人文科学研究科教授
主著　『東京のローカル・コミュニティ――ある町の物語 1900～80』東京大学出版会，2005年。『近代日本の都市化と町内会の成立』行人社，1993年。

中筋　直哉（なかすじ　なおや）　〔第**5**章〕
現職　法政大学社会学部教授
主著　「地域社会学の知識社会学」『地域社会学講座1　地域社会学の視座と方法』東信堂，2006年。『群衆の居場所――都市騒乱の歴史社会学』新曜社，2005年。

原田　　謙（はらだ　けん）　〔第**6**章〕
現職　実践女子大学人間社会学部専任講師
主著　『現代日本の人間関係――団塊ジュニアからのアプローチ』（共著）学文社，2007年。「大都市部における後期高齢者の社会的ネットワークと精神的健康」『社会学評論』55(4)，2005年。

安河内恵子（やすこうち　けいこ）　〔第**7**，**10**章〕
現職　九州工業大学情報工学部准教授
主著　「サンプリングの考え方と方法」森岡清志編著『ガイドブック社会調査（第2版）』日本評論社，2007年。「都市化社会における女性の就業と社会ネットワーク」金子勇・森岡清志編著『都市化とコミュニティの社会学』ミネルヴァ書房，2001年。

小浜ふみ子（こはま　ふみこ）　〔第**9**章〕
現職　愛知大学経営学部教授
主著　「コミュニティ行政の展開と地域コミュニティの再編――台東区・谷中コミュニティセンターをめぐる住民参加の意義」『ヘスティアとクリオ』4，コミュニティ・自治・歴史研究会，2006年。『質屋の社会史Ⅱ　日本的展開』（愛知大学経営総合科学研究所叢書20）愛知大学経営総合科学研究所，2000年。

二階堂裕子（にかいどう　ゆうこ）　〔第**11**章〕
現職　ノートルダム清心女子大学文学部准教授
主著　『民族関係と地域福祉の都市社会学』世界思想社，2007年。「民族関係の結合メカニズム」谷富夫編著『民族関係における結合と分離』ミネルヴァ書房，2002年。

INFORMATION

◎ 本書の特徴　　福祉や子育て，教育という営みの場，震災や犯罪という「危険」に対処する場などとして，「地域」が見直されています。また，環境問題も地域での解決を要する問題といわれ，地方分権の流れのなかで，地域の自立と自治が重要視されてきています。

一方，「地域」という言葉はいろいろな意味内容をもって使われ，きわめて多義的です。本書では，地域とそこでの生活の問題と意味を考えるために，まず「地域」とは何か，どう捉えたらよいかを明らかにし，そのうえで，地域社会の多様な側面を描き出します。

◎ 本書の構成　　第Ⅰ部「地域を考える」では，社会学が「地域」をどのように捉えようとしてきたか，探究の歴史を振り返るとともに，地域を捉える枠組み，視点を提示します。

第Ⅱ部「地域を見る」では，地域生活の現状分析を踏まえながら，地域とそこでの生活の問題と意味を解明します。

◎ イントロダクション　　各章の冒頭頁には，本文に導くリード文と図版を置き，章で扱うテーマの位置づけ，問題意識を示し，見取り図，イントロダクションとしました。

◎ コラム（*Column*）　　研究の焦点，概念の説明，トピックスなどを本文と別枠のコラムにまとめました。

◎ 引用・参照文献　　本文執筆にあたって参照したり，本文中に文献注を付した文献は，章末に，引用・参照文献として掲載しました。

◎ サマリー　　各章ごとに，章末に要約を掲載しました。

◎ セミナー　　学習・研究のポイントを，課題提起のかたちで示しています。

◎ 読書案内　　さらに学習・研究する人のために，簡単な解説付きで参考文献を載せています。

◎ 索　引　　検索の便を図るために，基本用語・事項と人名につき，巻末に詳細な索引を付けました。

地域の社会学：目次

Contents

Sociology of Urban Community

第3章　地域を枠づける制度と組織　45

第Ⅱ部 地域を見る

第10章　高齢化と地域社会　221

第11章　エスニック集団と地域社会　247

Column 一覧

第I部 地域を考える

第1章　〈地域〉へのアプローチ

小京都といわれる岐阜県高山市上三之町の家なみ（PANA 提供）

〈地域〉をテーマとするテキストの多くは，〈地域〉の重要性を自明の前提として解説を進めている。しかし，日々の生活のなかでの実感に即していえば，必ずしも自明のことではなさそうである。それどころか，〈地域〉を意識する機会さえ，あまりないという現実もある。ゼミ参加の学生たちに，各人の主観としての〈地域〉空間の範囲をたずねてみると，その答えはじつに多様である。範囲など考えてみたこともないと答える者さえいる。〈地域〉との関わりをたずねると，大多数の学生がコンビニの利用をあげ，ごく少数の者が小・中学校の同級生とのつながりや祭りへの参加をあげるにすぎない。

第１章では，〈地域〉を無用なものと感ずる日常の生活実感に素直に従いながら，それでもなぜ〈地域〉が重要なのか，この点を基本に立ち返って問い直し，あわせて，近年あらたに見直され，また付加されつつある〈地域〉の新しい重要性についても考えてみることにしたい。なお，〈地域〉という表記は，これを社会学的概念として明確化する第２章まで用いることとする。

1　混乱する〈地域〉のイメージ

〈地域〉という言葉の多義性

〈地域〉を頭に据える言葉や，〈地域〉を含む言葉を，私たちは日常的によく耳にする。私たち自身もこれらの言葉を，案外よく使っていたりする。地域社会，地域生活，地域問題，地域住民，地域の教育力など，すぐに思い浮かべることのできる言葉である。よく耳にし，またよく使う言葉であるということは，この〈地域〉という言葉が指示し，意味することがら，つまり〈地域〉という言葉に含まれている意味内容が，日常生活を営むうえで無視できず，切り離すことのできないものであることを示している。〈地域〉は，日常生活において本当はかなり重要な意味をもつ言葉であるらしい。

ところが，これらの言葉の内実を，使われた文脈のなかに位置づけて，多少とも厳密に理解しようとすると，意味内容の確定という作業は，たちまち壁にぶちあたってしまう。〈地域〉は，地域に住む人々という意味でも，その人々相互の結びつきという意味でも，地域と呼ばれる一定の空間という意味でも，その空間における施設やサービスの配置状況という意味でも，そしてそれらすべてを含む意味においても使われる日常用語となっている。日常用語としての〈地域〉という言葉のもつ特質の１つは，雑然とした意味内容をありのままに受け入れ，包容する「多義性」にあるといえよう。

〈地域〉という言葉の多重性

この特質に加えて，〈地域〉という言葉は，その指示する空間的範域が，これまたきわめて曖昧模糊としているという特質も兼ね備えている。それは，隣近所のきわめて狭い空間から，ご町内という空間を含み，はては市町村を超え，都道府県に相当する広大な空間に至る，これらすべての空間を内包する言葉として用いられる。

いっそうタチの悪いことは，話の文脈に合わせて〈地域〉の空間的範域も自在に縮小－拡大するだけでなく，聞き手もまた自分の理解に合わせて都合よく自在にこの空間的範域を縮小－拡大しうることであり，それでいて話し手も聞き手も何となく相互に了解しうるということである。〈地域〉という言葉は，「多義性」とともに，その空間的範域における「多重性」をも特質として含むという点で，人々の多様な実感を１つの言葉に表現しうる稀有な日常用語であるといえよう。

実感する〈地域〉の重要性

〈地域〉という言葉が，多義性と多重性をその身にまといながら，日常生活において頻繁に用いられているのは，なぜだろうか。それは，この言葉が，日常生活に密着する言葉であり，日常生活のなかで高い頻度の使用を要請されるほどに生活に不可欠な言葉であり，人々の生活実感に根ざした言葉として用いられているためである。逆にいえば，〈地域〉が，現実に人々の生活に密着し，生活に不可欠な社会－空間であることを反映する結果である。つまり〈地域〉は，意味内容においてどれほど多義的に用いられ，空間範域においてどれほど多重的に用いられようと，居住地を含む空間と社会を指示するという点においては，一貫した用いられ方をされている。

〈地域〉が，居住地を中心として拡がる一定の範域の空間および社会を指示する言葉として受け止められているからこそ，人々は〈地域〉の重要性を実感として捉えてきたということができる。なぜなら，居住する空間と社会に，人々は何らかの関わりをつねにもたざるをえないからである。

居住地としての地域

働くこと，報酬を得ることを基軸として営まれる日常生活が，就労している者に限定されるのとは異なり，住むことを基軸として，あるいは原点として営まれる日常生活は，すべての居住者が経験しているものである。この居住を軸とする日常生活は，居住を軸として拡がる社会関係と空間を舞台に展開されている。この社会関係と空間こそ，人々が語る〈地域〉にほかならない。人々が〈地域〉を何か重要なものと捉え，またそのように実感するのは，居住を軸とする日常生活が，居住を軸として拡がる社会関係と空間に，すなわち〈地域〉に連関して営まれているからである。〈地域〉は，人々の日常生活にとって不可欠の舞台であるからこそ，このように高い頻度で語られ，何か重要なものとみなされているのである。同時に，居住を軸に拡がる社会関係と空間とが，じつに多様な構成をとっているがゆえに，〈地域〉という言葉も，多様な意味内容を包み込む言葉となっている。

可視化する「地域」：まちづくり

いわゆる小京都と称される地方小都市を訪れ，歴史的景観を今に残す町並みを前にして，心のやすらぎや一種の感慨を覚えた人は少なくないと思われる。印象に残る小さな城下町のなかの，幕藩期から続く商家や問屋が連なる町並みや，武家屋敷跡に残る外塀の連なり，あるいは街道すじに発達した旅籠と小売屋の連なる町並みなど，人によって好む眺めはさまざまである。そして，残され維持されている景観を楽しみながらも，「この町に住んでいる人たちは，それはそれとしてたいへんなんだろうなあ」と，ふと思ったりすることもあるだろう。古い町並みを観光客として眺めるだけでも，この古い景観を残すための，その町に居住する人々の努力は，どこでも相当のものに違いないと想像することはできる。景観として眼に見える形で現れたとき，私たちは一定の空間にともに居住する人々の，共同の活動の成果を，ようやく知ることができる。景観の背後の〈地域〉の存在に気づかされる。町並みの保存や再生が〈地域〉と密接に結びつく事業であり，社会関係と空間の基礎的単位として〈地域〉が重要な機能を担っていることをあらためて認識するのである。城下町の時代から続く小都市のように，土着の自営業主が集住する〈地域〉では，居住を軸とする生活と，職業を軸とする生活とが重なっているために，職業における共同の問題（集客能力の向上，観光地としての再生など）がまっすぐに〈地域〉の共同の問題として認知されやすく，そのために住民の側からのまちづくりを起こしやすいという条件に恵まれているといえるかもしれない。しかし，古い町ではしばしば変化を回避する伝統主義的価値志向が深く根を張っている。また，個々の商家の利害の調整も骨のおれることとなる。住民の共同の合意をとりつけ，まちづくりの共同のルールを形成し，個性あるまちづくりに至るには，たいへんな苦労のあることを見逃すことなく理解しておく必要がある。そのうえで，小京都の町並みに限らず，居住を軸として展開される生活には，どこでも共同で解決しなければならない共同の生活問題が存することに注意を向けておくようにしよう。

2 〈地域〉への関与の縮小

生活圏の拡大

ところで，人々の日常生活のもう1つの側面を見てみると，〈地域〉は明らかにその重要性を低下させている。大都市に居住する人々の行動の空間範囲は，〈地域〉という狭い範囲を大きく超え，また1日の生活時間配分も，〈地域〉のなかで過ごす時間を大幅に縮小させているという，もう1つの現実がある。とりわけ10代後半から20代の若者にとって，あるいは多くのサラリーマンにとって〈地域〉は，寝に帰るための家のある場所という以上の意味をもたなくなっている。大都市ほど職場と住居の分離は大きい。このため職場にいる時間に加えて，通勤時間も長くなり，〈地域〉で過ごす時間をほとんど取れないという人々は確実に増大している。休日ももっぱら〈地域〉外で余暇を楽しむ人も多い。人々がそれぞれに重要な意味を与えている活動を拾い出していくと，実際には，少しも〈地域〉が見えてこないという現実もまた，たしかに拡がっている。

2つの実感の乖離

人々の日常生活のなかで，〈地域〉に関わる機会が減少するに伴って，〈地域〉に対して抱いていた実感としての重要性もまた，しだいに薄らいでいく。未婚の青年男女の多くが，日々まさしく実感しているように，生活の空間的範域は，〈地域〉を超えて営まれ，1日の生活時間は，その多くが〈地域〉外で費やされる。〈地域〉の人々との交流も希薄化する。〈地域〉と関わりをもたない生活領域が拡大しつづけるとともに，実感としての〈地域〉はその重要性を低下させる。

人々は〈地域〉の重要性をどこかで実感しながらも，同時に生活のなかでの〈地域〉の手応えのなさをどこかで実感している。〈地域〉の重要性を実感する「私」，〈地域〉の無用性を実感する「私」という２つの「私」の共存と乖離，いまや，人々はこのような２つの「私」の乖離状態を違和感なく受け入れるようになっている。不思議なことでも，疑問なことでも，不自然なことでもなく，自明なこと，あたりまえのこととして，つまり常識としてこの状態を受け入れられるようになっている。

無用性実感の拡大

〈地域〉に関する２つの実感の乖離状態が常識化したといっても，それは２つの実感が等価なものとして人々に受け止められているということを意味しない。実感する重要性よりも，実感する無用性のほうがはるかに強く意識されるというアンバランスを含んだ乖離である。〈地域〉の重要性を実感する「私」の縮小と〈地域〉の無用性を実感する「私」の拡大を伴う乖離である。

〈地域〉の無用性実感の拡大は，住民の〈地域〉への関与の低下とストレートに結びついている。それは，都市への，あるいは大都市郊外への大量人口の流入と，匿名性空間の拡大という事態を起因としつつ，日常行動圏あるいは生活時間配分の比重が地域を超えた空間にますます偏っていくという事態に相応し，また〈地域〉における共同の生活問題の住民による共同処理の大幅な縮小という事態とも相応している。

都市的生活様式と地域

住民による共同処理の大幅な縮小という事態は，１つには，都市的生活様式の深化・拡大がもたらしたものである。都市的生活様式とは，居住地で発生する共同の生活問題を，行政や市場の提供する専門的サービスによって処理することが原則となるような生活の営み方を意味する。住民が高密度に集住する都市という居住地では，さまざまな生活上の共同の問題が発生する。この問題の多くを住民が共同で処理するのではなく，専門サービスによる処理にゆだねること，あるいは，専門サービス供給の母体となる，専門分化された巨大な問題処理システムに依存すること，要するに住民の相互扶助による処理をできるだけ省略化し，専門処理に高度に依存する生活を営むこと，これが都市的生活様式と表現されるものである。

都市的生活様式の深化すなわち専門処理への依存のいっそうの高度化，および都市的生活様式の拡大すなわち全国的伝播は，ともに〈地域〉の共同問題の，住民の相互扶助による処理，つまり住民による共同処理を大幅に縮小させる。要するに，専門処理が発達すればするほど，そしてこれへの依存が高まれば高まるほど，〈地域〉への住民の関与は，ますます縮小することになるといえよう。

家族の構成的変化

住民による共同処理の大幅な縮小という事態は，いま１つの変化，すなわち日本の家族における構成的変化に伴って生じたものでもある。日本の家族は，1950 年代後半から 80 年代前半にかけて，直系家族の制度的一形態としての「家」から，夫婦家族へとその構成を少しずつ変化させてきた。いわゆる核家族化といわれる変容である。もっとも 80 年代後半に入ると，核家族化は頭打ち状態になる。その後，核家族的世帯のなかの，いわば本流とも呼ぶべき「夫婦と未婚の子女よりなる」世帯は減少傾向を示し，代わって，(高齢者の) 夫婦のみ世帯の増加によってかろうじて核家族的世帯全体の減少に歯止めがかかるという，家族構成上の新たな変化が生じてくる。この点を踏まえるならば，核家族化という表現自体，現

Column ① 国勢調査と世帯（その１）

日本の家族の，ことに家族人数や家族構成の全国的動向を知ろうとするとき，国勢調査結果の世帯に関するデータを手がかりとすることが多い。家族と世帯は，厳密には別物であるが，類似点も多く，しかも全国データの時系列的変化を見るには，国勢調査結果に頼るほかないからである。家族の社会学的定義は多様であり諸説にわれるが，世帯の定義は簡潔に統一されている。なぜなら，世帯は，国勢調査の調査単位とするために作られた行政用語だからである。

日本の第１回国勢調査は1920（大正９）年に実施され，その後1945年を除き，５年おきに実施されている。現在の国勢調査と異なり，戦前の国勢調査は現在地主義で実施されていたため，実施時点に日本国内に在住するすべての人を，現にいる場所で捉えるには，調査単位を何にしたらよいか，第１回実施の２年ほど前から，内閣府内で検討が始まっていた。社会調査の多くは調査の単位を個人にしている。社会調査には，意識調査や意識に関する項目を含む調査など，個人を単位とするほかないものが多数含まれているからでもある。しかし，国勢調査となると話が違ってくる。全数調査であるから，単位を個人にすると，乳幼児にも一人ひとりの調査票を用意し，質問していかなければならない。そこで世帯を単位とすることにしたのである。

在の日本の家族の動向を示す言葉としては，すでに死語に近い。

しかし，住民による共同処理の縮小という事態は，1960年以降の，日本の高度成長と都市化の進展とともに進行してきた事態であるために，家族構成の変化のなかでも，とりわけ「家」から夫婦家族への変化，つまり核家族化と総称される1980年代前半までの家族構成の変化と連動する事態と判断することができる。核家族化の進展とともに，「家」と〈地域〉とのつながり方もまた，大きく変化したからである。

家族と〈地域〉のつながりの変化

〈地域〉とのつながりの変化は,「家」という半開放的家族システムから,夫婦家族という閉鎖的家族システムへの変化に起因している。「家」と〈地域〉は,〈地域〉に存するさまざまな集団(とりあえず地域集団と呼んでおこう)に,「家」成員が,「家」のなかの位座(「家」のなかでの成員それぞれの地位)に応じて参加することを通して,眼に見えるかたちで結びついていた。たとえば,「家」の家長は,その地位を占める者だけが原則として参加を許容される集団に,「家」のアトトリの妻は,いわゆる「嫁」だけが集まる集団に,それぞれ参加することを通して,〈地域〉への結びつきをそれぞれに有していたのである。「家」成員それぞれが,それぞれの地域集団へ参加することによって,「家」と〈地域〉との結びつきは,具体化されていたといえよう。このことは,「家」が〈地域〉に対して一定程度開放的であったことを意味してもいる。地域集団の側から見れば,「家」成員の地位に応じた種々の集団を成立させることによって,村の共同問題を集団ごとに分担しつつ共同処理する仕組みを作りえたのである。「家」の半開放的システムと多様な地域集団の存在と共同問題の住民による共同処理とは,このように相互に連関し合っていたと考えることができる。

一方,核家族化は,夫婦と未婚子女のみから成立し,プライバシーを優先し,〈地域〉に対して閉鎖的な小家族を大量に出現させた。このような閉じた小家族の大量の出現は,産業化や都市化とあいまって,多様な地域集団の成立それ自体をあやうくさせる。「家」を単位とし,それらとの結びつきによって成立していた〈地域〉と,「家」成員の参加によって支えられていた多様な地域集団とは,ともに大きく変わっていかざるをえない。核家族化は,夫婦家族のメンバーと地域集団とのつながりを衰弱させることを通して，家族と〈地域〉の結びつきを稀薄化し，住民による共同処理の大幅な縮小を導いたのである。夫婦家族の閉鎖的システムと，地域集団の衰退と，共同問題の住民による共同処理の縮小，それに代わる専門処理への高度依存とは，このように相互に連関し合う事態と考えることができる。

3 今，なぜ〈地域〉は重要なのか

人々の生活行動が，〈地域〉を超えて拡大していること，都市的生活様式の深化・拡大あるいは家族の変化に伴って〈地域〉の共同問題を住民が自分たちで共同処理する機会が大幅に減少していること，前述のこのような事態だけが，〈地域〉の無用性を実感する〈私〉の肥大化に貢献したわけではない。これまで述べた事態は，〈地域〉に対する人々の関心や有効性感覚の衰退に，とりわけ大きな効果をもったと考えられるもののみである。小さな効果の累積もおそらく無視しえないであろう。

暮らしを支え合う地域の機能の変容

たとえば，人々の生活水準が上昇し，「中流」意識をもつ人々が大多数を占めるという事態も，間接的であれ，〈地域〉と人々とのつながりを稀薄化することに効果をもったと推定される。仮に人々が貧しく，日々の暮らしにも事欠くことが多ければ，隣近所の助け合いは，個々の世帯の暮らしを成り立たせるうえで，きわめて重要であったはずである。

狭い町内に限定されているとはいえ，貧しい世帯同士の互助の必要性は，人々に確かな手ごたえをもって〈地域〉を実感させて

Column ② 国勢調査と世帯（その２）

国勢調査の調査単位となった世帯という行政用語は，住所を共にし，家計を同じくする人々の集まりとされている。ところが，当時，これときわめてよく似た集まりを所帯と呼び，男女が同じ屋根の下で暮らし，家計をともにすることを，「所帯をもつ」といっていた。これにヒントを得て貧困所帯調査が，明治末から大正にかけて，大阪市と東京市の社会局によって実施されている。

19 世紀後半，イギリスではヴィクトリア朝時代の後期，小説の世界ではシャーロック・ホームズが活躍したとされるころ，C. ブースの調査など，貧困の実態を知るための初めての社会科学的調査が行われていた。横山源之助をはじめ，大阪市と東京市の社会局の担当者も，これらの仕事を早い時期に取り入れ，学んでいた。イギリスにおける貧困調査に刺激を受けて，日本でも貧困所帯を対象とした調査が，明治末から実施されるようになった。この調査では，家計の収支状況を客観的に捉えることが調査の柱の１つであったから，共に居住し，家計を共にする人々の集まり，すなわち所帯を対象とするのは当然のことといえた。国勢調査は，この所帯という言葉を援用したが，同じままでは貧困調査とまぎらわしく混同される懸念があったために，世帯という新しい名称を作り出したと考えられる。

いたと思われる。しかし，それは，個々の世帯のプライバシーよりも，生き抜いていくための世帯間互助を優先させるほかなかったような暮らしのなかで実感されていた町内的〈地域〉であった。狭い町内のことであるから，もちろん，世帯間の社会的距離のとり方や，共同処理のルールや作法は，長い年月のなかで培われていたであろう。それらは，人口の高密度集住という環境のなかで生きていくための生活の知恵として，現代の都市生活においても意味をもつものも少なくないと思われる。しかし，生活水準の上昇は，このような貧しさに支えられた町内的〈地域〉のあり方をしばしば大きく変えてしまうことになった。日常的に助け合わなくとも，暮らしていけるようになったからである。金さえあれば，各世帯は，おのおの個別に，モノを購入しサービスを享受することができる。町内の世帯は，相互に依存し合う必要を失うのである。戦後の高度成長がもたらした人々の生活水準の上昇は，町内的〈地域〉の有する生活互助機能の衰退を導くこととなった。

〈地域〉に対する関心の高まり

さまざまな要因の連関と積み重ねが，人々の実感しうる〈地域〉を大幅に縮小させ，さらに，〈地域〉という言葉の多義性と指示する空間の多重性とがあいまって，〈地域〉は，ますますよくわからないものになっている。にもかかわらず，依然として〈地域〉への言及は多い。むしろ，近年，増加傾向にある。〈地域〉の意味内容は曖昧なままに，〈地域〉への関心と〈地域〉の重要性に対する認識は，とみに高まっているとさえいいうる。

たしかに，〈地域〉は，まずなによりも人々の居住地であり，この居住地を中心として拡がる一定の空間と社会であり，それゆえに，どのような人も，居住に関わる生活を営まざるをえず，人々によって必要不可欠な社会的空間であるという点に，その基本的重要性を有する。また，したがって，人々が特定の社会的空間に居住すること，すなわち，特定の〈地域〉に存在することが，人々の意識と行動にどのような影響を与えるのか，あるいは，どのような人々の居住が，その居住地にどのような影響を与えるのか，これらを社会科学の武器を用いて説明すること，このことが，都市社会学および地域社会学の基本的使命となっている。

しかし，近年の〈地域〉への認識の変化は，このような〈地域〉の基本的重要性を踏まえたうえで，グローバル化の進展，大量生産・大量廃棄型生産の行き詰まり，環境問題への関心の増大，近代政治システムの限界等，近代社会システム全体の改革の必要という当面する大きな問題が，じつは，〈地域〉の再生ないし活性化，換言するならば，居住地を中心とする「共」の再構築抜きに解決しえないという新しい自覚に由来するという点で，新しい変化といいうるものである。すなわち，近代社会システムの改革は，このシステムの基盤をなす〈地域〉の改革を抜きにありえないこと，あるいは，〈地域〉の改革をテコに近代社会システムの揺らぎを拡大しつつ，より大きな改革へ結びつけていくこと，このような自覚に立脚した，〈地域〉の重要性の再発見なのである。

新しい〈地域〉イメージの構築に向けて

グローバル化の進展は，その負の側面として，社会的不平等の拡大をもたらすといわれている。たとえば，収入格差の拡大，エスニシティの増加に伴う処遇格差の拡大などである。これらの具体的事例は，〈地域〉のなかで，すなわち階層やエスニシティによる居住地の棲み分けの進展や，居住地における紛争の増加として表出する。グローバル化の１つの帰結が〈地域〉の変動にあることは疑いようがない。環境問題の多くもまた，〈地域〉に密接に関わっている。環境問題の被害の発生は，その多くが〈地域〉限定的であり，被害者の救済の方法もまた〈地域〉に拘束される。一方，エコ・システムの形成，地域通貨などの新しい試みから，高齢者・障害者への介護・支援システムの形成，子育ての支援ネットワークづくりなどの十数年も前から言われ続けている事柄も含め，これらが結局はすべて〈地域〉における新しいシステムづくりをカギとしていることが理解されよう。

人々の生活行動や生活圏，あるいは人々の生活価値観に依拠した旧来の〈地域〉のイメージでは，今，必要とされている，このようなさまざまな新しいシステムづくりに，もはや対応できないことは明らかである。社会的不平等の拡大にせよ，環境問題の解決にせよ，さまざまな支援システムの形成にせよ，いずれも〈地域〉の政治と行政に関わる事柄であり，かつ，行政という専門処理にすべてをゆだねるわけにはいかない事柄である。

すなわち〈地域〉は，第1に，〈地域〉政治や〈地域〉への行政サービスに拮抗しつつ協働する〈住民〉自治の基盤をなす社会的空間として見直さなければならない。第2に，近代社会システムの限界が，直接的かつ具体的には専門処理システムの限界として現れている以上，〈地域〉レベルの専門処理システムの改革を通して，住民による共同処理の拡大をさまざまなサブシステム形成のなかに埋め込むことが必要であり，限定された規模での新しい社会システム形成の空間的基盤として捉え直さなければならない。

第3に，そうであるからには，〈地域〉の空間的範域は，政治・行政との対応において，また住民自治の拡大，限定された規模での処理システムの改革，新しい社会システム形成の空間的基盤に対応するものとして，明確に位置づけられなければならない。

このような新しい〈地域〉のイメージ，すなわち近代社会システムの限界を突破する新しい社会システム形成と住民自治の拠点としての〈地域〉イメージこそ，今，求められているものである。

Summary サマリー

第1章では，まず，〈地域〉という言葉が多義性と多重性という2つの特質をもつ言葉であることにふれ，日常的によく使用される言葉であるがゆえに，このような特質をもつことを示唆した。

そのうえで〈地域〉の基本的重要性を，〈地域〉が居住地を中心に拡がる社会－空間である点に求めた。居住を契機として，人々は誰もが一定の関係と一定の行動範域を日常的に形成せざるをえず，〈地域〉という社会と空間を日常生活の基盤とせざるをえないからである。この点にこそ，〈地域〉の基本的重要性がある。

しかし，人々の生活行動圏の拡大，都市的生活様式の深化，家族構成の変化，生活水準の上昇は，一見すると，〈地域〉とは，無縁の諸関係と生活時間を拡大し，〈地域〉の無用性実感を高めている。〈地域〉の重要性実感は低下し，無用性実感が幅をきかせる現状を作り出している。もっとも大きな問題は，〈地域〉の諸問題を，行政に依存して解決・処理することを当然とみなすような社会意識が一般化していることである。すなわち〈地域〉における自治能力の低下である。ところが，経済のグローバル化に伴う新しい問題の発生にしても，環境問題にしても，その解決の担い手を〈地域〉の住民の協働の力に求めることが多くなっている。このミスマッチの解消こそ，緊急な対処を必要とする現代的課題といえよう。

第1章は，〈地域〉が基本的本質的には，個人の居住地を中心に拡がる社会－空間であることを，まず認めることから説明を始めている。しかし，これらの新しい問題に対処するには，〈地域〉をそれぞれの個人を中心として拡がる，さまざまな空間として措定しておくわけにはいかない。行政に対応する何らかの空間範域として画定する必要が生まれているのである。

SEMINAR セミナー

1. ふだん使っている言葉のなかから，〈地域〉がつくものを並べてみよう。それぞれの言葉の意味内容と空間的範域を考えてみよう。

2. 〈地域〉の重要性と無用性がともに実感されるのは，なぜなのだろうか。議論してみよう。

3. 〈地域〉の無用性を実感する人々が増えたのは，生活行動圏の拡がり，都市的生活様式の深化・拡大，核家族化，生活水準の上昇以外にどのような理由が考えられるだろうか。議論してみよう。

4. 典型的な農村での生活上の共同問題と大都市での生活上の共同問題が，どのように異なっているのか，考えてみよう。

5. 経済のグローバル化が進むと，それに伴って地域の重要性が増すのはなぜなのだろうか。考えてみよう。

読書案内

1990 年以降，日本でも社会学の良いテキストが刊行されるようになった。しかし，それ以前は，社会学の初心者向けのテキストとしてお薦めできるものといえば，その多くは，アメリカの社会学者がアメリカの学生向けに書いたテキストであった。これらのテキストを開けると，地域社会（community）というタイトルの章のあるものが，案外と少ないことに気づく。地域社会にかわって，必ず登場するのが，都市ないし都市社会という章である。地域社会という言葉は，日本の社会学の伝統のなかで，当初は農村の「ムラ」を意識する言葉として語られ，のちには農村と都市の一定区域をともに指示できる便利な言葉として，重宝されるようになったようである。したがって，日本の社会学に固有な「伝統」に従うならば，第 1 章に対応する参考文献は，農村社会学の最良の成果物から都市社会学のそれをも含む膨大な著作を列挙するものになってしまっても不思議ではない。逆にいうと，第 1 章（および第 2 章）は，そのような成果を踏まえて書かれているものともいえる。しかし，大量の文献リストを提示することは，このテキストの各章において参考文献をあげる意図とは大きくずれることになる。そこで著者は，地域の社会学を学ぶ初心者に対して日本の社会学の実証的研究の古典のなかから，読んでおくべきだと思う著作を選ぶことにした。それが最良の手引きとなると思うからである。以下にあげる３冊を読まなくても，図書館でぜひ１度は，手にとってながめて欲しいと思う。

鈴木栄太郎『日本農村社会学原理』日本評論社，1940（鈴木栄太郎著作集Ⅰ，Ⅱ，未來社）

日本農村の基本的地域社会単位を自然村（幕藩期の行政村）として析出し，ここに社会学の研究対象を見出した日本農村社会学の古典。自然村における集団・社会関係の累積とムラの共同の社会意識（村の精神）の存在に注目し，村の精神が自然村における個々の社会過程のすみずみにまで浸透し，制御する様相を見事に描いている。

鈴木栄太郎『都市社会学原理』（増補版）有斐閣，1965（鈴木栄太郎著作集Ⅵ，未來社）

シカゴ学派が人口量・人口密度・人口の異質性によって都市という集落を規定したのに対し，はじめて都市を結節機関の集積地として捉え，さらに結節機関の集落間の交流を重視して，機関と機関，機関と人との交流に関する実証研究の成果を示した。また，正常人口の正常生活，都市の社会構造や生活構造に関する独自の理論を展開している。

有賀喜左衛門『日本家族制度と小作制度』河出書房，1943（有賀喜左衛門著作集Ⅰ，Ⅱ，未來社）

九州から東北にいたる日本の各地の村落を対象とする事例調査を積み重ね，その比較検討を通して「家」と「同族」に関する概念枠組みを整備し，それを活用して家制度に規定された日本の小作制度を解明した古典的名著である。

――――――――森岡清志◆

第2章　地域社会とは何だろう

市民会館大ホールで開かれた兵庫県加西市の臨時市議会。客席は800人の傍聴者でうまった（2007年5月13日。毎日新聞社提供）

〈地域〉は，多義的な言葉である。けれども居住地を中心に拡がる一定範域の空間とその内に成立する社会システムを意味する点では変わりがない。この一定範域の，すなわち地域性を軸として切りとられる社会システムを，社会学では「地域社会」と呼んでいる。〈地域〉と同じく，「地域社会」の意味する内容も多様である。またこの空間内に人々の関係が集積することや，自然に形成される空間範域の存在に，社会学者が強くこだわり続けてきたために，実態との乖離がはなはだしく，現実の地域社会を分析する概念としては，役に立たないものになっている。

第2章の目的は，〈地域〉あるいは「地域社会」という言葉を社会学の専門用語として簡潔かつ明確に定義づけ，その意味内容を確定することにある。日常用語としての〈地域〉が多義性と多重性を内包していたのと同じく，社会学の専門用語もまた，長くそうであった。専門用語としての確定作業の準備として，なぜ混乱が長く続いていたのか，その理由を探ることから始めてみよう。

1 日本の社会学と「地域社会」概念

〈地域〉に関する言説を混乱に導いた責任の一端は，社会学者も担うべきものである。〈地域〉への社会学的幻想と現実との乖離に悩まされてきた社会学者は数多い。もっとも，社会学者は通常，〈地域〉とは呼ばず，ほぼ同じ意味で，つまり居住を軸として拡がる一定範囲内の社会関係と空間を指示して，これを「地域社会」と呼んできた。本書でも，この社会学における慣用化された表現にならい，この節以降は，これまで用いてきた〈地域〉にかえて「地域社会」と表現していくことにしよう。

自然村概念とその影響

日本の農村社会学は，戦前から戦後にかけて世界に誇りうる成果をあげている。その1つ，鈴木栄太郎の「自然村」概念は，近年に至るまで社会学における地域社会概念に，少なからぬ影響を与え続けてきた。鈴木栄太郎は，『日本農村社会学原理』（1940年）において，日本農村の基礎的地域社会を地域的に画定し，また，そこでの社会構造に関する指針を作り出す作業を，実証的な確認の積み重ねとともに行っている。このなかで，第二社会地区と名づけた地域空間に，社会集団，個人間の社会関係，関心共同の地域的累積がとくに濃密であることを見出し，しかもこの第二社会地区の多くが，幕藩体制期には行政村であったことを示したのである。江戸期には行政村であったが，明治期に実施された市町村制施行以降は行政村ではない地域空間，つまり旧村としての空間が，基礎的地域社会の単位として機能していることを示し，これを自然村＝ムラと名づけた。

自然村という名称は，幕藩期に長く地域的行政的境界が厳しく定められ，そのために人々の社会関係も，集団もそのなかで閉鎖的に累積するほかなく，この旧村，すなわちかつての行政村としての境界が，自然なムラの境界に転じてしまっていることに着目してつけられたものである。

この自然村概念には，行政村から自然村への転化という興味深い論理が秘められていたが，のちの社会学者の注目は，むしろ自然村内部での社会関係と集団の累積，それを支える住民の共同の社会意識の存在に向けられることになった。そして，自然村こそ，日本の社会学者が実証研究の対象とすべき日本農村の基礎的社会であるという鈴木栄太郎の主張は，日本の都市を対象とする社会学的研究にも影響を与えた。都市社会においても自然村に類似した基礎的地域社会を見出し，これを実証研究の対象としなければならないという暗黙の背後仮説を作り出したのである。その結果，都市の地域社会であっても，概念としては，第1に人々の社会関係の累積が見出され，他と区別しうるような自然な境界が実証的に確認されること，第2にこの空間の内部において人々の共同の社会意識（共属感情や共同の規範など）が存すること，という2つの基準が強調されることとなった。日本の社会学は，地域社会を，人々が日常的に作り合う社会関係の集積する地域空間として，またこの自然のうちに形成された関係累積の境界が空間としても実証的に確認されるものとして捉えてきたのである。このために，鈴木栄太郎が最初に着目した行政的区域との関連は軽視され続けることになった。

パークの自然地区概念の輸入と適用

日本の社会学における地域社会概念は，かつては実体として捉えることのできた伝統的共同体の都市的に変形したありようを，あるいはなお残っているはずの共同体としての基本枠組みを実体として捉えようとするものであったから，都市化の進展とともに，現実の地域社会との乖離の幅は，ますます大きなものとなっていった。それでもこの概念が生き続けたのは，海外の著名な諸家の説を導入しながら，それらを概念存続の糧として利用してきたためである。

たとえば，R. E. パークの自然地区（natural area）という概念における自然という形容詞の用い方は，鈴木栄太郎のいう自然村における自然の意味内容とは，まったく異なるにもかかわらず，パークの自然地区を自然村に引きつける解釈が流布されてきた。鈴木栄太郎の自然村は，幕藩期の行政村からの転化であり，長期にわたり存続した行政的区域が今では自然にできあがった境界として住民に受け止められているという歴史的経過を前提とする概念である。一方，パークの自然地区は，歴史的伝統のまったくない新興都市への，大量人口の移住の過程が，人工的介入のない荒々しいまでに自然な過程であることを踏まえたうえで，この文字どおりに自然な過程の所産としての棲み分けられた居住地を意味する概念である。封建領主による町割もなく，近代都市行政による都市計画もなく，およそ都市づくりに関するどのような作為もないなかで，まさしく自然状態に近似する環境のなかで，競争を経て植物の適地への棲み分けが実現するのと同様に形成される居住地，これがパークのいう自然地区である。自然村と自然地区では，自然の意味内容がまったく異なることが明らかである。

さらに，この自然地区の概念が20世紀初頭のアメリカ新興都市内部の地域社会と，すなわち大量の移民を受け入れつつ急成長する新興都市の内部の，都心に隣接する遷移地帯と呼ばれる一帯に点在する地域社会と見事に照応する概念であるがゆえに，城下町，門前町，宿場町などからの変遷の歴史を有する多数の日本の都市内部の地域社会へ安易に適用するには，相当に困難な概念であることも理解しうるであろう。にもかかわらず，地域社会における関係の累積と地域社会の境界が自然な過程で出現してきたはずであるという仮説的前提に支えられ，パークの自然地区概念における自然の意味内容を曲げてまでも，自然村概念に引きつけた解釈がまかり通ってきたのである。この曲解のなかで，パークの言う自然が，棲み分けのための激しい競争を含む原始的自然状態に近い意味内容であることも，当然のことながらほとんど無視されてきた。

マッキーバーとヒラリーの業績の転用

日本の社会学における地域社会概念の仮説的前提を補強する試みは，マッキーバーのコミュニティ概念の理解においても，ヒラリーの研究成果の理解においても見られるものである。マッキーバーはコミュニティを，アソシエーションと対比させつつ，共同生活が営まれる地域空間と規定している。一方，アソシエーションは人々が共通の関心を満たすために作る組織を意味する。マッキーバーのいうコミュニティは，社会的共同生活の営まれる空間としての地域社会あるいは集落（村や町や都市）に近い概念と考えることができる。この集落のなかで，あるいは集落を超えて，関心を共有する人々のさまざまな集まり，つまりアソシエーションが作られる。

問題となるのは，マッキ－バーのコミュニティ（地域社会ないし集落）における共同生活の意味内容である。マッキーバーは，それぞれのコミュニティのなかでそれぞれに特色をもつ共同生活が営まれることを強調し，それによってコミュニティはコミュニティの成員たちによって意味づけられる空間的境界を有するようになること，またそれぞれのコミュニティが固有の規範，マナーや文化を有するためにコミュニティ成員は他のコミュニティ成員とは相互に異なるような特性を身に帯びることなどを指摘している。

ただし，マッキーバーがコミュニティを地域空間と規定しながらも，論述のなかでは，それは小さな地域社会から都市や国家をも含む広がりをもつ多層な，かつ多様な地域空間として描いている点，またコミュニティとアソシエーションの関連にむしろ関心を向けていた点などを考慮すれば，コミュニティの共同生活が生み出す地域空間の境界や成員の特徴などの叙述も，マッキーバー自身，かなりラフに考えていたと推察することができる。東京の人と大阪の人の違いを生み出す，東京というコミュニティと大阪というコミュニティの違いという程度の，ラフな概念規定なのである。マッキーバーの著作を素直に読んでいくと，コミュニティを狭い地域空間に限定して捉えていたわけではないこと，コミュニティの共同性についても大都市社会全体の共同性をも含むような，柔軟な捉え方をしていたこと，が理解できる。

この点についても，日本の社会学は既成概念の仮説的前提にひきずられて，マッキーバーのコミュニティ規定に関わる箇所のみを取り出し，文字どおりに，あるいはそれ以上に狭く固く限定してコミュニティの共同性を理解し，仮説的前提を補強する材料の1つとしてきた。また，このマッキーバーのコミュニティ概念とは相当に異なるパークのコミュニティ概念や鈴木栄太郎の前社会的統一という用語の重要性（人々が自覚的に生活共同をつくる前の，居住すること自体が生み出す共同性の側面）などは，長く無視されることになった。

地域社会に関するテキストへの引用例のもっとも多い海外の学

Column ③ 地域特性の析出
——社会地区分析（その１）

1955 年，E. シェヴキイと W. ベルは，ロサンジェルスを対象に社会地区分析（social area analysis）を試み，その成果を一冊の書物にして刊行した。これが社会地区分析の始まりである。社会地区は，アメリカにおいて国勢調査結果の表象単位となっている統計区と空間的には同一である。国勢調査の結果から，統計区ごとの社会的特性を描き出し，統計区ごとの地域特性を明らかにしていくこと，これが社会地区分析といわれるものである。社会地区とは，地域特性によって描き分けられた統計区のことである。

シェヴキイとベルは，テクノロジーの進展に伴う都市社会構造の変化が，都市空間の変容をもたらすと考えた。そして，この変容を3つの特性によって，すなわち社会階層的特性，家族的特性，人種・民族的特性によって捉えようとした。社会階層的特性は，職業的地位，教育年数（学歴），収入という3つの国勢調査データ＝指標から構成される。家族的特性（のちに彼らは都市化特性と言い換えるが）は，女性の就業率，幼少人口率，一戸建住宅率という3つの指標から構成される。人種・民族的特性は，非白人率によって示される。もちろんデータはすべて，統計区ごとの国調データである。

社会階層的特性を構成する3指標は，それぞれが高いほど高い得点を与えられ，得点合計が 0 ～ 100 点の範囲に分布するよう操作される。全統計区に社会階層的特性の統計区別得点が与えられる。家族的特性（都市化特性）の得点の与え方は，たいへん興味深いものである。女性の就業率が高いほど高得点を，幼少人口率が低いほど高得点を，一戸建住宅率が低いほど高得点とする（逆にいえば，女性の就業率が低く，幼少人口率が高く，一戸建住宅率が高ければ，より低い得点になる）ような操作を行い，家族的特性に関して，すべての統計区に，これまた 0 ～ 100 点の得点を与えたのである。人種・民族的特性は単純である。非白人率によって白人優位の統計区とそうでない統計区に2分割するだけである。

シェヴキイとベルは，統計区に与えられた社会階層の得点と家族的特性の得点をそれぞれ3分割して9種のタイプに分け，さらに非白人率によって2分割して，合計18種類の地域特性のタイプを作り出した。このタイプによって特色づけられた統計区が，社会地区である。

者は，G. A. ヒラリーであろう。ヒラリーのいうコミュニティは，地域社会とほぼ同義であるが，研究者諸家による94のコミュニティの定義を比較検討し，そのなかから大多数の定義に共通する指標を拾い上げたという点で，テキストで紹介しやすい内容のものとなっていた。3つの指標とは，次のようなものである。1つは，コミュニティを構成する成員間の相互作用の存在，2つは，コミュニティごとの空間境界の存在，3つは，成員の心理的絆を支える共属感情や共通規範の存在である。なお，第2のコミュニティ空間の地域的限定性に関する指標のみは，ほとんどすべての定義に見られたものとされている。このヒラリーがあげた3指標は，社会関係の一定の地域空間内における集積とそれを支える共通規範の存在を地域社会概念の必須要件と見る日本の社会学者にとっては，セットとして理解され，自らの正しさを保障する格好の研究成果と受け止められた。このために，ヒラリーの3指標セットはしばしば紹介され援用されることになる。

現状分析概念と期待概念の並立：もう１つの混乱

地域社会概念の混乱に拍車をかけたもう1つの要因として，コミュニティ論がもたらした影響をあげることができる。日本の社会学に独自のコミュニティ論の発端は1969年の国民生活審議会コミュニティ小委員会『コミュニティ――生活の場における人間の回復』に求められるが，この小委員会の報告書をきっかけとして，大都市における地域社会の機能衰退を回復するためのコミュニティ形成が論じられるようになった。つまりコミュニティとは，現状の地域社会の状態を意味するものではなく，ましてマッキーバーのコミュニティ概念に相当するものでもなく，そもそも大都市における未来の望ましい地域社会のあり方を意味する用語として採用されたのである。

しかし，地域社会と区別して，カタカナでコミュニティと表記し，このコミュニティを望ましい地域社会を意味する期待概念として定立していこうとする提案は，当初は，それほど広く受け入れられなかったようである。ヒラリーやマッキーバーにみるように，あるいは日常の英会話に表現されるように，すでになじんだ言い方として，コミュニティは，現状の地域社会と同じ意味に用いられ続けた。社会学者でさえ，コミュニティと地域社会を同義として捉え続ける者は，相当数，存在したのである。このことが地域社会概念のいっそうの混乱を招くこととなった。コミュニティ論自体が地域社会概念を混乱に導いたのではなく，コミュニティ概念をめぐる理解の不一致が地域社会に関する諸言説の戦国状態を生み出したといえよう。

コミュニティ論は，その関心対象をコミュニティ意識，コミュニティ成員の相互作用，コミュニティ施設と集団，コミュニティごとの処理システム等々に移し替えながら発展してきている。その説明は終章にゆずり，ここでは，コミュニティ概念が期待概念として定立していること，他方，地域社会概念は現状分析のための分析概念として定立していること，この違いをまずは明確にしておく必要がある。両概念の相違を明確にしてこなかったことが，混乱の一つの源となってきたからである。

2 地域社会の空間範域

コミュニティと地域社会

コミュニティは，望ましい地域社会に関する概念であり，目標としての地域社会ないし未来の地域社会を論ずるために必要とされる期待概念である。期待概念であるからこそ，コミュニティ形成論が成立するわけである。

一方，地域社会概念は，過去から現在に至る地域社会の状態の推移および現在の地域社会の状態を実証的に捉えるために必要とされる分析概念と位置づけることができる。どのような地域空間を対象とし，その空間内に成立する社会関係のどのような側面に注目するのか，この点に指針を与えうる概念として定立されなければならないだろう。

このように，この両概念は別箇に定立されるけれども，同時に深く関連しあう概念でもある。なぜなら，コミュニティ概念は，地域社会概念に基づく現状分析を抜きに具体性をもつ展望を切り開くことができず，他方，地域社会概念はコミュニティ概念の描く未来を念頭に置くことなしに，分析が見出す知見に意味を与えることができないからである。

旧来の背後仮説

既成の地域社会概念が地域社会の現実との乖離を広げ，また概念の理解をめぐる混乱を深めていったのは，社会学者の多くがこの概念の背後仮説にさまざまな思いを託していたからでもある。それは，自然村に類似する地域社会を都市のなかにも見出したいという願望，社会関係の累積の自然発生とそれによる地域空間の境界の自然な設定への期待，地域社会は，住民の自発的に形成するつながりを基盤として構成されるものでなければならないという信念，住民の共属感情や共同規範の存在を地域社会概念の要件に含める先行研究の成果を重視し，これを踏襲することへのこだわり等々である。

これらの既成の概念を支えてきた背後仮説は，都市化の急速な進展を見るまでは，たしかに現実との照応が一定程度可能であったという点で，ある種の有効性を保有していた。しかし，高度成長期に，日本の各地の都市で，とりわけ大都市の内部でその照応関係の多くは失われていった。そして現在では，地域社会の現実の分析にとって，既成の概念を支えた背後仮説自体，まったく不適合なものになってしまっている。

新しい概念定立へ向けて

現実との乖離が拡大していくなかで，なぜ社会学者の多くは，これらの背後仮説にこだわってきたのか，地域社会概念の再考と再編がなぜ遅れたのか，その理由を今は問わない。今必要なことは，背後仮説とそれに支えられてきた既成の地域社会概念を根底的に見直すことである。混乱の歴史から私たちが学び取るのは，まさしくこの点であるだろう。

具体的には，地域社会を社会関係の集積する空間とみなすこと，あるいは自然な境界設定の存在を自明なことがらとすること，またヒラリーの検出した3つの指標のすべてが地域社会概念にとって必要な要件と措定すること，このようなこだわりをいったん放棄することが必要である。自然な関係形成，自然な境界設定，住民同士の心理的なつながり等の諸点を地域社会概念から追放することが現実との乖離をうめるうえで重要な作業となることを，混乱の歴史は教えている。

さらに，既成の概念がこれまで軽視してきた視点や知見を逆に重視し，これらを読み直す作業を進め，新しい地域社会概念定立のために活用することである。たとえば鈴木栄太郎が前社会的統一という言葉によって，あるいはパークがコミュニティと称することによって指示した地域社会の共同状態を検討すること，ヒラリーの３指標のなかでの第２の指標，すなわち地域社会の空間的限定性というこの指標のみが，もっとも広く採用された指標であるというヒラリー自身の知見を再評価すること，また鈴木栄太郎の行政村から自然村への転化という視点の重要性を検討してみることなどであり，これらの作業の成果を新しい地域社会概念の定立に生かしていくことが必要である。

２つのタイプの共同性

鈴木栄太郎のいう前社会的統一も，パークのいうコミュニティも，ともに広い意味での共同性を含意するものである。しかし，それは居住者同士の相互作用の展開に基づいて，一定空間における共同生活の約束事やルール，共通の社会規範が形成されていくような，一般的によくいわれるような共同性を指示するものではない。そのような共同性が作り出される以前に存在する共同性を意味するものである。鈴木栄太郎とパークが，ともに含意した共同性とは，一定の地域空間のなかで居住することが，じつはその地域空間における生態学的環境を資源として利用しあうことを必然的に伴っていること，資源利用を媒介として成立する共同（パーク）ないし秩序（鈴木栄太郎）抜きに居住もありえないこと，すなわち居住自体が他の居住者との意図せざる共同，見えない秩序を前提としていること，そのような意味における共同性である。パークはこのレベルの共同的関係にある地域空間をソサエティ（社会）と区別し，社会（ソサエティ）成立以前の共同状態として，コミュニティと呼ぶのであるが，この点は，鈴木栄太郎の前社会的統一とほぼ同義とみなしてよい。この共同性は，簡潔に，共棲的共同性あるいは前社会的共同性と言いうるであろう。

要するに，鈴木栄太郎もパークも，共同性を，前社会状態における共同性と社会（ソサエティ）状態における共同性の２つのタイプに分けて考えていたのである。前者を前社会的共同性，後者を社会的共同性と呼ぶならば，既成の地域社会概念がこだわった共同性は，明らかに，後者の社会的共同性であった。しかし，地域社会における 住民間の相互作用や絆の背後に，住民に内面化された共通の地域規範の存在を求め，これを地域社会概念の重要な要件にしているままでは，この概念は現代の地域社会の現実とますますかけ離れたものになってしまう。地域社会概念に含む共同性を，このような社会的共同性に狭く限定するのではなく，むしろ前社会的共同性，共棲的共同性に求めることが必要になっている。すなわち，地域社会における資源利用を媒介として成立する共同性に注目することである。

地域空間の限定

鈴木栄太郎の行政村から自然村への転化という視点，あるいは，ヒラリーの検出したコミュニティの第２指標は，既成の概念が軽視してきた行政的範域の意味を再考し，地域社会の空間的範域を明確に画定することを促す。既成の概念は社会関係の累積や共同規範の存在に伴って自然に形成される地域空間の境界を夢想してきた。しかし現代都市の居住者の生活世界は一定の地域空間をはるかに超えて成立している。また居住者の意図に基づく共同の活動を具体的に見出すことも困難になっている。都市的生活様式，つまり専門処理システムへの依存が深まり広がるとともに，住民の共同による問題処理の領域が大幅に縮小したためである。しかし，地域社会概念が，地域と呼びうる一定の空間を対象とする以上，新しく定立される地域社会概念といえども，地域的限定性という指標，言い換えるならば地域空間の画定という要件は欠かすことができない。ここで現実の地域社会に照応しうる地域空間の画定のために，混乱から学びえたこと，つまり行政的範域や重要な機関と住民との関係を考慮に入れた空間の画定が必要とされていた点を思い起こしてみよう。市，町，村，特別区などの基礎自治体の行政範域は，合併直後のものを例外として，その多くは，住民にとって自然な範域とはいえないまでも，相当程度慣れた，あるいはなじみのある範域となっている。また欧米の教会のように住民の誰もが認める重要な位置を占める機関を見出しえないとしても，それに代わって相対的な重要さを多数の住民に認められているような，さまざまな公共的機関を見出すことはできる。住民と機関の相互の関与の状態に注目して地域空間の画定を考えることもできる。新しい地域社会概念の定立にとって，行政的範域と重要な機関の利用圏を重視した新しい地域空間の画定が必要である。

3　新しい地域社会の概念

地域社会概念の新たな規定

前節までの論述を踏まえ，既成の地域社会概念に代えて，新たな地域社会概念の定立を構想するとき，概念定立の軸として，次の３つの基準が求められる。第１の基準は，近代社会システムの行き詰まりを打破する地域社会レベルの新しい「共」の空間を創出するために，住民自治の回復と拡大を実現するような社会空間であること。具体的には，ローカル・レベルにおける政治あるいは行政サービスに対応する社会空間として，その範域を明確化すること。

第2の基準は，この行き詰まりを端的に表現する地域レベルの専門処理システムの限界を打破する試みが保証されるような社会空間であること。種々の機関の連携によって成立する専門処理システムは，住民にとっては居住に基づく共同の生活問題を処理するための資源である。この資源の利用による共同の問題の媒介的な処理という側面に，地域社会の広い意味における共同性を措定すること。

第3の基準は，社会関係の累積という基準や，共同規範，共属感情の存在という基準にもはやこだわることなく，また同様に，人々のさまざまな日常的生活行動圏に眼をうばわれることなく，現状分析に有効な一般的概念として定立される必要があること。

これらを踏まえ，新しい地域社会概念は，次のように規定しうる。すなわち，地域社会とは，広義には，居住地を中心に拡がる一定範域の空間－社会システムを意味し，より具体的には，基礎自治体の範域を最大の空間範域とし，その空間の内に居住することを契機に発生する種々の共同問題を処理するシステムを主要な構成要素として成立する社会であるということができる。

第1と第3の基準は，行政的範域に対応する地域社会の空間的範域の設定を要請する。住民自治の拠点という視点に立つならば，その空間を基礎自治体に限定することに無理はないと思われる。通常，基礎自治体は，地方議会を有する市，町，村および特別区（東京都の23区）を指すが，ここでは，これらに加えて政令指定都市における区を含むものと考えておこう。政令指定都市全体を地域社会の最大空間範域とするには，しばしばその範域があまりにも大きいと思われること，議会をもたないにしても区は住民への直接の行政サービスを担っていること，市・県議会の議員

Column ④ 地域特性の析出
——社会地区分析（その２）

社会地区分析の利点は，国勢調査結果に基づく分析であることから，同一の都市の時系列的変容を捉えうるだけでなく，都市間比較も容易に達成できる点にある。多数の都市を対象として，国勢調査実施年のデータをもとに社会地区分析を実施すれば，5年おきの変化の様相も，国内他都市との比較も，国際比較も可能である。もう1つの利点は，社会調査を実施する前に，調査対象地の特性を知ることができるという点に求められる。調査を予定している地域が，どの統計区に該当するかということさえつかめば，統計区の特性から，対象地域の特性を推測することができる。

1955年以降，この利点を生かした優れた研究が輩出する。たとえばS. グリアは，ロサンジェルス市内で，家族的特性のみ異なる2地区を選び，この2地区の住民たちが親しくつきあっている友人について，それぞれの居住地を調べた。その結果，友人たちはお互いに似通った家族的特性を有する居住地に住んでいることがわかったのである。また，国際比較を進めた研究者たちは，シェヴキイとベルがあげた3特性が，多くの都市であてはまるものの，人種・民族的特性のみ，国によっては別の特性に入れ替わることを見出した。オーストラリアの都市では人種・民族的特性に代わって移動特性（土着者率，あるいは新住民率などによって構成される特質）が，また中近東の都市では宗教的特性が，地域特性において重要な位置を占めるものとなっていた。

わが国でも東京23区を対象とし，緯度経度に基づく500m四方メッシュを空間単位とする分析では，1980年国勢調査の結果によると，社会階層的特性と家族的特性の2つが地域特性を析出するうえでもっとも重要であることが明らかにされている。東京23区は，ブルーカラー居住地とホワイトカラー居住地が東と西に，つまりセクター状に分かれ，家族的特性では周縁部に子育て中の核家族が多い，ゾーン的区分となっていた。しかし，95年の国勢調査の結果では，高齢化特性が社会階層的特性，家族的特性とともに重要な特性の1つとして加わるようになった。これは大きな変化といえよう。

選出においてしばしば選挙区に相当していることなどがその理由である。

第2の基準は，地域社会システムを構成する要素間の関係のうち，共同問題の共同処理のプロセスに関わる諸要素間の関係，すなわち処理システムを対象とし，その現状分析を重視する点が概念としても明示されることを要請する。地域社会における人間関係，集団間関係，集団参加の実態，機関と人との関係，専門サービスのネットワーク等々，地域社会システムを構成する要素間の関連を捉えるという，地域社会の現状の分析に不可欠な作業が，じつは，地域社会における共同問題の共同処理の実態の解明を目的とするものであることを，この新しい概念は，端的にかつ明確に示すものとなっている。

地域社会の概念は，地域社会に成立し，維持されている処理システムの現状の問題点を，鋭く摘出することを通して，住民自治を拡大するための拠点を明らかにするものとして，ここに新しく定立されたといえよう。

地域社会の重層的構成：地域空間の画定

ところで，地域社会概念が分析対象として重視する問題処理システムは，地域社会の内部に，空間的範域に対応して重層的なサブシステムを構成させている。したがって，地域社会の内部の空間的範域も，これに応じて区分した設定が求められる。

すなわち，地域社会は，いっそう具体的に，基礎自治体等の行政範域，小・中学校の通学圏，地域住民組織の範囲によってそれぞれに重層的空間構成をとり，それぞれの地域空間に相応する共同問題の処理システムが成立し，これを媒介とする住民の共同が成立している社会として規定し直されることになろう。

前述のように，基礎自治体（市，町，村，特別区）および政令指定都市における区の行政範域を最大空間とし，これに次ぐ規模の地域空間として中学校区（あるいはこの校区の規模に合致することの多い連合町内会・自治会）の範域に対応する空間が，さらに小学校区の範域に対応する空間が設定される。最後に最小の地域空間として，単位町内会・自治会の範域に対応する空間が設定される。

第１地域空間・地域社会………基礎自治体および区
第２地域空間・地域社会………中学校区（ないし連合自治会）
第３地域空間・地域社会………小学校区
第４地域空間・地域社会………単位自治会・町内会

この重層的地域空間は，第１に最大の地域空間を基礎自治体等の行政範域に限定することによって，概念上の地域空間の拡散を防止すること，第２にそのうえで人々の〈地域〉イメージの多層化に対応するために，空間範域の異なる４層の地域空間を設定することを意図して構成されたものである。最大空間を基礎自治体の範域とした点，地域社会における重要な機関として学校を採用した点，最小の地域空間を単位自治会・町内会組織の範囲に対応させた点が，この重層的構成におけるポイントとなっている。もちろん，この地域空間の画定が，この４層の空間に対応して成立する問題処理システム，あるいは，この４層の空間に対応して展開する社会的諸関係を考慮してなされていることはいうまでもない。

なお，４層の空間は，あくまでもモデルであって，現実の地域社会には５層ないし６層にわけたほうがよいケースも，少なからず存在する。中学校区と小学校区の間に連合自治会の範域がはさまるケースなど，重層的構成は多様である。とりわけ，近年の合併による新市誕生の場合，新市を第１地域空間，旧市を第２

地域空間とし，さらに多くの層にわけることが妥当なケースもあらわれている。

地域空間別問題処理システム：地域社会における共同性

社会的共同性と区別して前社会的共同性（あるいは共棲的共同性）と呼ばれる共同性は，パークおよび鈴木栄太郎によれば，居住者が居住地の生態学的環境を資源として利用せざるをえない事態を直視して，そこに居住者自身の意図せざる共同性，資源の利用を媒介とする共同性が発生することを示すものである。居住に必然的に伴う資源の共同利用としての共同性である。

都市的生活様式の深化・拡大を経験している現代の地域社会において，住民は特定の地域空間に居住する瞬間から，その地域における共同の生活問題を専門的に処理する地域別の問題処理システムを利用せざるをえない。住民は，共同を意図しなくとも，また，住民相互の直接の紐帯をもたなくとも，この処理システムを共同に利用せざるをえない。地域別問題処理システムの共同利用に，現代の地域社会の媒介的共同性，隠れた共同性が存するといえよう。

地域社会は，地域空間の範域に応じて，モデル上は前述の4つの地域空間に対応する問題処理システムを成立させている。4層の地域空間が集合の包含関係にあるように，第1の地域空間における処理システムが，第2から第4の処理システムを含むような重層的構成をとってはいるが，それぞれの地域空間において発生する共同問題のタイプが異なることに対応して，4層の地域空間は，それぞれに独自の処理システムを成立させている。第4地域空間（単位自治会・町内会の範囲）に限定的な共同の生活問題と第2地域空間（中学校の範域）に発生する共同の生活問題とは相当に異なるものである。たとえば，第4地域空間のそれが，ゴミ置き場の設置や清掃，ゴミ分別，町内空地の草取り，どぶさらい等の問題であるのに対し，第2地域空間のそれは，駐車場・駐輪場，道路整備，公園管理，歩行者用道路設置，コミュニティ関連施設の管理などの，次元を異にする問題である。各地域空間には，それぞれに住民の関与のタイプや関与の程度を異にし，また対処する生活問題を異にする処理システムが成立している。

もちろん，層化された地域空間と処理システムごとに，人々のつながりのありようを含め，社会的諸関係は変化する。住民の共同による処理（相互扶助的処理）が容易な第4地域空間では，住民相互のつながりは直接に問題の処理のありように影響を与える。しかし，第1地域空間では，共同問題の多くは行政等の諸機関の提供する専門サービスによって，また，NPO等の諸集団によって処理されるために，問題処理のありようは，機関間関係や集団間関係から大きな影響を受ける。住民もまた処理システムの共同利用を通して相互に媒介的なつながりを有するにすぎない。空間範域に応じて，地域社会の現状分析のターゲットは，少しずつ異なってくるのである。

地域社会概念は，地域空間と地域社会のこのような重層的構成に対応して，それぞれの地域空間・社会に成立する問題処理システムの現状を分析しうる概念として整備されていかねばならないだろう。それはこの概念が，処理システムの現状における問題点を発見し，システム内部への住民の関与の拠点を検索することにおいて有効な分析的概念であり続けるために必要な課題である。

引用・参照文献 Reference

秋元律郎・倉沢進編，1990，『町内会と地域集団』ミネルヴァ書房。

Greer, S., 1956, "Urbanism Reconsidered : A Comparative Study of Local Areas in a Metropolis," *American Sociological Review*, 21.

Hillery, G. A., 1955, "Difinition of Community," *Rural Sociology*, 20.

MacIver, R. M., 1917, *Community : A Sociological Study*.（＝1975，中久郎・松本通晴監訳『コミュニティ』ミネルヴァ書房）

パーク，R. E.，1986，『実験室としての都市――パーク社会学論文集』町村敬志・好井裕明編訳，御茶の水書房。

Shevky, E. and W. Bell, 1955, *Social Area Analysis : Theory, Illustrative Applications and Computation Procedures*, University of Stanford Press.

鈴木栄太郎，1940，『日本農村社会学原理』日本評論社（鈴木栄太郎著作集Ⅰ，Ⅱ，未來社）。

―――，1965，『都市社会学原理』（増補版）有斐閣（鈴木栄太郎著作集Ⅵ，未來社）。

Summary サマリー

日本の社会学における地域社会概念は，自然村に類似する地域社会を見出したいという願望，社会集団の累積が生み出す地域空間の境界設定への期待，地域社会への住民の共属感情を要件に含めなければならないという自己規制に基づいて，長い間，現実の地域社会の状態から乖離した意味内容を込められてきた。また，鈴木栄太郎の自然村概念，パークの自然地区概念，ヒラリーのコミュニティの3指標，マッキーバーのコミュニティ概念のいずれもが，日本の社会学者のこのような背後仮説に導かれて，旧来の地域社会概念を補強するためにのみ援用されてきた。しかし，視点を変えて読み解くならば，それらの研究には，新しい地域社会概念の定立を導くヒントが隠されている。現実の地域社会の分析に役立つ概念として，また，近代社会システムの行き詰まりや，グローバル化に対する住民の「共」の空間創出や，あるいは政治・行政に拮抗する住民自治の回復の必要という地域社会に新たに求められている事態に対応して，地域社会概念は定立しなおされなければならない。それは，居住地を基点とし，基礎自治体という行政区画を最大の空間的範域とする重層的空間構成をとり，その空間内に共同問題を処理するためのシステムないし諸関係を要素として成立する社会であると簡潔に表現される。基礎自治体およびその内部の諸空間の範域にあわせて，社会的諸関係・処理システムはそれぞれに異なる。それぞれの空間における処理システムの現状を分析することが，地域社会論の当面の課題となる。

SEMINAR セミナー

1.　鈴木栄太郎は，自然村のなかでどのような集団が蓄積していると言っているだろうか。調べてみよう。

2.　パークは，現代の社会学においても有効な概念を少なからず提案した社会学研究の先達である。「社会的距離」と「境界人」という２つの概念の意味内容を調べ，それぞれがどのような現象を説明するのに有効と思われるか，議論してみよう。

3.　社会学において，地域社会概念が混乱していた理由を，第２章ではどのように考えているか，整理してみよう。

4.　新しい地域社会概念は，これまでの地域社会概念とどのように違うのだろうか，また，なぜ違っているのだろうか，議論してみよう。

5.　第２章では，地域社会を４つの層に区分している。このそれぞれの層では，発生する共同問題と処理の仕方がどのように異なるのか，具体的に例をあげ，考えてみよう。

読書案内

中野卓編『地域生活の社会学』（現代社会学講座Ⅱ），有斐閣，1964

今から40年以上前に書かれた書物であるが，5人の執筆者の力作がそろった名著といえる。地域社会学のこの時点での到達点を示す書物であり，一読に値する。

倉沢進『コミュニティ論——地域社会と住民運動』放送大学教育振興会，1998

現状の地域社会と期待される地域社会像としてのコミュニティを明確に分けている点，先行研究の紹介をはじめ，わかりやすく解説されている点など，最良の入門書といえる。

森岡清志編『都市社会の人間関係』（改訂版）放送大学教育振興会，2004

都市，都市的生活様式，社会的ネットワーク，都市社会におけるパーソナルネットワークなどについて，初心者に理解できるよう，平易な説明を試みたテキストである。

似田貝香門監修，町村敬志編集代表『地域社会学の視座と方法』（地域社会学講座 第1巻）東信堂，2006

日本地域社会学会が総力をあげて取り組んだ全3巻の地域社会学講座のなかの第1巻である。3巻のなかでは比較的読みやすい巻であり，また12名の執筆者によって書かれているため，興味ある章だけ拾い読みすることもできる。

——————— 森岡清志◆

第3章 地域を枠づける制度と組織

東京都庁（毎日新聞社提供）

現代の都市生活において，私たちはあまり地域的な拘束を感じることなく暮らしている。移動のコストさえいとわなければ，特定の場所にとらわれる必要もない。それが地域というものをわかりにくくしている理由でもあった。

しかし，現代においても地域的な拘束や規制は厳として存在している。ただかつてのように具体的な隣人によって監視されるような形態をとっていないだけである。それはもっと形式的で洗練された制度として組織されている。

本章では，そのように地域を枠づけている制度や組織について見ていきたい。

1 制度と組織

土台としての土地・空間

地域が「地」域であるのは，いうまでもなくそこに土地なり空間が存在しているからである。いわば土地・空間は地域の「物質的基盤」である。したがって地域を考える際には，この土地や空間に誰が，どのように関与しているかということを考えなければならない。たとえば，地域には私たちが気軽に立ち入ることのできない場所がたくさんある。他人の家や所有地がそうである。われわれはたんに，公共の道路や交通機関を使って自由に移動できるようになっただけである。地域的な拘束が厳として存在しているというのはそういう意味でである。そうすると地域というものを考えるには，まず土地・空間に関与する主体とその関与の仕方というところから始めるのが適宜であろう。

土地・空間に関与する主体

土地・空間に何らかの関与をする主体には，どのようなものがあるか。おおまかにいえば，個人かそれ以外である。それ以外とは個人ではない何らかの組織性をもった存在である。社会学ではこういうのを「集合体（collectivity）」という。個人と集合体といっても，まだ漠然としてよくわからない。そこでここでは集合体を集団と団体に区別しておく。「団体」というのは，専門のスタッフを抱えている点で「集団」とは異なる組織であり，ここでは「機関」という言い方も併用することにしよう。さらにこの団体を公的・私的・共同的の３つに区分しておく。端的にいえば，行政・企業・協同組合というのがこれに対応する。したがって土地・空間に関与する主体には，とりあえず個人・集団・行政・企業・組合の5つがあると考えておく。

土地・空間への関与の仕方

それでは，これらの主体は土地・空間にどのように関与しているのか。土地・空間への関与の基本は所有である。しかしそれでは少し広すぎるので，ここではとりあえず処分・収益・利用・管理・保障という5つの側面を区別しておこう。処分とは土地・空間の売買や貸与を決定することであり，収益は使用を許すことで代金を請求することであり，利用とは具体的に使用することであり，管理とはその利用の側面を規制することであり，これらすべてを全体として秩序づけ，正当化することが保障である。そうするとわれわれの身のまわりに広がる地域は，一切立ち入ることのできない私有地と，利用するには料金の支払いが必要な場所と，一見自由に出入りできるようで，じつは一定のルールが存在している空間が混在していることに気がつくだろう。地域という土地・空間を規制する秩序は，このようなかたちで存在している。

制度と組織による統制

ところで，地域というものがわかりづらくなったというのは，かつては村という集団によって管理されていた地域が，個人が自由に処分したり利用することのできる空間へと変貌したことによっている。いわゆる「共同体の解体」と「空間の商品化」というのがそれである。しかし，かといってそれはまったく自由になったことを意味するわけではない。個人や団体が定めた管理規則の範囲内でのみ，そのような自由が保障されただけなのである。ただし，とりあえず個人が直面する空間的な拘束が，具体的な集団から形式的な規則に変化することで，地域というものが見えにくくなったことは確かである。したがって現代において地域というものを考えるには，そのような意味での管理と保障の働きに注意しなければならない。

公的機関の支配的な影響力

さて，すでに述べたように地域はさまざまな主体によってモザイク状に所有され，それぞれの主体がその空間の利用を制限している。個人がその居住地への立ち入りを禁止したり，企業が代金を徴収したり，行政が公有地の管理をしたりという具合である。このうち個人や企業については私有財産制度と市場原理がその存立を保障している。現代都市は不動産取引を前提に事業地なり居住地として形成されていく。逆からいえば，費用が負担できるかぎり，人々は自由に移動するなり定住することが可能なのである。しかし，各自が個別に調達するのが困難であったり，利用者からいちいち料金を徴収するのが面倒な事業も存在する。ガス・水道・電気といったインフラ整備や道路・公園などの管理がそれである。いわゆる「社会的共同消費」とか「集合的消費」と呼ばれるもので，これはふつう行政などの公共機関が管理する場合が多い。しかもそれは特定の地域に広がる国家や自治体が住民から徴収した税金によってまかなっている点に注意すべきである。

じつはこの国家や地方自治体の行政機関こそが，土地・空間の管理や保障について特権的な影響力をもっている。私有財産制度や市場原理の作動を究極において保障しているのも，最終的には物理的強制力の行使もいとわない自治体の警察機構や国家の暴力装置である。また，社会的共同消費手段の確保と管理だけが行政の仕事ではない。場合によっては行政が，不動産取引によって無秩序に開発されていく都市のモザイク状の土地利用のあり方を，強く規制しようとすることもある。それがいわゆる「都市計画」であり，「地域政策」なのである。

Column ⑤ 鈴木栄太郎の「機関」という概念

鈴木栄太郎の「結節機関説」と呼ばれる議論がある。人・もの・こころが社会的に交流する際の節目をなすのが「結節機関」であり，この結節機関が多く存在する場所が都市だと定義したことで知られる。一部にはずいぶんもてはやされた概念であるが，「結節」という部分にはあまり重大な意味はない。たんに集まっては散らばる節目だといっただけで，何も示唆していない。この点ではむしろ「統合機関」と明快にその役割を指示した矢崎武夫の議論の方が優れているだろう。鈴木自身もあまり「結節」にはこだわらず，「集散」と言い換えたりもしている。

むしろ鈴木の議論でおもしろいのは「機関」の方である。鈴木の「人と人」「機関と人」「機関と機関」の関係という議論は秀逸である。鈴木は都市を「人と人の関係」と「機関と機関の関係」という二元的な世界からなると論じている。この点は現代都市を考えるうえで，きわめて示唆的である。本文との関連でいえば，人と人との関係で捉える地域社会は見えにくくなったが，機関と機関との関係からなる地域は厳として存在しているということである。

人が生まれ育ち，死んでいく地域

このように考えてくると，現代の地域は国家や地方自治体によって枠づけられ，管理されているだけのもので，人々はその枠内で地域とは無関係に自由に動きまわっているにすぎないかのように思えてくる。たしかに，かなりの程度そうであることはまちがいない。最近はそうでもないが，以前にはそれこそが都市であり，近代化された社会というものであって，地域の社会的つながりなど一掃すべきだと考える傾向が強かった。それは，戦前に人々の郷土愛が愛国心へと一面的に拡張され，天皇制ファシズムによる戦争協力へと駆り立てられたという苦い民族的経験に裏打ちされている。しかし，人間が生まれ育ち，そして死んでいくのは，つねに人々の社会的つながりのなかにおいてである。どこかの時点でそれが失われると人間はまともに生きていくことができなくなる。家族が維持されていないと赤ちゃんは生きていけないし，大きくなっても何らかの理由で社会的に孤立してしまうと健全な成長と発達に支障をきたす。老後における社会的つながりの維持こそが，まさに今問われていることである。

そのような社会的つながりを維持するためには，昔のように面として一律に広がる土地ではないかもしれないが，それらを再生産するための空間的な基盤が不可欠である。家族には住居が必要であり，友人と交流するには社交の場が必要であり，援助を受けるには施設やサービス・センターが必要である。したがって，人々がそのような自分にとって重要な社会的つながりをもたらしてくれた空間に，何らかの思い入れを抱くようになるのはごく自然なことである。生まれ育った町や多くの友と出会った学校を懐かしく思う気持ちは，別にすぐさま国家への忠誠へとつながる反動的なものではない。その時々に人々を生かしてくれてきたさまざまな社会的世界への郷愁を誘うものにすぎない。それが何らかの土地なり，空間として大切にされ，人々を地域において結び付ける絆を形成している場合も，ごくまれには存在するのである。

下町の商店街や子どもをめぐる地域のつながり

そのような社会的つながりを維持している地域のイメージとして古典的なのは，いわゆる下町の商店街である。寅さんの映画に出てくる葛飾柴又のお寺とダンゴ屋と町工場で構成される社会的世界が典型である。このような地域は，現代でも多く存続しており，けっして無視できない存在である。そこでは商店会や町内会などの集団が，特定の地域における人々の生きかたを何らかのかたちで枠づけている。それらはもちろん自治体行政などの機関によって認められることで維持されている側面もあるので，つねに他の団体との関係で見ていかなければならないが，あくまで集団として独自に地域に関与している点を軽視するわけにはいかない。

同様に，もう少し新しい形態として注目されるのが，子どもの教育や高齢者の問題をきっかけに，ある種の集団や組合的な団体が形成されつつあることである。1960 年代から 70 年代にかけて，日本では地域開発政策という名のもとで，国家や地方自治体が大企業と連携しながら，製造業を中心とした工業の発展に便利なように，土地・空間の再編成を行ったことがある。その結果，公害などの環境問題が激化し，革新自治体による生活環境の整備が必要とされるようになる。その過程で都市化が進み，子どもの遊び場や子どもの成長を見守る地域における大人の社会的つながりが失われていった。ここに地域での子育てが１つの大きな生活課題となっていったのである。そこから地域の教育文化運動と呼ばれる活動が，子育て期にある女性を中心として展開するようになる。彼女たちは子どもが育つ生活環境としての地域の空間的・社会的・文化的条件の改善に努力していく。児童館や図書館の整備，そこでのサービスの改善，さらにはそれらを支える住民活動など，それぞれの地域にさまざまな活動の展開と蓄積が見られた。そこには下町の商店街とはまた違った意味で，施設などの空間を媒介とした人と人とのつながりが生まれていったのである。それらは商店会や町内会などの集団によって支えられるというよりも，全国的な連絡会なり支援組織としての組合的な団体を生み出すに至っている。同じことが現在，高齢者をめぐるボランティア活動や生協などの消費者運動においても展開している。これらの蓄積が最近では NPO・NGO への期待として語られるようになっているわけである。

地域をどう組織するか

以上見てきたように，現在の地域はいろいろな主体によってさまざまに組織されている。そのなかで広大な私有地を所有する大企業や公有地の管理を任されている国家や地方自治体の影響力は大きく，個人や集団・共同的な団体の力はまだまだ小さい。しかし，いくら地域が個別に分割されていたとしても，共同で利用せざるをえない部分や物理的な近接性ゆえに勝手な利用をするわけにはいかない側面も多い。したがって地域を全体としてどう組織するか，どう管理し，どう利用するのが，みんなにとって適切であるのかを決めていくことが必要になってくる。つまるところは都市計画や都市政策ということになるのだが，これに関する意思決定をさまざまな人々の利害を調整し，合意を調達しながら，民主的に進めていく仕組みが不可欠なのである。この意味で政治的な団体や制度，世論を形成するマスコミやジャーナリズムの働きも，地域生活を考えるうえで見逃してはいけない重要性をもっている。

次節からは，ここで概観した個々の主体について，より具体的に見ていくことにしよう。

2 国家と地方自治体

国家と地方自治体の地域への関わり

すでに述べたように，現代の地域を枠づけるうえでもっとも大きな力をもっているのが，国家や地方自治体である。地方自治体と国家の違いについては後に述べることにして，まず，これら公共機関の地域への関与の仕方について確認しておく。大きく分けて４つの側面が区別できる。

１つは，他の個人や団体と同様，土地・空間の私的所有者としての側面である。公有地はそのすべてが公共の用に供されているとは限らない。たとえば，皇居の一部や首相官邸の一部は特定の地位にある人々によって私的に利用されていて，部外者は立ち入ることができない。じつはこの側面でも，国家や地方自治体は並はずれて大きな財産所有者なのである。日米安保条約に基づく米軍基地や自衛隊の演習場などもそうで，これらを含む地域では国家の影響力は計り知れないほど大きいわけである。

２つめには，公共の用に供されている公有地の管理者としての側面がある。河川や林野，道路の大半がそうである。それらは不特定多数の人々の利用や安全のために，何らかの整備や補修を定期的に必要とする場合が多い。また，公園や施設のようにはじめから住民の利用に供するために建設・整備されたものもある。つまりこの側面において，公共機関は「社会的共同消費」や「集合的消費」を直接に担っている。

同じことを間接的に行う場合もある。たとえば，道路公団による高速道路の建設・整備や，公共交通機関および電気・ガス供給を担う民間企業に対する許認可権を通じた規制がそれである。このような他の個人ないし団体が私的に所有し，利用している土地・空間を全体として管理・規制する働きが３つめの側面である。すでに述べたように，地域を考えるうえでもっとも重要なものが，この側面における「都市計画」であり「地域政策」である。これについては後でもう一度取り上げよう。

４つめが，あらゆる個人と団体の地域への関わりを全体として保障する働きである。たとえば，土地・建物の所有権は法務局における登記簿への記載によって保障されている。個人の財産権は近代の資本主義国にとってもっとも尊重されている基本的権利の1つである。これらの秩序を乱す行為は，犯罪として国家がきびしく取り締まることになっている。地方自治体の抱える警察機構や最終的には軍隊がこれを保障している。

地方自治体と国家

さて，地方自治体と国家は等しく公共機関として以上のような地域との関わりをもっている。それでは，この2つにはどのような違いがあるのか。いずれも自治体であるかぎり対等であると考えてもよさそうだが，とりわけ日本においては国家が優越してきたといわざるをえない。地方自治体の自治権は国家によって付与されるという考えすらなくなってはいない。しかも日本の地方自治体には基礎自治体というべき市町村だけではなく，国家との間に都道府県という中間的な地方自治体が設置されている。そしてこの都道府県が国家の意向を市町村に伝達する役割を果たす傾向が強いのである。

たとえば，都市計画という地域社会の空間的な構造を劇的に変更する政策をつかさどる権限は，日本においては国家のものとされ，具体的には都道府県が機関委任事務としてこれを執行する形態を長い間とってきた。驚くべきことに，市町村は直接の権限をもたなかったのである。よく駅前整備などの計画の実施を公示した看板を見かけることがあると思うが，それらはいずれも担当部局が都道府県の都市計画課などになっているはずである。また，中央官庁がその時々に打ち出す地域政策も，そのつど都道府県を介して市町村に伝えられ，日本の地方官僚はつねに霞ヶ関の動向をにらみつつ仕事をしているとは，つとに指摘されてきたことである。

しかし，このような現実は地方自治体と国家の原理的な違いを考慮に入れるならば，きわめて不自然なことに見えてくる。市町

Column ⑥ 地方分権改革について

日本の地方自治制度はきわめて集権的な性格を有している。戦前はいうまでもないが，戦後においてもアメリカ占領軍の改革要求への抵抗の結果として，機関委任事務という制度が活用され，かつこの地方自治法の別表に個別に列挙される事務の数がどんどん増やされてきたのである。ところが，このような地方自治制度を大幅に改定する試みが，1990 年代以降現在まで進められている。それが 95 年の地方分権推進法の制定から 99 年の地方分権一括法，さらにはその後の三位一体改革まで続く一連の地方分権改革である。

一連の改革によって機関委任事務は廃止され，法定受託事務と自治事務に整理されることで，国と地方との対等・協力の関係が標榜されている。このことによって少なくとも自治事務の範囲では自治体がその裁量で個別の事情や住民の要望に応えることができるようになったと考えられる。ただし権限の移譲に伴い，それにふさわしい規模の自治体にということで強力に進められた市町村合併によって自治体がかえって縁遠くなったことや，権限に伴うだけの財源の移譲が実現するかが，今後の課題となっている。

村，都道府県，国家の自治体としての違いは端的にその管轄する空間の広さと規模にある。最小単位の自治体という点にこそ，基礎自治体たる市町村の特徴がある。したがって当然のことではあるが，生きた住民の現実にもっとも近いところにあるのが，この自治体なのである。

たとえば，外国人労働者に対して公的なサービスを提供することを最初に決断したのは地方自治体であった。この点で国家はつねに合法か否かにこだわり，不法滞在者にはいっさいのサービスを提供しないという立場をとるが，地方自治体はそんなことはいっていられないところがある。現実に健康を害し医療サービスを必要とする人間を前にして，お金がないなら健康保険も適用できないのであきらめなさいとは言えないのである。その意味で，生きた人間の人権を擁護するには，国家よりも地方自治体がより適切な判断をしうる位置にあるといってよい。

同じように，生きた住民にとってもっとも強烈な影響を被るのが，具体的な土地・空間の形状変更を伴う都市計画や地域政策なのである。1960 年代から 70 年代にかけての地域開発による公害問題に対する対処が，いずれも革新自治体による公害防止条例の設置によって先導されたことにそれはよく現れている。地方自治体のこのような特質を活かすような国家との間での権限の配分が求められるのである。現在ようやく実現の道を歩みつつある地方分権の問題も，本来このような点から考えられるべきものである。

あらためて，「地方自治は民主主義の学校」

もう 1 つ，規模が小さいところからくるきわめて重要な特質が，いわゆる「地方自治は民主主義の学校」といわれる側面である。現在の都市生活がきわめて高度な科学技術を前提としており，それらの全体的な調整のためには専門的な知識が不可欠になっていることはいうまでもない。それゆえ現代においてそのような知識とスタッフを確保しうる行政官僚制のもつ力が非常に強くなっている。反面，普通の市民が，政治が生活にとって有用なものであると感じることはますますむずかしくなっている。そのようななかで，身近な問題をわずかな努力で政治的に解決できる場をもつことはきわめて重要である。このような場として基礎自治体はもっとも可能性の大きな自治体なのである。明治以来の中央集権的な国家制度のもとで，権限が与えられることも，適切な情報の開示を受けることもなく，その結果，政治的な無力感と無関心だけがひたすら肥大化してきた日本においては，戦後の一時期とはまた違った意味であらためて「地方自治は民主主義の学校」という言葉が実践に移されるべき必要性が高まっているのではないだろうか。

3 学校と教育委員会

人が生まれ，育つ場として

さて，地方自治体が人々の人権を擁護し，民主主義を実践する場として有利なことを確認してきたが，これらの特徴と新しい形態での地域活動の台頭を考えた場合に，独自の検討が必要な行政の一部門が存在する。それが学校などを所管する教育委員会である。人が生まれ育つ場としての地域にとって，子育てや教育は非常に重要な問題である。しかも基本的人権の擁護と民主主義の尊重は教育においても肝心な点である。したがって地方自治体という政治的実践の場が，教育という社会的な実践の場と重なり合っていることは，じつはきわめて有意義なことなのである。

文化イデオロギー装置としての学校

ところが，日本という国家は教育の場においても中央集権的な性格が強すぎたきらいがある。戦前のみならず，戦後においても教育目標はつねに「中央教育審議会」という国家レベルの機関において検討され，教科書も国家の検定を受けなければならなかった。子どもをどのように育てるかは，地域のレベルで検討されるというよりは，いわば国家レベルの問題とされてきたのである。このことが十分な権限をもたない地方自治制度とあいまって，日本の教育にある傾向をもたらすことになった。つまり学校や教育委員会が地元の人々の要求に基づくというよりも，国家という超越的な権威によって「上から」教え込むといういわばイデオロギー装置として機能してきた面が強いのである。したがって子育てをめぐる地域の共同的な活動は，つねに制度としての学校や教育委員会と無関係ではありえず，ときとしてきびしく対立する場合も見られた。さらに最近では学校教育のみならず生涯学習というかたちで，教育委員会が成人の文化的活動と積極的に関わるようになっている。ここでもこれらの文化政策がたんなるイデオロギーとして作用するか否かは，これに対応する地域の文化活動が地方自治体における政治的実践とどのように関わるかにかかっている。

教育行政と地域文化

現在の地域を大人たちがどうしていくかについての政治的実践が，市民の自治的な活動とこれに対応する自治体行政や議会の働きであるとすれば，次代を担う子どもたちをどのように育て，大人たち自らが生涯を通じていかに学ぶかについての社会的実践が，市民の教育文化活動とこれに対応する学校や教育委員会における教育行政のあり方なのである。したがって地方自治においてそうであると同じように，教育や文化の領域においても国家よりも地域が責任をもって決定すべき側面が存在することについて考えてみるべきである。少なくとも，当該の地域を将来にわたって担っていくことが見込まれる子どもたちに対する教育内容については，その地域の実情に応じた配慮がなされてしかるべきであろう。この意味で地域産業の歴史的蓄積や文化状況を踏まえた教育行政のあり方を，住民が自治的に決定できる仕組みが求められるのである。

戦後改革という試み

かつてこのような理念を制度的に実現しようとする試みがなされたことがあった。子どもをどう育てるかを決めるのは国家ではなく，地域であるべきだとするイギリスやアメリカにおける教育理念が占領軍によってもたらされ，一般の行政組織とは別立ての行政委員会として教育委員会が地方自治体に設置され，しかもその教育委員を地元住民たちの直接選挙によって選出するという「教育委員会法」が施行されたのである。しかしながらこの法律による教育委員の公選はわずか1度だけ行われただけで，「日本の実情に合わない」という理由で国会での強硬採決をもって葬り去られている。代わって制定されたのが「地方教育行政の組織及び運営に関する法律」で，この法律によって教育委員は首長が議会の同意をえて任命することに変更され，当初の理念とはまったく正反対に，一般の行政組織とは独立の行政委員会であるがゆえに，かえって他の部局以上に文部省による中央統制が直接及ぶ可能性の高い制度になってしまったのである。

このような制度の改変をもとに戻そうという動きが，有名な東京都中野区における教育委員の準公選運動であった。残念ながら，この動きも他に広がることなく頓挫してしまうが，それでも旧教育委員会法のみならず，改正前の教育基本法によって代表される戦後教育改革の理念は，さまざまなかたちとなって現在の地域社会における住民の教育文化活動のなかに受け継がれていることを見逃してはならない。昨今いわゆる「戦後教育」の弊害がとりざたされているが，とりわけ学校教育においてはかなり早い時期に戦後教育改革の理念自体が改変されていったという事実を踏まえるべきであろう。また，そのため戦後改革の理念はむしろ社会教育などの学校教育の周辺部において受け継がれてきたという側面を考えてみる必要がある。この意味でも当該の地域において教育文化関連の住民活動がどのように堆積してきたかということが，地域社会を考えるうえで無視できない重要性をもっているのである。

4 市場と資本

地域の経済構造

これまでいささか行政の影響力について強調しすぎたかもしれない。地域という空間的範域にこだわるならば，とりわけ日本の場合，行政のもつ力の大きさを否定することはできない。しかしある意味ではそれ以上に力をもっているのが，企業を単位としその行為を枠づけている自由主義の市場経済という制度である。地域にどのくらいの土地や建物を所有し，どのような種類の事業を営み，どれだけの収益を上げている企業が，どのくらい存在しているかは，地域の産業構成や経済構造としてその地域の類型的な特徴を決定する。従来からそれは地域類型論というかたちで研究されてきたことである。

たとえば，かつての釜石市と釜石製鉄所は１つの巨大企業が地域社会に多大な影響力をもった，いわゆる企業城下町の典型であった。このような場合，ただたんに市内に広大な土地を所有しているというだけではなく，それに伴う固定資産税と事業税によって地方税の大半を負担し，多くの関連議員を地方議会に送るなどして，市政に対して多大な影響力を保持していたのである。

これに対して中小の町工場が密集しているような地域や，住宅地のはざまに中小商業者による商店街が発達している地域，高層のオフィスビルが立ち並びホテルやデパートなどの大規模店舗が軒を連ねる地域など，地域社会の景観や空間的特徴を作り上げているのは，むしろ市場の論理に基づく大小の企業の立地と土地利用であるといっても過言ではない。さらにいうならば，公園やモニュメント，個々の住宅地をどのように設計し，どのようにデザインするかも，建築設計事務所や建設会社によってかなりの程度決められていくといってよいだろう。

資本の種類と地域への関わり方

じつは企業を中心とした経済活動が，地域を物理的・空間的にどのように形成していくかということについては，経済学や地理学ないし建築学や都市工学などの分野においてさかんに研究されてきたことである。くわしくはそれらの分野の成果を参照することが求められるが，人々が形成する社会的な関わりの世界を対象とする社会学の立場から，いくつか肝要な点についてだけ簡単な指摘をしておきたい。

それは，企業の営む事業活動の内容，いわば資本の類型的な性格によって当該企業の地域への関わり方が決定的に異なってくるという事実である。たとえば近隣の常連客を頼みにしている商店街の洋品店と，広い範囲からの集客力をもつデパートのテナントとでは働いている店員の意識も，経営者の地元との関わりも自ずと異なってくる。一般に企業規模が大きくなるにつれて，事業所が立地している地域の社会的世界には無頓着になるのが，その事業所に勤める従業員や経営者の行動様式といってよい。かつて公害が日本の所々で問題になったとき，そのほとんどは事業活動の展開が全国ないし国際的に広がっている大企業が，地元住民の生活を平気で脅かすという構図であった。これも一面では，そのような社会的な構造があって，地元レベルでの有効な歯止めを困難にしていることの現れと見ることもできる。国家と自治体の関係と同じような議論が，資本の各類型ごとにも設定可能なのである。

製造業資本と労働力の再生産

日本の経済を長らく支えてきた，ものづくりの産業，製造業資本を考えてみよう。製造業資本の特質は，ものを作る技術をすばやく習得しうる個々の能力を保持すると同時に，他と円滑に協働しうる団体的訓練をつんだ労働力の大量の再生産を不可欠とする。つまり，一般的にはある種の基礎的な適応力，つまり学力を必要とすると同時に，協調性をもった労働者の育成が不可欠なのである。日本の学校教育において，これまで求められてきた能力がこのような製造業資本にとって不可欠な労働力の条件とちょうど対応することは興味深い。

しかし，それはあくまで製造業一般の話であって，個別にはもう少し細かな事情が存在する。つまり，特定の地域に歴史的に堆積した産業のいかんによっては，その地域に必要な人材や能力，社会的性格が異なることもありうる。漁村や炭鉱の町における住民の気質が，主として事務職やサービス業に従事するサラリーマンの居住する郊外住宅地と異なることは，多くの人が経験的に知っていることである。

いずれにせよ，製造業資本が必要とされる労働力の再生産に強い関心を示す資本であることが，ここでは重要なのである。つまり労働力の空間的な移動が困難な場合，このタイプの資本は当該地域の教育と文化に強い関心を示さざるをえない。この意味で次に述べる金融資本に比べて，より地域に対して社会的な関わりをもつ可能性の高い資本なのである。ただし，日本の場合は若年労働力の地域移動が比較的容易であったために，財界が各地域ではなく国家レベルでの教育に関心を示すだけで事足りていたという事情も存在している。

金融資本と建設業資本による開発と投機

長らく日本経済を支えた製造業資本も1990年代に入ると本格的にその地位があやしくなる。これに代わって相対的にその比重を増すのが，金融資本と建設業資本である。これらの資本は地域生活にとって少しやっかいな性格をもっている。いずれも建設と破壊をこととする資本なのである。

金融資本は基本的に回収しうる利得にだけ関心があるので，個性ある労働力の再生産に関心をもつ地域産業の持続的な成長を必ずしも保障しないところがある。その時々でより儲かる産業分野が存在するならば，平気でその投資先を変更する。したがって特定の地域が金融資本の持続的な投資をつなぎとめるためには，つねに利潤率の高い産業へと絶えざるスクラップ・アンド・ビルドを繰り返さなければならない。結果として，人々が安心して一生を暮らせる地域の働き先が維持されることは困難になってしまう。

建設業資本については，さらに事情が単純である。自然環境や建造環境の大規模な改変こそがこの資本の事業内容そのものであり，必要があろうがなかろうが定期的に地域の空間的な構造が大きく変更されていくことこそが，この資本にとって望ましい事態なのである。大規模な地域開発や都市再開発，道路・架橋の建設，河川の補修やダム建設，日本の場合，これらはすべて公共事業として，建設労働者や地方の雇用確保の意味あいも含めて，好不況とは無関係に毎年増えつづける法制度的な仕組みができあがっていた。いわゆる「土建国家ニッポン」たるゆえんである。公共投資の不況対策としての効果が疑われ，むだな公共事業の見直しが求められはじめたのは，このような性格をもつ建設業資本を国家が財政的に支えてきたという戦後の日本経済のあり方や，それを支える政官財の関係のあり方が問われているということなのである。また，地域社会にとってはつねに道路が掘り返されてでこぼこになるというだけではなく，慣れ親しんだ景観や文化的アイデンティティを抱きうる空間の維持がきわめて困難になることを意味する。自然環境が大規模に破壊されていくことはいうまでもなかろう。地方分権の推進によって，地方自治体が適切にこのような公共事業の見直しができるようにするというのが，分権化の1つの重要な理念なのである。

ローカルな資本とグローバルな資本

さらに，これら個々の資本が営む事業内容だけではなく，地域への影響という点できわめて重要なのは，当該資本がどの程度の空間的な範域をその事業の対象としているかという側面である。いわゆる大資本と中小資本，あるいはグローバルな資本か，ローカルな資本かという区別である。ローカルな市場を重視する資本は地域社会にとってよきパートナーとなりうる可能性が高い。下町コミュニティを構成する町工場や商店街の自営業者たちが，町内会などの地域住民組織を通じて地方自治体の行政と密接な連携をとってきたことはよく知られている。また，労働力の再生産との関連ではきわめて大きな影響を当該の地方自治体に与えてきた，いわゆる「企業城下町」としての釜石や豊田が，じつはより広いグローバルな市場とのかねあいで盛衰する資本のもとにあったことがもたらした功罪については，今一度よく検討する必要があるだろう。

いずれにせよ，以上のような産業や資本の性格を考慮に入れるならば，地方自治体と国家がそれぞれ育成に力を入れるべき業種や企業が異なることがむしろ自然といってよいだろう。地域社会の側からいえば，当該地域に歴史的に堆積してきた産業と労働力の蓄積に応じて，大切にすべき産業分野が選別され，それに応じた人材の育成が，地域の意思によって自治体の教育政策として長期的に推進されていくことで，少なくともそう望む人々が一生を通して安定した雇用と慣れ親しんだ景観を維持しつつ，愛着のもてる個性豊かなローカル・コミュニティでの定住を実現しうることが，地方自治体の国家とは異なる独自の役割となって不思議はない。地方分権の推進は，そのような意味での自治体の独自の政策展開を可能にすべきであり，このような意味での自治体の経済政策が模索されていく必要がある。

5 政治とマスメディア

あらためて民主主義的な地方自治のために

さて，最後にこれまで地域生活の社会学においてはあまり多くの言及や検討がなされてこなかった領域について，若干の指摘をしておきたい。それは政治や言論をめぐる社会制度に関する問題である。一言でいえば，政策的な意思決定の領域へと人々を関連づける制度としての議会とマスメディアの働きである。この領域の問題，とりわけマスメディアの位置づけが日本の都市社会学や地域社会学においてまともに論じられてこなかったのは，それ自体興味深い問題といってよい。くわしく検討する用意はないが，日本においては行政権力の力が強く議会の実質的な影響力が小さいために，本来はこの議会を通して威力を発揮する世論や言論の力が弱く，たんなる批評に終わってしまいがちなことがその原因なのかもしれない。とりわけ地方議会とマスメディアが自治体の政治的意思決定における民主的な自治の担い手であることを感じることは，非常にむずかしいのが現状だろう。しかし，生協などの地域活動が地方議会の無理解という壁にぶつかることで，自分たちの代表を「代理人」として地方議会に送り出していった代理人運動などの経験を考えるならば，地方議会とそれを動かす世論形成におけるマスメディアの役割は将来的にはきわめて重要な問題であるように思う。

地方議会と地方政治

日本の地方自治制度のもとでは地方議会が十分な権限をもてないという限界性についてはつとに指摘してきた通りである。たとえば現在では廃止された機関委任事務において，地方議会は長い間何の権限ももたなかったのである。しかしそれでも地方自治体がさまざまな工夫を重ねてきたことも事実であり，その場合には議会がそのような政策や条例の制定を支持するか否かが決定的に重要なのである。いわゆる要綱行政の試みや自治体独自の公害防止条例やまちづくり条例などの工夫が実現するかどうかは，議会の判断次第なのである。かつて制度的改正を実現した東京都特別区の区長準公選運動にしても，孤立のうちに頓挫した中野区の教育委員準公選制度にしても，最近各地で話題を集めている住民投票にしても，地方議会とそこに至るまでの地方政治の動向がすべてを左右するのである。

世論形成と言論装置としてのマスメディア

地方議会における雌雄を決する地方政治の主たる過程として，現状としては4年ごとに行われる統一地方選がもっとも大きなものである。本来ならば議会の各会期における予算審議や条例の制定過程においても，同様の扱いがあってしかるべきではあるが，一般の住民が参加しうる点でも，これが最大かつ唯一といってよい。このような機会に選挙の動向や結果に大きな影響をもつのが，マスメディアによる報道である。最近は一部の地方選挙について候補予定者による討論がさかんにテレビなどで行われるようになっている。マスメディアの政治過程における世論形成などへの影響はきわめて大きなもので，その規制すら問題にされつつある。争点そのものの設定や情報の提供という点でのマスメディアの言論装置としての力は無視できない。したがって，マスメディアそのものが地域にとってどのような意味をもち，地域政治と関わる際にどのような特質をもつのかについての検討が必要となる。

ローカルなメディアとナショナルなメディア

資本の類型としてローカルか，グローバルかを問題にしたが，じつはマスメディアにおいてこの問題はきわめて重大である。統一地方選がつねに国政レベルでの政府への信任を問うかたちでしか評価されないのは，日本のメディアが圧倒的にナショナルなレベルに集中しているからである。新聞の購買層やテレビの視聴者が特定地域に限定されていない以上，地域政治にまつわる報道はすべてナショナルなレベルでしか言論化されないのである。このことは人々の関心をもっとも身近なはずの自治体へと向けることを困難にしている理由の１つでもある。かりに市町村レベルの議会での政策決定における争点が，少なくとも国政レベルと同等にくわしく報道されるローカルなメディアが発達していたとしたら，事情はかなり異なってくるのかもしれない。その意味でも代理人運動が自分たちが送り出した議員の議会活動の広報や議会そのものの傍聴活動に力を入れている点が注目される。

いずれにせよ，ローカルな市場ないしニーズに対応する言論装置としてのメディアの発達が，地域政治の活性化と住民自治の実現のためには，不可欠な課題であることを確認する必要がある。

以上，本章では現代においてわかりにくくなってきたとされる地域というものが，実際にはさまざまな制度や組織によって枠づけられていることを明らかにしてきた。そのなかで，地域を見えなくしているもう1つの理由に，じつは地域という単位に十分な権限や決定権が与えられていなかったり，地域において十分に資源や情報が活用されていないという事実が，日本の場合大きいことがわかってくる。いわば分権や自治の問題も含めて，地域を見えるようにしていくことが，むしろ求められているといえよう。

Reference 引用・参照文献

Castells, M., 1977, *La Question Urbaine*, F. Maspero.（＝1984, 山田操訳『都市問題』恒星社厚生閣）

増山均，1986,『子ども組織の教育学』青木書店。

宮本憲一，1980，都市経済論』筑摩書房。

新藤宗幸，1996,『市民のための自治体学入門』筑摩書房。

玉野和志，2000,「地域女性の教育文化運動」『人文学報』No. 309, 東京都立大学人文学部。

Summary サマリー

現代では地域社会のつながりが非常にわかりにくいものになっている。それは地域にかつてのような具体的な人と人とのつながりが稀薄になってしまったからである。今では同じ地域に住んでいるからという理由だけで親しくなるとか，具体的な集団の一員になるということはなくなってしまった。それが地域というものの存在を見えにくいものにしている。しかし，だからといって地域社会のつながりがまったくなくなってしまったわけではない。むしろ形を変えて別の意味で強固な結びつきが存在している。それは地域を単位として作動する制度やシステムを介したつながりという意味である。ここでは，土地・空間を基盤として成立する制度や組織という観点から現在の地域社会の姿を浮き彫りにし，そこで支配的な役割をはたす国家や地方自治体の行政組織，人が生まれ育つ場としての学校や教育委員会，さらには市場と資本，政治とマスメディアというそれぞれの領域における制度のあり方を紹介しながら，今や地域は具体的な人と人とが関わり合う場という以上に，不特定多数の人々が制度の作動について政治的・社会的な意思決定を行うべき場となっていることを明らかにする。

SEMINAR セミナー

1. 自分が住んでいる地域の個々の土地や空間がどのように分類できるか考えてみよう。たとえば，特定の人しか入ることのできない空間，誰でも入れる空間，特別のルールを守らなければならない空間などなど。

2. そうやって分類した空間について，支配的な力をもっているのは誰かを考えてみよう。

3. 自分が生まれ育った地域で特別の感情や愛着を抱く場所を考えてみよう。そしてそこが誰によってどのように管理されている場所であるか，なぜ自分は特別の感情を抱くのかについて考えてみよう。

4. 自分が特別の感情を抱く土地・空間に関係するルールについて，あなたはどれだけの影響力を行使することができるか。そのことができること，できないことが，あなたの地域に対する態度とどの程度関係しているかを考えてみよう。

読書案内

M. カステル『都市問題』山田操訳，恒星社厚生閣，1984
都市における労働力の再生産と集合的消費をめぐる都市計画と

都市政策，それにたいする異議申し立てとしての都市社会運動と都市政治に関する理論を展開したもの。翻訳なので少しわかりにくいところがあるが，英語版と読みくらべると理解しやすいかもしれない。

布施鉄治・岩城完之・小林甫『社会学方法論』御茶の水書房，1983

地域社会を捉えるための理論枠組みとそれぞれの視点について解説した，地味だが堅実な好著である。少々言葉遣いは堅いが，カタカナ言葉ではなく漢語的な表現で，むしろ日本人にはわかりやすいと思って読んでいくとよいだろう。

宮本憲一『都市経済論』筑摩書房，1980

いわゆる都市の「社会的共同消費」に関する基本文献。カステルの「集合的消費」と同じような概念であるが，こちらは日本産の概念なので，日本語としてわれわれにはより理解しやすいはずである。

――――――――玉野和志◆

第4章　地域に生きる集団とネットワーク

生涯学習センターに集う絵画サークル（千葉県我孫子市。PANA 提供）

第３章では，地域を空間的に枠づけている制度について考えてみた。ここではもう少しわかりやすいものとして，地域という場において人々が織りなす社会的な関係に注目してみたい。たしかに地域で人々が取り結ぶ社会的な関係は，実体的で見えやすい。しかし，それらの社会的つながりは別に地域という特定の空間と関連しているとは限らない。むしろまったく無関係なものとして展開している場合が多い。

そこで，ここでも問題は現代の都市生活において「地域」とはどのような意味をもつのかということになる。一見，自由に展開している私たちの社会関係は，地域という空間的な範域とどのように関連していると考えればよいのだろうか。あるいは，まったくその関連を考慮する必要はないのだろうか。

1　人と地域の関わり

土台としての土地・空間

まず，原理的なところから確認しておこう。社会科学，とりわけ社会学の理論においては，人間があたかも宙に浮いた状態で互いに関係しあっているかのように扱われる場合が多い。つまり，その人が何を着ているとか，どこにいるかは問わずに，その部分は捨象して人と人との関係を論ずる傾向が強い。これでは当然，人と人とが結びつく具体的な空間に注意が向けられることはない。そこでまず私たちの行為がすべて空間的な場という物質的な土台のうえに展開するものであることを確認しておきたい。つまり人々の相互行為がネットワーク通信を介した電子メールによって行われるのか，自転車で互いの家屋を訪ね合うことで更新されているのか，はたまた何らかの公共施設や喫茶店の存在によって維持されているのか，少なくともそのあたりまで抽象度を落として検討を進める必要がある。すべての相互行為は空間という土台のうえで物的なメディアを介してなされているということを，あらためて確認しておきたい。

定住と流動

さて，このように考えてみると，人間が地域という空間と関係するそのあり方には，2つの対照的な形態が区別できる。1つは地域と長期的に結びつくあり方であり，もう1つは短期的にしか結びつかないというあり方である。いわゆる定住と流動ということである。一方には特定の地域に相対的に長く関わる人々が存在し，他方にはつねにいくつかの地域の間を移動していく人々が存在している。基本となるのはいわゆる住居であり，現住所である。そこは人々が夜の睡眠など休息をとるために帰る場所である。このような場所が特定の地域に長期的に固定している場合を定住，比較的短期で移動するか，そう見込まれる場合を流動と呼んでおく。

所有と利用

もちろん，人と地域の関わりは居住だけに限定されない。居住以外の目的で人々が地域と関わるさまざまな局面が存在する。その一般的な分類については第３章で述べたとおりだが，ここでは先の２つの対照という意味で所有と利用の違いに注目しておきたい。この場合，所有は特定の土地・空間との比較的長期にわたる関わりを前提するのに対して，利用は一時的な場合が多い。したがって，特定の土地・空間に対して定住する人と流動する人，所有している人と利用するだけの人という対照が成立する。そして人と地域の関わりを考えていく場合，この２つの違いが基本的に重要な場合が多いのである。

都市のにぎわいや地域生活の安定を考える場合，そのどちらの人々を優先的に扱うかはきわめて論争的な問題である。従来，どちらかといえば，都市の華やかな部分は流動と利用という側面から，地域での生活という点では定住と所有という側面が事実上，優先されていたように思うが，ここではいつの時代でもこの両者が互いに刺激しあって地域生活が展開してきたことを確認しておきたい。

集団的に地域と関わる個人

もう１つ確認しておきたいのは，人と空間との関わりは，けっして個別的に想定できるものではないということである。われわれが空間と関わるとき，それはつねに社会的に行われる。それはかつてマルクスが人間が自然に働きかける労働はつねに集

Column⑦ 空間論への注目

近代という時代は交通機関やマスメディアの発達によって人間が空間的な制約から自由になっていく時代であった。それゆえ近代の社会科学はこれまで人と人との関係を空間的な文脈からは切り離して考察する傾向が強かった。ところが，環境問題の高まりや都市計画への批判を契機として，近年では社会のあり方を空間的な構造との関係で考察したり，人と人との関係をその空間的なあり方のなかで捉えることの必要性が叫ばれるようになってきた。いわゆる空間論への注目がそれである。

その代表的なものとしてH. ルフェーブルの「空間の生産」やD. ハーヴェイの「建造環境」などの議論がある。そこでは，人と人との関係を空間から切り離して考える発想は，土地や空間の商品化を推し進める資本主義の論理に基づくもので，それを前提としていたのでは人と人とが社会的に結びつきながら，それぞれの生を営んでいく人間的・社会的な世界を捉えることはできないと主張されている。人々は具体的な空間のなかで自分たちの営んできた生活の歴史や過去や未来の人々との社会的な結びつきを確認するのであって，環境や空間の破壊はそれら民族や市民の歴史的連続性を断ち切ることになってしまう。それゆえ環境問題や都市計画をめぐっては真に民主的で自治的な決定が求められるわけである。

団的になされると看破したことと同じである。自宅のトイレで用を足すという行為も，そこをトイレと認め，ノックなしにみだりにドアを開けないというルールが他の人に守られてはじめて成り立つ空間との関わりである。特定の個人と特定の空間との関係は，つねに他の人々との関係を前提として成立している。言い換えれば，特定の空間の成立はその背後に独特の社会の存立を予測させるということである。

じつは，このような言明が多くの人々に自明のこととして受け入れられるならば，本章の課題はかなりクリアされたことになる。つまり私たちが織りなす社会的つながりは，地域と無関係であるどころか，じつは地域という空間そのものを構成するものにほかならないということである。かつての村落の場合も，家と家との関係が同族や組の結合として特定地域に累積しているという事実をもって，その社会関係が地域的であると比較的安易に納得していただけのことであって，じつは農地や森林をめぐる労働が集団的に組織されていたことこそが，それを地域的にさせていた事の本質であったと考えることができる。とすれば，都市空間をめぐる人々の社会関係も，けっして単純に地域と無関係に展開しているのではなく，必ずしも特定地域に累積しないようなかたちで都市空間と関連し，むしろそれを構成的に生み出していると見るべきなのである。

いきなり事の本質に関わる議論へと飛躍してしまったが，まずはわかりやすい事実の側面から１つひとつ確認していくことにしよう。

2 制度，組織との接点

個人，集団，組織，制度

さて，人と人との社会的なつながりは，いうまでもなくその最小の単位を個人においている。複数の個人が集まって持続的なつながりが生まれてくると，それを集団と呼ぶ。ここまではあくまでも特定の個性ある個人を単位として成り立っているものだが，これが決められた役割を果たす個人であれば誰でもいいようなかたちにまで形式的に整備されてくると，それは組織と呼ばれる。さらに複数の組織からなる全体的な関連が，通常は文書によって規定されることで，恒常的に確定されるようになると，それは制度と呼ばれるのである。

地域生活を例にとれば，買い物や子どもの送り迎えの際に気の合った同士で決まって井戸端会議をする仲間ができれば，それは集団である。この仲間を母体にして地域の一人暮らしのお年寄りにお弁当を届けようという活動が始まり，いわゆる給食ボランティア団体としての体裁が整ってくると，それは組織と呼ばれる。さらにこの団体が介護保険法に基づく認可を受けるならば，地域福祉という分野における国の制度のなかに位置づけられることになる。

じつはこれまで社会学が得意としてきたのは，集団ないし組織のレベルまでで，制度については法学や経済学にゆだねてきたところがある。したがって集団や組織が特定の地域に累積しているうちは安穏としていられたのだが，現在のようにそのような地域的な集団が存在していなかったり，あってもそれほど重要でなくなったりするようになってくると，地域生活を対象とする社会学はいったいどうすればよいのかということになってしまう。少なくともこれまで得意としてきた集団や組織の分析だけでは，「地域」を捉えることがむずかしくなったのである。そこで工夫されてきたのが，次節でふれるネットワーク分析の視点である。しかし，それだけでも足りないというのが，ここでの筆者の主張である。ネットワーク分析は制度との関わりという視点に補われてはじめて，その潜在能力を十分に発揮することができるのである。次にもう１つわかりやすい議論を確認したうえで，そうした点に進んでいくことにしよう。

家庭，職場，近隣，社交

個人→集団→組織→制度という区別は，具体的な人間の身体からもはやそれには依存しない社会的な構築物への一連の展開を念頭においた社会学の古典的な概念である。このような概念だけでは地域や空間との関連が捨象されてしまうことはすでに述べたとおりである。そこで村落や都市を扱ってきた社会学の分野では，社会の領域や空間に着目した独自の概念が工夫されてきた。鈴木栄太郎が提示した「世帯と職域」という区別や，磯村英一の「第三空間」などの概念がその代表的なものである。ここではもう少し単純に，家庭，職場，近隣，社交の4つを区別しておきたい。

家庭とはいうまでもなく，現住所として存在する住居という空間から予測される社会的つながりである。これに対して職場は，経済的な生産の場と関連している。現代の都市生活において両者は空間的に分離している場合が多いが，都市においても自営業などのローカルな資本の場合は，空間的に重なる場合があって，このことが非常に大きな意味をもつことは，前章で述べたとおりである。

さて，問題はこのどちらにも属さない社会的なつながりをどう捉えるかである。ここでは，比較的住居の近傍で家庭とは異なる社会的なつながりが存在する場合に，これを近隣と呼んでおく。それ以外の，住居とは無関係に展開する社会的なつながりは，たとえそれが特定の空間や施設と関連していたとしても，近隣とは区別して社交としておく。これはあくまで地域生活をテーマとする本書の設定に依存するもので，あえて近隣を加えているのはそのためである。一般的には，家庭と職場とそれ以外に分けるのが適当であろう。

制度によるつながり

ところで，この家庭，職場，近隣，社交という概念は，いずれも個性ある個人を単位とした集団レベルの概念であることを確認しておきたい。たとえば，職場といっても公式的に制度化されている会社の部課組織と同じではない。いわゆるフォーマルな組織に対するインフォーマルなグループを意味している。かつての職業社会学がこの職場におけるインフォーマル・グループの探求を主たる課題としたように，社会学が独自に対象としてきた領域である。したがって，これらの概念はいずれもそうした社会的なつながりが形成されてくる背景としての制度や組織の空間的な性質に注目して区分されているわけである。いうまでもなく，家庭の背景には家族という制度があるし，その空間的土台としての住居のありようには住宅政策が大きな影響を与えている。職場はもちろん，企業組織や市場という制度によって強く規定されている。近隣や社交についても，何らかの組織や制度との関わりが存在する。たとえば，町内会や生協の班などの組織は明らかに近隣が成立する基盤となっているし，震災や石油の流出事故の際に全国から集まったボランティアの背景にはインターネットやマスコミなどのメディアの果たした役割が大きい。このなかでは，社交だけが比較的，特定の具体的な空間や場所と結びつくのではなく，電子メディアなどによって創出される独特の空間的世界を背景とする点が異なっているだけのことである。

さて，このような道具立てを用意しておくと，現実の地域に展開する社会的な関わりの世界を捉える場合に，たんなる集団レベルの分析だけではなく，それらの集団を形成する機縁となった制度や組織との関係が浮かび上がってくる。また，それらの１つひとつについて特定の地域的空間と持続的な関係を結ぶのか否か，という定着と流動という視点をも組み合わせていくならば，かなりのことが見えてくるはずである。

たとえば，高台の高級住宅街の下に商店街が広がっている地域を考えるとき，従来の見方ならば，高台には奥さん方の近隣関係が若干広がるだけで，町内会といってもさしたる活動は存在せず，むしろ商店街の町内会活動の活発さとそこに広がる下町の人間関係にだけ社会学的な関心が向けられたことだろう。それが，制度との関わりに注意していくならば，高台の奥さん方の近隣関係の背後に子どもの教育をめぐる学校という制度や家庭での食事に関して生協組織が進める運動との関連が見えてくるかもしれない。また，商店街を構成する零細自営の小資本が，後継者を得て今後もこの町で営業を続けていく見込みをもてていることが下町の人間関係を維持し，町内会活動の活発さをもたらしているだけのことであって，一部には店舗を人に貸してこのような近隣関係から抜けつつある人々が存在しているかもしれない。しかもそのようにして外部資本がこの町に入ってくる背景には，高台の高級住宅街に最近流入した成金たちの消費性向が，古くからこの町に住んでいた人々のそれとは異なりはじめたことが影響しており，後継者を得て営業を続ける古くからのお店がかもしだすこの町ならではの個性が引き続き支持されるのか，それともどこにでもあるような流行のお店が増えていくことを町の発展とする考えが支持されていくのか，じつは高台の住宅地でも，下町の商店街でも，同じようにこの地域を今後どんな町にしていくかが問われているのだ，という具合に分析の視野が広がっていく可能性をもつ。しかも，この架空の例に示唆されるように，このような視点をとるならば，そこに関与するアクターはけっして特定の地域に限定されないにもかかわらず，この特定の地域が非常に重要な意味をもつ立論が成り立ちうるのである。

また少し議論が先走りしてしまった。次には人々の社会的つながりの背景となる制度の内実について，いくつか基本的なことを確認しておこう。

企業と行政のもつ力

人々が社会的なつながりを形成する場合に，きわめて強力な後ろ盾になる制度とそうでもない制度が存在する。たとえば職場と家庭を考えた場合，日本では仕事の都合が優先されて家族の都合はないがしろにされるのが普通である。いわんや地域の都合などはほとんどおかまいなしというのが，残念ながら一般的な傾向であろう。現代の資本主義社会において市場と企業の制度としての強靭さは群を抜いている。時としてそれは，人間の生命や人権すらも軽んじてしまうほどである。水俣病に代表される公害の歴史やエイズ以降も跡を絶たない薬害の実情を見るにつけ，そのことは認めざるをえまい。

これと並んで，ときとして市場や企業すらもかんじがらめにしてしまう制度として，国家の行政官僚機構がある。日本の場合，これが日本株式会社として戦後の急成長を支えると同時に，最近ではさらなる資本主義発展の桎梏として規制緩和の必要性が叫ばれるに至っている。経済と国家，企業と行政をとりまく諸制度は，現代においてもっとも尊重されていると同時に，強い権力をもった制度である。これは地域生活を考えるうえでも，同様である。たとえば都市計画や地域開発が推進されていく過程で，企業の利益や行政の都合には事実上かなり高い優先順位が与えられるが，個々の家庭や近隣の諸集団の意見が受け入れられるには非常な努力が必要とされるのである。

個人を支える家庭と地域

したがって，われわれの生活が企業や行政によってすべて保護され，守られているようならば，きわめて幸せなことなのかもしれない。事実，ある時期までの大企業雇用者や公務員にはそのような現実感があっただろう。しかし最近ではそのような期待が根拠のないものであったり，本来あるべきものでもないことが明らかになりつつある。むしろ人々は自らの努力と判断で自らの生活を守り，そのために信頼できる企業や商品を選び，ときとして行政に必要な処置を政治的に求めていくことが必要とされるのである。

戦後，このような自ら判断し責任のとれる強い個人の成熟が民主主義社会の前提として求められたことがあったが，いまや再保守化の延長線上で自己責任が強調されるというかたちで，いやおうなくそのような個人への転換が前提とされているようである。しかし，そのいずれの文脈においても問題にされないのは，そのような個人の成立がどのような社会的つながりによって支えられるのかという視点であった。筆者はこの点で，経済的でも行政的でもない家庭や地域をはじめとした社会的つながりこそが，そのような自立した個人の存立を保障するものであると考えたい。

したがって戦後日本の近代化が，一方で民主主義社会への転換をうたいながらも，他方で家庭や地域での人々の社会的つながりをおしなべて封建的とすることで何ら尊重しなかったことが，かえってそこでの社会的な制度の力を弱めることになり，結局は企業と官僚の支配にきわめて脆弱な個人を大量に生み出す結果を招いてしまったと考えられるのである。この意味で，現実に今，非常に力は弱くなっているとはいえ，個人を支える家庭や近隣，社交の世界の後ろ盾となる社会的な制度を軽視するわけにはいくまい。いわゆるボランティア団体にせよ，地域をめぐるさまざまな慣習やつながりにせよ，それぞれ正当な評価が与えられるべきである。

3 ネットワークの視点

ネットワークと集団

ここまでの議論で，一方にはさまざまな空間や場所と結びついた制度や組織が存在し，他方にはそれらを後ろ盾としつつも独自に展開する社会的世界が集団や個人によって構成されているという構図が明らかになってきた。そうすると問題は，地域という空間がそこでどのような位置づけをもつかということである。すでに述べたように，かつての村落ならば，制度や組織自体が限られた地理的空間に強く準拠していたがゆえに，特定の地域に多くの集団が累積して独自の社会的世界を構成していた。したがって社会的世界を対象とする社会学は，とりあえずはこの集団を分析の対象としておけばよかったのである。ところが，都市化によってこのような集団が失われていくと，それまで明快であった分析の対象が見えにくくなってしまった。そこで工夫されてきたのが，社会的ネットワークという概念やネットワーク分析という手法である。

ネットワークという概念は，特定の成員からなる集団の成立を前提としていない。あくまでも個人と個人の限定的なつながりそのものを分析の単位としている。したがって特定の集団によってではなく，その時その時の人と人とのつながりの連鎖のなかで社会的世界が展開する都市的な状況には，きわめて適合的な分析概念である。集団はそのようなネットワークの連鎖を追いかけていった結果，事後的に発見できる場合があるだけのものと想定し直される。そうすると，集団が見えにくくなった状況においてそれが発見できる可能性が留保されるだけでなく，たとえそれが見出されなくとも，ネットワークというとりあえずの分析対象を確保できるのである。

そうすると，地域社会は個人を単位としたネットワークの連鎖の全体として描くことができ，それらのネットワークの密度が高い部分に集団が発見されるという明快な図式が成立する。たしかに現代都市における社会的な世界は，まさにそのような様相のもとに描かれるべきものであろう。かくして社会的ネットワークの測定と分析が，都市社会学研究の主要な領域とみなされるのである。

ネットワークと地域

ところが，このようなネットワーク分析をいくら積み上げていっても，いっこうに明らかにならないことがある。それが地域という空間の位置づけである。たとえばネットワーク分析の結果は，往々にして人々のつながりが地域という空間を越えてだらだらと広がり続けるという結末になることが多い。これでは，そもそも地域という空間は意味がないと結論せざるをえまい。さらに，首尾よく特定の地域的空間に凝結するネットワークの様態が描き出せたとしても，それがなぜ成立するのかという説明の論理をネットワーク分析そのものは，けっして提示できないのである。そもそもネットワークという概念は物事を記述するには非常に汎用性の高い概念であるが，それそのものを説明の道具に使おうとすれば，逆に適合する対象がきわめて限られたものになるという性質をもっている。少なくとも，ここで課題となる地域との関係を説明する道具立ては，ネットワーク分析とは別立てで用意すべきであろう。

Column ⑧ 生活構造論と社会的ネットワーク論

日本の社会科学では戦前から「生活構造論」と呼ばれる独特の研究領域が存在した。古くは生活時間や家計費の研究において人間生活には動かしがたい基本的な枠組みが存在するという議論であったが，都市社会学の領域では諸個人が社会構造にそれぞれ関与する形態を捉える概念として，主として集団参加構造として問題にされてきた。その後，このようなアプローチは都市生活者の消費行動を中心とした生活の組み立て方のパタンに注目する研究へと進展し，諸個人のライフ・スタイルや意識・文化論へと展開していく。

このような個人を単位とした分析概念は，世帯や集団が社会構造の中心ではなくなっていった都市社会において，とりわけ有用な概念として活用されるようになる。同様の事情から現代家族の研究やアフリカ都市の人類学的な研究から注目されるようになっていったネットワーク分析の手法とも絡み合いながら，現在では社会的ネットワーク論という１つの研究領域を形成している。日本の都市社会学では，この社会的ネットワークの形成をめぐる非常に多くの実証研究が蓄積されている。しかしながらそのようなネットワークの形成が都市社会のどのような制度や空間と関連していて，それが都市全体の構造にとってどのような意味をもつかというレベルへの議論の展開は今後の課題として残されている。

そのような道具立てとして提案したいのが，すでに再三再四先走りして説明を加えてきた空間や場所と結びついた制度や組織との接点という視点である。ネットワーク論の用語でいえば，ネットワークの「文脈」とか，ネットワーク形成の「契機《きっかけ》」と呼ばれるものである。たとえば，男性のネットワークが職場を中心とするのに対して，女性のネットワークが家庭や近隣に集中するのは，いうまでもなく性別役割分業という制度の存在を無視しては説明できないだろう。つまり，特定の個人がどのようなかたちで地域と関連するネットワークをもつか，もたないかは，その人がどのようなかたちで地域と結びついた組織や制度のなかに位置づけられているかによっている。男性よりは女性が，グローバルな資本よりはローカルな資本に結びつく人のほうが，より近隣でのネットワークを発達させることであろう。

じつはネットワーク分析の強みは，このような個人を単位とした社会的ネットワークの構成と個人が占める制度上の位置を関連させて捉えることのできる点にある。この点を突き詰めていくならば，もう１つ社会学がかつて得意としていて，現在はあまり活用されることのない概念に導かれていく。それが社会学的な意味での「階層」という概念である。

ネットワークと階層

社会的なつながりを形成するうえで，強力な後ろ盾となる制度もあれば，そうでない制度もあるという議論をしておいたが，それはすなわち制度の側にヒエラキカルな格差が存在するということである。じつはこれと関連しながら，そこで形成される社会的つながりや，それに関与できる人とできない人との間にも，階層的な隔たりが生まれてくる。つまり諸個人が位置づけられた制度上の位置に基づいて，それらの後ろ盾をもちうる人々だけが構成しうるネットワークというものが形成され，それが社会的世界に階層的な分化をもたらす強い根拠となっていくという現象である。これが社会学的な意味でいうところの階層である。そしてさらに重要なことは，このような階層的な隔たりが地域との関わりという点と有意に関連するという事実である。たとえば日本の場合，グローバルな資本やナショナルな官僚機構に属する人は，一般に階層が高いと同時に職場を中心としたネットワークを形成し，近隣にはほとんど関わらないのが普通である。これに対して，中小零細自営のローカルな資本を支える人々や家庭での役割に拘束されている主婦が，おもに近隣の社会的ネットワークを発達させている。階層の高い人は移動のコストが苦にならないために，特定の地域的空間に拘束される度合いが低いのに対して，階層の低い人は移動のコストゆえに特定の地域にこだわらざるをえないのである。両者の社会的ネットワークは，空間的な広がりや地域的拘束の点で自ずと異なってくる。いきおい両者は交わることが少なくなり，階層的な格差と分離はそれだけ大きくなる。

つまり，現実の社会は複数の個人からなるネットワークの総体として，少なくとも現象的には描かれるのかもしれないが，その背景にはさまざまな序列と格差をもった制度が存在し，かつまたそれが空間的な秩序を伴ういくつかの階層へと分離していることを読み込んでいく必要がある。この意味でも，ネットワークの視点を空間的に組織された制度との関連で活用していくことが求められるのである。

選択する個人の主体性

しかし，ネットワーク分析をこのように活用することには，若干の抵抗を感じる人も多いかもしれない。なぜなら，ネットワーク分析はもともと選択する個人の主体性を捉えることを主眼としたものだからである。そのような活用の仕方ではむしろ構造的な制度によってすべてが決まってしまうというふうにしか理解できないのではないか，という疑問がありうる。個人の主体性を日々行われる日常生活上の選択行為に求めるならば，そうかもしれない。それ自体はたしかに個人の自己表現であり，それなりの主体性であろう。しかし，社会学が問うべき歴史的な主体性はもう少し別のレベルのものではないだろうか。それはむしろ構造的な制度のあり方そのものを変更していこうとする営みであり，それは諸個人の日々の選択行為と切り離されたものではないが，しかしそのレベルだけで捉えられるものでもない。むしろ，自らを拘束している制度そのものを捉え直そうとする営みである。この意味で人と制度をつないでいく側面，人が制度に働きかける局面こそが，人間の主体的選択の場面としてより重要であろう。

最後に，この点について地域生活との関連でいくつかのことについて論じておきたい。

4 人と制度をつなぐもの

制度がもつ隠然たる権力

人がいかなる制度のもとでも，それらを捉え直し，組み換えて自らの選好を示すことは確かである。しかし，もう一歩進んでそれら制度の不都合を克服しようとする人は少ないかもしれない。逆にいえば，いったんできあがった制度はそのまま維持される傾向をもつ。しかもその維持が支配的な人々の利害と結びついている場合はなおさらである。この点で最近日本で問題になっているのが，行政権力の優越という問題である。法に基づく支配という統治形態が成立して以降，制度を生み出す法技術は決定的な力をもつようになった。これはどこの国でも多かれ少なかれ見られる傾向であるが，日本の場合，法の策定過程を官僚が一手に握ってきたという点に特徴がある。法を生み出すことによって制度をコントロールする官僚機構が，適切なリーダーシップを発揮することで明治維新後の急速な近代化も，戦後の復興・高度成長もうまくやってきたことは事実であろう。しかし同じ仕組みが戦争への道をひた走り天皇制ファシズムを成立させたこともまた事実である。日本経済がグローバルな構造変動にさらされている現在，このようなリーダーシップのあり方が問われているのである。

行政権力の相対化

法を介して制度をコントロールすることで社会を動かす。これが現代においてもっとも有効かつ合法的な社会技術である。言い換えれば，もっとも正統的な「政治」なのである。この実質的な政治過程が選挙という民意の洗礼を受けることなく，ひたすら試験という自己選別の過程しか経ない専門家集団にほぼ独占されてきたというのは，いかにも不自然なことである。場合によってはたいへん機能的なこともあるが，すでに述べたように決定的な機能不全に陥ることもあるし，なにより人間が自らの人生と歴史に責任をもつという意味での自治や自立，さらには民主主義の原則から外れたものであることを認識する必要がある。

昨今の地方分権論や自治体に全面的に任される介護保険の仕組みも，少なくとも一面ではこれまでのあり方からの脱却を模索せざるをえない可能性をもっている。

それでは，行政権力の相対化はいかにして可能なのだろうか。

議会による政策決定

その方策として民主主義社会においてもっともオーソドックスなやり方が，議会主義の活用である。官僚ではなく，選挙の洗礼を受けた議員のイニシアティブで法案が策定され，政策が立案・実行されていけば，少なくとも官僚の力は相対的に弱められ，住民も自分たちに利益のある法案を作ってくれる議員に一票を投じるだけのはりあいを感じるというものである。M. ヴェーバー言うところの「行動する議会」であり，日本では最近五十嵐敬喜らが提唱している。

挑戦する NPO

もう 1 つ，ある意味ではよりラディカルな方策として，市民が直接政治や行政に参画していくというやり方が存在する。情報公開やオンブズマン制度をめぐる動きだけでなく，いわゆるNPO・NGOをめぐる胎動がそのような機能を果たすものとして期待される。

もちろんそれらは手放しで期待できるものではなく，そこにはつねに強大な官僚機構の側からの包摂の可能性が横たわっている。かつての住民参加行政がそうであったように，NPO法案における免税措置をめぐる攻防や介護保険法に基づくボランティア団体の指定などに，そのような古くて新しい問題機制を読み取るべきなのである。

アリーナとしての地域生活と地方自治体

そして，そのような試みとせめぎ合いが生じる戦略的な舞台として，人々の地域生活と地域を物理的にどうするかをめぐる制度レベルでの攻防の展開する地方自治体がクローズアップされてくる。都市や地域をめぐる社会学的な研究は，人々の社会的ネットワークと集団形成のはざまに階層性をもって展開する政策や制度をめぐるせめぎ合いに敏感であることが求められているのである。

Reference 引用・参照文献

五十嵐敬喜・小川明雄，1993，『都市計画――利権の構図を越えて』岩波書店。

磯村英一，1959，『都市社会学研究』有斐閣。

鈴木栄太郎，1957，『都市社会学原理』（鈴木栄太郎著作集 Ⅵ，未來社）。

Weber, M., 1917, “Parlament und Regierung im neugeordneten Deutschland.”（＝1975，中村貞二・山田高生訳「新秩序ドイツの議会と政府」『世界の大思想 3 ウェーバー』河出書房新社）

Summary サマリー

地域には，さまざまな人と人との関係が展開している。それはたんなる関係としてのネットワークとして存在する場合もあれば，もう少し組織化されて集団として機能している場合もある。それらは社会学の対象として基本的なものである。しかし，それらの集団やネットワークは必ずしも特定の地域と関連しているとは限らない。それゆえ社会学は，それらを一般的な社会としてだけ扱い，地域や都市空間との関連で扱うことが少なくなっている。それはすなわち，現代において地域が見えにくくなったことの現れでもある。特定の地域集団を分析していけば，地域社会が見えてくるということがなくなったのである。そこで工夫されてきたのが，集団ではなくネットワークとして社会を捉える方法である。ここではさらに，これらの社会的ネットワークが形成・維持される背景や文脈としての地域的・空間的な制度やその階層的な編成を視野に収めることで，現代における地域を社会学的に把握する方法について考えてみた。

SEMINAR セミナー

1. 自分自身が日頃から取り結んでいる人との関係を具体的に数え上げてみよう。そのうえでその空間的な範囲を考察し，かつそれぞれの背景となっている集団や制度の存在について考えてみよう。

2. 自分自身が関わっている人々の関係を集団といえる部分とたんなるネットワークと思われる部分とに分けて具体的に数え上げてみよう。そのうえで両者にどのような違いがあるか考察しよう。

3. あなたが日頃接触する人々のあなたとの力関係を考えてみよう。そのうえでその力関係がどのような制度によって保障されているかを考察しよう。

4　これまで考えたことにもとづいて，自分自身の現在の生活がどの程度地域的であるかを考えてみよう。また，それはなぜかを検討してみよう。

読書案内

野沢慎司編・監訳『リーディングス ネットワーク論』勁草書房，2006

いわゆる社会的ネットワーク論に関する代表的な論文の翻訳集。ネットワーク論の全容を知るうえで大変便利なリーディングスである。

松本康編『東京で暮らす――都市社会構造と社会意識』東京都立大学出版会，2004

東京を対象とした調査のデータから社会的ネットワークを中心とした分析を行ったもの。東京とそこで暮らす人々の姿を理解することができる。

森岡清志編『都市社会のパーソナルネットワーク』東京大学出版会，2000

年賀状にもとづいてパーソナルネットワークに関する詳細な調査データの分析を行ったもの。都市社会学におけるネットワーク分析の実際を知ることのできる文献。

H. ルフェーヴル『空間の生産』斎藤日出治訳，青木書店，2000

空間と社会についての関係をあらためて考察し，空間論についての注目をもたらすことになった文献。むずかしく理解しようとする人が多いが，ごく単純な話だと思って読むとよい。たしかに本来は哲学の書物なので，それなりの素養が必要だが，何となく感じ取ることも重要である。

――――――― 玉野和志◆

第5章　地域が歴史を創り出す　歴史が地域を造り出す

名古屋城本丸御殿復元イメージ図（名古屋市名古屋城整備室提供）

日本で一番元気な都市といわれる愛知県名古屋市は，空襲で焼失した名古屋城本丸御殿の復元事業を進めている。市民と力を合わせながら進めるこの事業は，近世武家文化を国際的に発信する拠点となることと，市民の郷土愛をいっそう高めることを期待されている。

地域の歴史を社会学の立場から考えることは，じつは簡単ではない。なぜなら歴史は社会によって創り出されるものであり，現在の社会の成り立ちと深く関係するからである。その一方で歴史を遡ることは，しばしば現在の社会の特殊な成り立ちを暴露する。本章では，地域が歴史を創り出す次元と歴史が地域を造り出す次元に分けて，この問題を丁寧に考えてみたい。

1 地域の歴史を考える

社会が歴史を創り出す

社会学の立場から地域を考えるとき，とくに歴史に注目する意義は何だろうか。国家の歴史をめぐる論争の盛んな現代社会では，「あらゆる社会は歴史をもつから，その成り立ちを，歴史を通して理解するのは当然だ」とは必ずしもいえない。国史論争は，史実の選択や解釈に関するさまざまな思想や政治的立場があって，それぞれ異なる歴史を主張するために生じる。つまり歴史が現在の社会を築き上げたのではなく，現在の社会が歴史を創り出すのだ。社会学が常識を科学的に反省する知的行為であるならば，このような，現在の社会が歴史を創り出す過程にとくに注目しなければならないだろう。

たとえば脱工業化した日本の市町村の多くは，企業誘致や宅地造成，大規模集会施設の建設といった，いわゆるハコモノ行政から，市民のアイデンティティの育成や「交流人口」(ひらたくいえば観光客）の増加をねらった文化振興・イベント開催へと政策をシフトさせている。そして，そこでは未来への期待ではなく，過去への愛着が語られるようになってきている。同じハコモノでも，流行歌手のショー会場としての文化会館ではなく，近世の城郭の再現や昭和の町並みの保存を志向するようになってきているのである。それらは歴史学の成果をある程度踏まえているが，それ以上に，それらを享受する市民や観光客のおもしろさを求める心情に訴えるように進められる。むしろ歴史学の成果は，おもしろさをヒートアップさせるために選択され，動員されるとさえいえるだろう。

だから，地域の歴史を社会学的に考えることは，まずそれが創り出される過程を解読することである。社会学方法論の近年の流行である構築主義や言説分析は，その際大いに役に立つ。もっと積極的に，社会学は公共的実践の一端としてこの過程に参加すべきであるといえるかもしれない。残存する建築物や，口承された説話，歴史学の成果といったさまざまな素材を，市民運動や自治体行政が地域の歴史として編み上げていく作業に，調査者や構成作家として貢献するのである。

社会の歴史的起源を探り当てる

しかし常識の科学的反省という社会学の目的を省みれば，地域の歴史を考えることには別の可能性があることに気づくだろう。それは現在の地域の歴史的起源を探り当てることである。これは一見冒頭にあげた素朴な歴史決定論と同じに見えるが，次の点でまったく異なる。第1に，歴史決定論は現在の社会の姿に正負いずれにせよ強い価値を置くが（「美しい国」とか「何よりもだめな日本」とか），それをしない。逆に歴史的起源を探り当てる作業を通して，現在の社会を別様に見直したり，未知の側面を発見したりする。そのとき現在の社会の姿は，極端な言い方をすれば，歴史を遡るためのきっかけや索引にすぎない。

第2に，素朴な歴史決定論は現在の社会の姿に強く関連づけられた，一貫した筋をもった物語（史観や主義）を用いるが，それをしない。逆に物語に断絶を，事実の積み重なりに断層を見出して，現在の社会の姿の特殊な成り立ちを暴露する。ちょうど，フロイト派の精神分析医が患者の幼児期の記憶に遡り，抑圧された経験を認識し直させて，現在の病を生み出す意味構造を変えようとするのと同じような知的操作を，社会の分析にも適用できると思われるのである。

社会と歴史の対抗的相補性

以上の考察を踏まえて，本論では地域の歴史を社会学的に考えるという課題を，現在の地域が自らの歴史を物語として創り出す過程を解読することと，現在の地域を造り出した歴史的起源を新たに探り当てることの２つの次元に分けて考えてみよう。以下では，前者を「地域が歴史を創り出す次元」の研究，後者を「歴史が地域を造り出す次元」の研究と呼びたい。ここまでの考察で明らかなように，地域の歴史的起源を探り当てることは，地域が創り出す歴史に新しい素材を提供する。しかし，逆にその成果が今まで信じられてきた地域の歴史を批判し，その実効性を揺るがす場合もある。後で述べるように，地域が歴史を創り出す過程が，現在の地域の成り立ちを左右する，政治的と呼んでもよいような意義をもつことを考えれば，「地域が歴史を創り出す」次元と「歴史が地域を造り出す」次元の協働と対立を，地域社会のダイナミックな政治過程の一部と見なしてもよいだろう。

2　地域が歴史を創り出す次元の諸問題

歴史を創り出すことをめぐる諸問題

地域が歴史を創り出す次元を分析する際の基本的な問題をいくつかあげてみよう。

第１に，誰が歴史を創り出すのか，歴史創造の主体は誰かという問題がある。この一番素朴な解答は２つあって，１つはその地域を支配する（しばしば域外の）権力者であるというもの，もう１つはその地域に居住する市民すべてであるというものである。しかし実際には，両者を極限値とする，複数の異なる主体間の協働と対立を通して，歴史は集合的なかたちで創り出されるといえるだろう。

第2に，創り出される歴史の内容は何か。人々は何を歴史と考えるのかという問題がある。人々の行為や，それによって集積されるモノ（建造環境や自然景観）やできごとなのか，またはそれらをひと連なりの文字に置き換えた，物語としての歴史なのか。この区分は第1の問題と関係する。行為やできごとを生み出すのは市民すべてだが，物語としての歴史を生み出すのは，多くの場合その手段を独占する権力者である。もっともその逆に，権力者が用意したモノやできごとを市民それぞれが本来の企図とは別様に口承したり，記録したりする場合もある。

第3に，何のために歴史を創り出すのか，歴史の政治的機能は何かという問題がある。この一番素朴な解答は，地域の集合的アイデンティティの調達というものである。しかし実際に創り出された歴史が地域の社会的存立や政治的安定をたしかに支えているかどうかは自明ではない。別の目的，たとえば個人次元の文化消費の1つ（たとえば「小京都ブーム」）としてや，公的団体の半義務的な事務作業の1つ（たとえば自治体周年史の編纂）としてなどの場合，その機能は間接的なものにとどまるだろう。また，政治的という言葉を用いたように，この問題には現在の地域の対立や矛盾がもっとも現れやすい。現在の地域とは異なる範囲や支配的主体を取り上げることによって，歴史は政治的変動の設計図のかわりになることがある。

私人が創り出す私的な歴史

これらの問題をより具体的に考えるために，1つの挿話を示そう。私の母方の曾祖父は石川県野々市町（金沢市西隣）の地主だったが，生家の経済的没落のなかで歴史研究にめざめ，後半生をそれに捧げた。彼の仕事は在野の郷土史に属するもので，大学の歴史学者たちからはほとんど顧慮されなかった。彼の著作は生前 1 冊も刊行されなかったが（本人も刊行を望んでいたかどうかわからない），死後同じ在野の郷土史家の厚意によって発掘され，2 冊が刊行された。ともに彼の郷土の町にかつて存在した武家と寺院の歴史を調べたものである。その他に近隣の別の寺院の歴史に関する私家本があり，さらに彼の郷土を含む旧国加賀の通史的史料集の原稿が遺されていた。

没落地主として最後は郷土を離れた（墓も東京にある）彼が，どのような心情から歴史研究に沈潜したのかは，大学の職業学者の私にはよくわからない。ただし，上京後東京帝国大学史料編纂所の著名な教授の知遇を得，そこでも研究を進めた彼の記した歴史が，あくまで郷土とそこに住む人々の交流，そこに遺された史料に基づいていたことは確かである。彼は自らの手で郷土の歴史を創り出そうとしたのである。

問題は彼の考える郷土の範囲である。遺稿は『加賀史料集成』と名づけられていたので，最晩年の彼が研究の範囲を郷土の町から旧国加賀へと広げていたことが想像される。死後刊行された 2 冊にもそれぞれ「加賀」の名が冠されていた。こうなると，彼が郷土の町に固執したかどうかは確かでなくなる。彼にとって郷土とは野々市町だったのか，加賀国だったのか。

じつはこの問題がより明らかになったのは，彼の遺稿が石川県の事業である『加能史料』の刊行のきっかけとなったときである。遠い遺族の 1 人である私は，県立図書館を訪れて遺稿と事業との関係を聞くことができた。東京大学国史学科出の担当官の説明では，彼の業績は高く評価しているが，『加能史料』はあくまで加賀，能登両旧国を起源とする石川県の公的事業として新たに始められるものであるとのことだった。それはもっともだと思いつつも，私は，曾祖父が歴史に込めた心情がそれとは別にあることを強く感じた。

この挿話から，先に述べた問題に関わる興味深い論点を取り出せるように思われる。第1に歴史を語る主体についてみれば，曾祖父の私的史料集と県の公的史料集はけっして混交できない。公史の場合，「ここからここまでは地元の誰々さんが書きました」とはいえないのである。逆に，誰々さんではない書き手を公史は必要とする。私の知るかぎり，その中心は郷土に根ざさない大学の職業学者たちである。もちろん地元の好事家や公立高校の歴史教師なども関わるが，そうした人々だけで公史が書かれることは決してない。大学の職業学者たちは国家次元の歴史（国史，日本史）の専門家だから，彼らの書く歴史は，曾祖父のように郷土から拡大・増補していくようにではなく，国家から縮小・分割していくように書かれる。喩えていうなら，それは日本史という大企業の一地方支社である。

第2に歴史の政治的機能についてみれば，担当官が強調したように，石川県の公的史料集は行政的には必ず『加能史料』でなければならないようである。しかし，純粋に歴史学的には『加賀史料』と『能登史料』であってもよいはずである。2つの旧国は異なる歴史をもっているし，おそらく曾祖父がそうであったように，加賀の人と能登の人は互いに別の国の人と思っているだろう。とすれば，『加能史料』という事業の根拠は，石川県という近代以降の地方行政機構の範囲にしかないということになる。それは，近代化のなかで郷土を失った曾祖父の心情と同じくらい特殊なものである。

一歩踏み込んで，いや加賀と能登は近世以来前田家の支配する金沢藩として一体だったから，といえるかもしれない。しかし，能登にも金沢藩でない天領があったし，おそらく近世能登の人々の関心は，租税を取る金沢よりも富をもたらす日本海の海上交通に向いていたはずである。さらに近世以前に遡れば，加賀国と能登国はあっても前田家の金沢藩はなくなってしまう。結局この言い訳は，石川県が旧加賀と旧能登より成るということと異ならない。逆に，曾祖父のように加賀一向一揆の消長をつぶさに調べた立場からは，加賀（と能登）百万石とそれに続く石川県の歴史は加賀の歴史の一部分にすぎないか，さらにはそれ以前の歴史からの断絶・否定と見えたにちがいない。つまり曾祖父の私史と県の公史は，誰が書いたかだけでなく，何をどのように書くかまでが，いわば構造的に対立しているのである。

私史か公史か

ただし私は，私史がつねに正しく，公史がつねに誤っているという者ではない。公史に携わる人々に以上の点についての反省があるかどうか，若干疑問には思うが，私史の側にも我田引水がないとはいえない。たとえば曾祖父が金沢市中の人であり，近代化の中で一貫して成功してきた地元資本家ならば，けっして上記のような歴史を書かなかっただろう。『加賀史料集成』は曾祖父なりの，川端康成のいう「没落者の文学」だったのである。結局私史は書き手の生き方によって良くも悪くも偏るので，ただそれを寄せ集めるだけでは，大勢を納得させるだけの公共性をもった歴史に結晶することはない。

このように地域が歴史を創り出す次元には，誰が何を何のためにといった点で，より私的なものからより公的なものまで多様な利害が角逐しており，それを丁寧に見分けなければ，そこの過程でいったい何が社会的に行われているのかを知ることはできないのである。そして，もし公共的実践としてそこに関与するならば，私的なものであれ公的なものであれ，自らの語る歴史の特殊性とそうでない歴史の特殊性を比較・検討する作業が，特殊性を公共性，すなわち相互に討議可能なものにまで高めていくという意味において欠かせない。

私は，たとえ公的な権威を背負わなければならないとしても，ただ1つの歴史が他の多くの私史の上に専制的にそびえ立つことや，両者が学問と趣味といったふうに互いに交流なく分業することにならない方がよいと思う。上の例に戻っていうなら，『加能史料』が『加賀史料集成』を基礎にもつことは，むしろ『加能史料』の可能性なのである。不特定多数の私史の関与によってつねに公史が補強されていくこと，一方がもう一方の限界を切り開いていくことは，地域が歴史を創り出す次元において公共的意義をもつ，重要な社会的過程であるといえるだろう。

3 聴き取り調査による戦略的着手

語られる歴史

地域が歴史を創り出す次元を社会学の立場から分析する場合，主要な方法として，地域の人々の語ることを聴き取ることがある。私的な歴史にせよ公的な歴史にせよ，いったん書かれ，刊行されてしまえば，内容分析や言説分析など人文学・文献学的な方法によって，それらが何をどのように語り出そうとしているのかを分析することができる。それに対して聴き取り調査は，歴史を創り出す行為（発話）そのものと歴史が創り出される瞬間（物語の結晶化）を捉えることができる。聴き取り調査は社会学的地域調査の方法の1つであ

Column ⑨ 先駆者としての中野卓

中野卓（1920 年生）は，本文で述べた日本社会学のイエ・ムラ論の完成者であるとともに，生活史（ライフヒストリー）という新しい分野を開拓した，戦後日本を代表する社会学者の 1 人である。彼の代表作は生家の薬種商大和屋忠八家と，郷土の町京都市左京区五条大和大路の 250 年にわたる歴史を描き上げた『商家同族団の研究』（未來社，初版 1964 年，第 2 版上巻 1978 年，下巻 1981 年）である。また生活史研究の記念碑的作品が，本文で触れた『口述の生活史』である。さらに彼の考えを深く知りたい人は，ぜひ『福武直著作集第 9 巻 中国農村社会の構造』（東京大学出版会，1976 年）の解題論文を読んでほしい。大学で 3 年先輩の福武が国費の研究者として接した隣国に，同じ国費でも侵略兵として接するほかなかった彼の苦渋をつづった，まさに歴史的意義の深い文献である。

り，通常は事件の裏事情を探ったり，当事者の理解を確かめたりするために用いられるが，ここでは聴き取られる話それ自体が分析対象となるのである。

では，聞き取られた話が歴史であるとはどのような意味でそういえるのか。この問題には少なくとも 2 つの論点があるように思われる。第 1 に，それが歴史と呼べるだけの，時間軸をもったひと連なりの秩序をもつこと。もちろん歴史決定論のように強く拘束された秩序である必要はないが，話者が現在に収束する時間に乗せて語ろうとしていることが条件であるとはいえるだろう。たとえば，生活史研究の古典的作品である『口述の生活史』の冒頭で，「編著者」の中野卓は「この本は，その（聴き取り）テープを，東京に帰るたびに文字に起こした記録を，編集し，多少の註を付けたもので，ほんとうの著者は『奥のオバァサン』自身だといえます」（中野 1995）と記して方法論争を呼び起こしたが，自らの生家の盛衰を歴史社会学的に再検討することを第一の課題とした中野にとっては，「奥のオバァサン」のような市井の人々の語りもまたつねに歴史へと結晶していくことは，当然の前提であっただろう。

個人化した社会における語りの問題

第2に，それが地域の歴史であるといえるだけの，話者の集合性や内容の共通性を備えた話であること。この点は，国史論争のような政治的利害に関わるものでなくても，つねに確保されるとはいえない。なぜなら現代社会においては，その構造上語りの集合性や共通性が成り立ちにくいからである。中筋由紀子は，自らの聴き取り調査の経験に基づいて，都市化された社会における「語りの個人化」を指摘している。都市化以前の村落社会では，過去のできごとに関する人々の語りは寄り合いなど集合的な語り合いの場を通してのみ共通の意味を与えられたが，都市化された社会では，たとえ多くの人の関わった過去のできごとに関する語りでも，個人の私的な心情や解釈をまとった個人的な語りとしてのみ発せられるというのである（中筋 2002）。とすれば，通常の一対一の聴き取り調査を通して，話者の集合性や内容の共通性を確保することは絶望的といわなければならない。しかし私は，これを逆手に取ることができると考える。つまり聴き取り調査を集合的に実施して，地域の歴史を創り出す実験室にするのである。この場合，聴き取られた集合的な「個人化された語り」を誰が共通のものにまとめるのかという問題があるが，中野に従って聞き手は黒衣に徹し，「個人化された語り」が公共的討議を通して，いわば内発的に共通の歴史に編み上げられていく様を観察すべきだろう。ただし，もし聞き手に何らかのコミットメントがある場合は，編集者や構成作家として討議に積極的に参加することも否定されるべきではないだろう。その場合，討議の場に働く政治力学に他の語り手より敏感である必要はあるだろう。

4 歴史が地域を造り出す次元をめぐる諸問題

社会学的方法の適用

ある地域が歴史的に形成されている，歴史的起源をもつということは，事実の次元では自明のことである。たとえば，ある町に巨大な石垣があるのは，近世の城が明治になって廃されたからであり，ある町にいかがわしい歓楽街があるのは，第2次世界大戦前期に帝国陸軍の師団があったところが，戦後もアメリカ駐留軍の基地とされたからである。しかし，では，ある町には今も織豊期の天守が残るのに別の町には濠すらも残っていないのはなぜかというふうに比較すると，それぞれの地域固有の事情・過程があることを重視しなければならなくなる。地域の歴史的起源を探り当てる作業とは，そうした固有の事情・過程を1つひとつ明らかにしていく無限の運動にほかならない。そこに学問が関与する場合，一貫した理論と方法に従って一定の秩序をもった物語を導き出すことになる。この物語が現在の地域にとって何らかの政治的意味をもつ場合，それは地域が歴史を創り出す次元に再算入されるだろう。もっとも，その秩序はあくまで学問の論理と方法によるので，生み出された物語の「お話としての」もっともらしさとは本来無関係である。私の知るかぎり，ちょうど科学が常識に対立するように，論理や方法の一貫性は，むしろ物語のもっともらしさやおもしろさを減らす働きをすることが多い。

それでは社会学の立場からこの運動に関与するとは，どうすることなのだろうか。経済学ならば地域における市場流通か企業経営かどちらかの次元に注目して，市場流通なら国民経済や世界市場との接続の多少，企業経営なら動員力と生産性の質を計測し，その時系列的な連続または断絶を探究するだろう。また歴史人口学ならば人口の増減の次元に注目して，家族の出生力や通婚圏の制度的強度を計測し，その時系列的な連続または断絶を探究するだろう。つまり，それぞれの研究目的によって探究分野を限定し，学問固有の理論と方法によって，時系列的連続・断絶を探究するわけである。

社会意識の歴史的発生

社会学の場合，少なくとも次の3つの限定が可能だろう。第1に，社会学がM. ウェーバーの理解社会学のように個人の社会意識の意味を探究する知的営為であるならば，個人の郷土への関心や愛着，義務的拘束を，書かれたり，語られたりした史料から解釈しつつ探究することになるだろう。

たとえば文化資源学の木下直之は，近代以降保存されたり，いったん毀されたが復興されたりした日本各地の城郭を訪ね歩き，保存や復興に込められた市民の意識を探ろうとする（木下 2007）。彼自身の郷土の城についての心情（わたしの城下町）が狂言回しの役割を果たしていることに明らかなように，市民の意識はたとえ保存や復興といった公共事業をもたらそうとも，元来は彼ら一人ひとりに私的に分かちもたれたものである。また木下は，城への愛着を近隣の村人たちの伝統的心情（集合心性）として賞賛する柳田國男（柳田 1990）とも，決して一般的な心情ではなかったと否定する宮本常一（宮本 1968）とも異なって，それが私的であるがゆえに部分的で不安定なものでしかないことを描き出す。それでは，なぜ現在比較的裕福な地方自治体の多くが，冒頭に示した名古屋市のように，城郭の保存や復興に熱心なのか。ここから先は，木下の著作を超えて，まさに地域の社会学の課題にほかならない。

基礎的社会集団の消長

第2に，社会学が日本社会学の伝統の1つであるイエ・ムラ論のように，集団と集団間関係の消長を探究する知的営為であるならば，ある地理的範囲において歴史上もっとも広範かつ長期的に存続したと思われる集団を単位として，その内部構成や対外関係の長期的変動を，歴史上の事件や史料を断面図的な手がかりにしつつ探究することになるだろう。

たとえば経済史学の中村吉治は，『日本の村落共同体』（中村 1977），『家の歴史』（中村 1978），『武家の歴史』（中村 1967），（初版の刊行順）という一連の日本通史を著したが，それらは，農業を生業とする生活経営体としてのイエが，生産力の緩やかな成長に連れて発達するとともに移動する武家（より血縁重視）と定着するムラ（より生活重視）を派生させるが，さらなる成長がそうした過渡的形態の命脈を絶つだけでなく，最後には自らも衰耗させていくという過程を，長大な時間軸を通して描き分けたものである。農家出身の中村は，東京帝国大学国史学科の卒業論文を書く際に神主出身の指導教官から「農民に歴史はない」と嘲られて発憤したそうだが，一連の作品は，まさに農民の生活こそが日本史全体の原動力だったことを自家生産力の成長という一貫した経済理論によって描き出した，見事な反論になっているのである。一方でこれらの作品は，社会の出発点を親族組織や土地所有共同体として形式的・静態的に捉え，それ以後の歴史をたんなる衰耗の過程としてしか描けない，旧来の文化人類学や家族社会学の歴史観に対しても原理的な批判を与えた。ただし，彼の指導教官の言葉もまったく的はずれとはいえない。というのは，身内の歴史を書くことはしばしば自己満足的な閉鎖性を伴うからである。

ところで，もし中村が正しいならば，イエやムラによって稠密に構成されていた日本社会はすでに崩壊してしまったことになる。その最終段階を生きた中村がイエの消長を課題に選んだことは無理もないが，では現在の私たちは何を課題にできるのだろうか。1つの可能性はイエとイエ間関係から個人と個人間関係に照準を移動させることである。私の見るところ，劇作家山崎正和の『柔らかい個人主義の誕生』（山崎 1987）や『社交する人間』（山崎 2003）といった一連の作品は，日本史における個人と個人間関係の歴史的変遷を探究しようとするものである。彼の問題提起に学びながら，地域の歴史的起源を個人と個人間関係の集合態として探り当てることができるように思われる。

制度の社会的編成替え

第3に，E. デュルケムの社会学主義のように，社会学が具体的な実在としての人間の集合態を制御する制度を探究する知的営為であるならば，身体や行為の集合態の特殊な構成を，それらを制御していると考えられるモノ（建造環境）やコトバ（法や文化）と関連づけて探究することになるだろう。この場合，探究すべき身体・行為と制度すなわちモノとコトバのセットが，どれか1つでも入れ替わると劇的に作用が変わるような不安定な結合をもっていることは重要である。

たとえば私は，近代都市の成り立ちを考えるうえで大規模病院が重要なのではないかと考えて，昔の地図や文献から現在の病院の起源を探ったり，実際に現地を訪ねてみたりしたことがある。なかでも興味深かったのは，当時「国立大蔵病院」と呼ばれていた病院である。東京都世田谷区という日本最高の住宅街の真中に存在したそれは，どうみても廃墟と化しつつある，まったく時代遅れの公共施設だった。不審に思って調べてみると，元々は旧帝国陸軍の結核患者を隔離するための病院だったという。ちなみに旧国立病院の多くは戦前期に結核療養所や陸軍病院であったのが，戦後傷病兵がいなくなり，結核が激減した後もなぜか廃止されなかったものだ。その後国が不採算の国立病院改革を喧伝したので，私はてっきり大蔵病院も廃止されたものと思っていた。ところが，何と大蔵病院のあった場所には巨大な高層病棟が建ち，厚生労働省直轄の「国立成育医療センター」になっていた。日本最高の産科・小児科一貫式の医療機関だそうである。歴史的な用語でいえば「焼け太り」(たとえば名古屋市のような，戦災復興都市の発展をいった用語）である。こうした唐突で根拠不明な制度改革は，第1の立場が明らかにする社会意識の変化にも，第2の立場が明らかにする生活組織の消長にも直接対応しない，まさに社会的というほかないものである。もちろんどのような制度改革も相応の政策理念と政治過程を伴う。しかし，そうした字面のもっともらしさを，ひびと錆に汚れた元の低層病棟と新しい白亜の高層病棟（白い巨塔？）の間の見た目の落差が無意味化してしまうように，私には感じられた。だからこそこの歴史を，国立病院制度改革史というように，文献だけに頼って考えてはいけないと強く思ったのである。

さらに私が混乱したのは，あるファストフード会社が財団を作って，この病院に難病の子どもを預けている地方の家族の訪問用宿泊施設を運営していることを知ったときである。私たちが子ども用のセットメニューを買うと，自動的にその財団に寄付したことになるという。私は日曜の朝たまたまゆっくり宣伝チラシを見る暇があってこの小さな記事に気づいたのだが，この制度を知っ

国立成育医療センターの威容。企業の施設は写真左手枠外にある（2007 年 9 月 29 日。筆者撮影）

ていて，または寄付するためにセットメニューを買う人はいったいどれほどいるのだろうと，疑問に思った。また，どうして家族が訪ねるのに金のかかる都心（それもホテルが多い真の都心ではない）に病院を建てたのだろう，でも遠隔地だとかえって頻繁に訪ねにくいかもしれないなどとも考えた（現在この施設は全国に 5 ヵ所あるという）。とにかく唐突で根拠不明な制度改革が，多くの人々の新しい生活と社会関係を生み出したことは確かである。そのうえ子どもたちとその家族の生活と社会関係は深刻で，取り替えのきかないもののはずである。つまり，「ひょうたんから駒」というが，私たちはひょうたん（唐突な制度改革）から馬（新しい生活と社会関係）が出てきたことに驚くだけでなく，その馬が生きて走ることにも驚かなければならないのである。逆に，馬が生きて走ることの起源がひょうたんにあることにも，あらためて驚かなければならない。

以上，社会学の立場から歴史が地域を造り出す次元を考える際の基本的な問題をあげてきたが，どの問題に関しても現在の社会の特殊な成り立ちを相対化するような視点がもたらされることを，あらためて強調しておきたい。結果として現在の社会を肯定するにせよ，乗り越えようと思うにせよ，社会が変動する存在であり，社会学がそれを解明する科学であるかぎり，私たちは，歴史を考えることを通して，必ず現在の社会の新しい見え方に出会うことになるのである。

5 調査研究の具体的な手続きと着手点

言葉からモノへと関心を広げる

最後に，2つの次元を調査研究していく具体的な手続きについて，基本的な論点をいくつかあげてみよう。

地域が歴史を創り出す次元を調査研究する際の一番の戦略的着手点は，先に述べたとおり，人々（それは住民に限られない）が地域について語ることを聴き取ることである。歴史そのものを語る場合だけでなく，現在について語る場合にも，その前提や意味の源泉として歴史を引用することが多い。またそれと関連するが，人々が地域の歴史を行為として表現すること，具体的には歴史的景観の保存運動や歴史上の人物の顕彰行事（「英雄まつり」）などにも注目すべきである。さらに，そうした行為によって遺されたり，新たに創られたりする建造環境（その典型は復興天守）にも注目すべきである。それらはしばしば歴史学的には正しくない姿をしているが，その正しくなさこそが地域が歴史を創り出す営みの証拠にほかならないのである。

そうした積極的な行為だけでなく，集落の墓地や公営の霊園の静かなたたずまいに注目することも有用である。それらは一見すると各々の墓碑に各々のイエや家族の歴史を表現しているにすぎず，何か１つの地域の歴史を志向し，主張するものではないが，集合態として見れば，それらは自ずと地域の歴史を語っていることになるのである。

ところで，地域が創り出す歴史と学校で習う歴史との関係をどのように考えればよいのだろうか。先の考察を踏まえれば，後者によって前者を一概に否定するのではなく，地域に直接の利害をもたない専門家によって書かれた国家次元の歴史である後者を基準点（または原点０）にして，前者に込められた固有の利害，固有の心情の大きさを計測すべきであるといえるだろう。

理論と方法の一貫した適用

一方，歴史が地域を造り出す次元を調査研究する際には，先に述べたとおり，現在の地域の姿（たとえばその範囲や支配的主体）を相対化することになるわけだから，最初からそれを絶対視しない方がよい。むしろ現在の姿を１つの問いとして（なぜほかでもないその姿なのか），時間を遡っていくなかでその答えを見出すよう努めるべきだろう。

この作業で私が一番大切だと思うのは，一組の理論と方法を策定し，それらを一貫して適用することである。一貫した理論と方法を用いることは一貫した物語を創り出すこととは異なる。事実はつねに多様なのだから，一貫した理論と方法はかえって矛盾や断絶を抱えた物語を導き出すはずである。先の考察を踏まえるならば，理論と方法の策定の際，社会を記述する際の単位の大きさの設定（具体的な個人の身体から地域住民という抽象的な集合態まで)，社会を制御する制度の効力の質的把握（ことばによる心の制御か，モノによる行為の制御か)，そして目に見えない関係を目に見える事実としてどう描き出すかという調査方法（心情の痕跡としての文化表象を見るか，行為の集積としてのできごとを見るか）の三者を論理的に一貫させることが，物語としての歴史とは異なる，新たな歴史的起源を探り当てることを可能にするのである。

まず，地域を歩いてみる

この作業の着手点として，私は地域を歩いてみる，すなわち対象となる地域に自らの身体を投げ入れることを勧めたい。これは一見社会学の教科書的方法であるフィールドワークと同じように見えるが，次の点でまったく異なる。フィールドワークでは研究課題も調査方法も机上で決まっていて，現地では作戦行動する軍隊のように粛々と作業を進めるだけなのだが（もちろんアクシデントには柔軟に対応しなければならないが)，私のいう，地域を歩いてみることはむしろ一般にいう「ぶらり旅」に近く，好奇心のおもむくまま研究課題も調査方法も決めずに進めるものである。大切なのは自らの身体をすみずみまで活用することだが，目を皿のようにしたり，鼻を犬のように利かせたりするわけではない。ぼんやりとした感覚もまた感覚の１つのありようだからだ。逆に１つの感覚を研ぎ澄ますとき他の感覚は留守になりがちである。とにかく地域で自らの身体が体験していくさまざまなことを，簡単に解釈や結論を与えないままに身体に覚えさせておけばよい。写真やノートは身体の敏感さ（ぼんやりさ）の妨げにならない範囲でのみ使うべきである。

たとえば私はかなり体が大きく，動作も粗雑なので，どこへ行ってもその場所の大きさ（狭さ）が気になるし，そこにいる他人の目線（何か大柄な余所者がきたぞ！）も気になる。自分は調査に

Column ⑩ 地域の歴史の調査研究の例

私が地域の歴史を調査するときに，最初に立ち寄る場所の１つは神社や寺院である。それ自体が歴史的建築物だからではない。神社や寺院の境内にはさまざまな記念碑・記念物が建てられていて，それらに地域の歴史の一端を読みとることができるからである。たとえば調査で訪れたある町の神社の銘板には，ある陸軍軍人の名が筆頭に刻まれ（つまり最高金額寄付者），３番目に旧領主とおぼしき名が刻まれていた。私が軍人の名を知っていたのは，学校の教科書で軍の専横の象徴として悪者扱いされていたのを覚えていたからである。近代の軍人が１番目で近世の旧領主が３番目というところが（２番目はおそらく地元の金融資本家），戦前期の地域権力構造の歴史的特徴をうかがわせるものだ。また，その後私はこの軍人が東京だけでなく地元にも政治活動の場をもっており，逆に東京での活動を支えていたことまで調べを進めたが，とにかくきっかけは１枚の神社の鳥居新築の寄付者銘板だったのである。

不向きなのではないかと思うくらいだ。しかし考えてみれば，この身体によってはじめてその場所の息苦しさを体験できるのだし，そこにいる人々の対他関係の閉鎖性を体験できるのである。私は私の身体を調査の道具として気に入っている。

そして，身体に覚えられた体験がその場かぎりのものではなく，そこに関わる人に広く安定して与えられるものなのではないかと考えるとき，では，それはなぜそうなのかという問いが結晶して，歴史的起源に遡る作業が始まるのである。

引用・参照文献 Reference

木下直之，2007，『わたしの城下町』筑摩書房。

宮本常一，1968，『日本民衆史 5　町のなりたち』未來社。

中筋由紀子，2002，「都市化社会における個人化された語り」『日本都市社会学会年報』20。

中村吉治，1967，『武家の歴史』岩波新書。

———，1977，『日本の村落共同体』（初版 1957）ジャパン・パブリッシャーズ。

———，1978，『家の歴史』（初版 1957）農山漁村文化協会。

中野卓編，1995，『口述の生活史（増補版）』（初版 1977）御茶の水書房。

山崎正和，1987，『柔らかい個人主義の誕生』（初版 1984）中公文庫。

———，2003，『社交する人間』中央公論新社。

柳田國男，1990，『柳田國男全集 26　明治大正史世相篇ほか』（初版 1931）ちくま文庫。

Summary サマリー

地域の歴史を社会学の立場から考える際，2 つの次元に分けてみることが有用である。1 つは「地域が歴史を創り出す次元」であり，人々の地域をめぐる語りや集合行為，その結果であるできごとや空間構成などに，どのような歴史が創り出され，表現されているかを解読することである。さらに社会学者は歴史を創り出す過程に積極的に参加することもできる。大切なのは，学校で習う公的な歴史だけに価値を置かず，私的な主体が歴史を創り出す多様な営みに分け隔てなく注目することである。これは公的な歴史を担う歴史学にはできない，社会学固有の領分である。もう 1 つは「歴史が地域を造り出す次元」であり，社会学の理論と方法を一貫して適用し，地域をめぐる社会意識や集団構成，制度に制御された人とモノの集合態などの盛衰・変化を解明することを通して，地域の歴史的起源を探り当てることである。大切なのは，物語としての歴史から離れて，具体的な人とモノの集合態の変遷を，そのなかに自らの身体を投げ入れ，体験することによって読み解いていくことである。これは文献研究を中心とする歴史学にはできない，社会学固有の領分である。

SEMINAR セミナー

1.　あなたの住む市町村にある，歴史的な建築物や史跡をたずね，その起源と現在の維持・管理方法について調べてみよう。

2.　あなたの父親や母親からあなたの家族の歴史を聴き取り，学校の教科書や学術書に書かれた歴史と比較・対照させてみよう。

3.　あなたの住む市町村の行政要覧や総合計画書，ホームページなどにおける歴史の扱いについて調べ，どこに重点が置かれているか考えてみよう。

読書案内

藤田弘夫『路上の国柄』文藝春秋，2006

日本における公と私の不幸な関係を掲示や看板の採集から読み解く。常識を科学的に反省する知的行為としての社会学のおもしろさが存分に発揮された作品。

E. ホブズボウム，T. レンジャー編『創られた伝統』前川啓治・梶原景昭ほか訳，紀伊國屋書店，1992

「社会が歴史を創り出す」という論点をはじめて提示した古典。今信じられている歴史を疑うだけではなく，新しい歴史的起源を探り当てるおもしろさも示唆する。

片桐新自編『歴史的環境の社会学』新曜社，2000

都市霊園の消長に注目する私の研究（「〈社会の記憶〉としての墓・霊園」）や「郡上おどり」をめぐる語りを採集・解読した足立重和の研究（「伝統文化の説明」）がとくに本論と関係が深い。

西川俊作・尾高煌之助・斎藤修編『日本経済の 200 年』日本評論社，1996

1990 年代以降，日本史研究の 1 つの標準となった数量経済史と歴史人口学の達成。ここから逆に，社会学ならではの歴史研究とは何かについて省みることができる。

――――――――― 中筋直哉◆

第6章　なぜ地域が大切か

見直される地域の重要性

阪神・淡路大震災で全焼した神戸市須磨区鷹取商店街（PANA 提供）

地域の見直し，地域への期待は，今に始まったことではない。しかし，阪神・淡路大震災が起き「ボランティア元年」と呼ばれた 1995 年以降，さまざまな生活問題が噴出し，われわれの目をあらためて地域に向けさせている。震災を契機とする防災，子どもをねらった犯罪に対する防犯，団塊世代の地域デビュー，地域における介護予防，中心市街地の衰退など，「なぜ地域が大切か」を考える素材は数多い。

本章は，見直される地域の重要性を「安全・安心」「プロダクティブ・エイジング」「地方都市の衰退と再生」という 3 つの観点から，ボランティア・NPO や町内会・自治会といった地域集団の役割も踏まえながら，具体的な取り組みを中心に考えていく。

1 見直される地域

3つの理由

1995年以降，とりわけ新たな世紀を迎え，地域に対する関心が高まっているのはなぜか。まず，地域の重要性が見直されている理由から考えていくことにしよう。

第1の理由は，地域における「安全・安心」である。1995年の阪神・淡路大震災を契機とする「防災」，1997年の「酒鬼薔薇聖斗」と名乗る少年による神戸連続幼児殺傷事件，2001年の大阪教育大付属池田小学校の児童殺傷事件など，子どもをめぐる犯罪事件を契機とする「防犯」。この防災と防犯がセットとなって，老若男女を問わず人々の関心を地域に向けさせ，「安全・安心のまちづくり」という標語が至るところで見受けられるようになった。

第2の理由は，「プロダクティブ・エイジング（productive aging；生産的な老い）」である。この言葉はあまりなじみがないかもしれないが，労働経済学的な言い方をすれば高齢者の「生涯現役」である。プロダクティブ・エイジングという言葉が使われるようになったのは，老年学者のR. N. バトラーが，高齢者は依存的で高齢者人口が増大すると社会的負担が増大するといった社会通念に反論するために，高齢者のもつ「プロダクティビティ（productivity；生産性）」を社会的にもっと活用することを提唱したことが契機となっている（Butler and Gleason eds. 1985=1998，杉原 2003）。約680万人いる団塊世代（1947～49年生まれ）が60歳の定年を迎えるのに伴い，労働力不足や社会保障をめぐる社会的負担の増大といった「2007年問題」が取りざたされている。今，会社人間として生きてきた彼らの「地域デビュー」の幕が開いたのである。

第3の理由は「地方都市の衰退と再生」である。地方都市では，人口減少や高齢化が進むなか，モータリゼーション（車社会化）とセットになった郊外への大型商業施設の立地などに伴い，「シャッター通り」に象徴される中心市街地の衰退が進んだ。無秩序な都市の拡張に一定の歯止めをかけ，街なかを再生させるための地域の「かたち」が今問われている。また，全国各地で「地域ブランド」育成という言葉が聞こえてくる。これは，地方分権が進み，高齢社会を迎えて地域が自立しなければならないという時代的な要請のなかで，地域資源をもう一度見直し，あらたなブランド力のある産業を創出し，雇用の拡充や観光客の増大を意図している（関・及川編 2006）。

「まちづくり」の現在

このような観点から見直されている地域の重要性は，今日の「まちづくり」の意義を問い直すことにもなる。1970年代以降，従来の「都市計画」に対して，住民参加の「まちづくり」という言葉が普及した。田村明は，このひらがなの「まちづくり」の含意を〈市民主体〉〈総合性――ハードとソフト〉〈画一性から個性へ〉〈量から質へ〉〈生活の小単位尊重〉〈理念から実践へ〉の6点に整理している（田村，2005）。

地域の重要性が見直されている3つの理由に対応して，今日のまちづくりの意義を考えると，第1に「安全・安心」という観点から，危機に対する対応力が問われている。平時からの「生活協力」があってこそ，震災といった非常時の「共同防衛」が成り立つのである。第2に，「プロダクティブ・エイジング」という観点から，まちづくりは，高齢者の「相互扶助（互酬）」もしくはライフスタイルとしての「社会貢献」という意義をもっている。第3に，「地方都市の衰退と再生」という観点から，まちづくりの「持続可能性（サステイナビリティ）」が問われている。地方都市の再生は，中心市街地にある商店街の再生という側面ばかりに目を奪われがちだが，「環境負荷の少ない持続可能なまちづくり」「歩いて暮らせるコンパクトなまちづくり」といった視点なくしてありえない。以下の節では，この3つの観点ごとに見直される地域の重要性の具体例を紹介していく。

2 安全・安心のまちづくり

防災まちづくり

まず，第1の「安全・安心」という観点である。6000人以上の命を奪った阪神・淡路大震災。その震災直後の救命・救援から生活復興に至るプロセスの検証のなかで指摘されたポイントの1つは，伝統的な地域集団である「町内会・自治会」の再評価であった。ここでは，町内会・自治会を中心とする地域集団による平時からの「生活協力」がいかに震災時の「共同防衛」につながったのかを，神戸市長田区の真野地区を事例に見ていこう（阪神復興支援NPO編 1995，塩崎ほか編 2002）。

真野地区は，住工商混在の下町であり，1960年代には「ぜんそく」がひどかった公害地域でもあった。真野地区のまちづくり活動は，この公害反対運動から始まり，老人入浴・給食サービスといった地域福祉活動，家の前に1つの植木鉢をおく緑化運動（一鉢運動）などを展開していった。そして，1980年代に入ると自治会を中心に「真野まちづくり推進会」が結成され，市との「まちづくり協定」を通じて，老朽化した共同住宅の建て替えや道路の拡幅，公園づくりなどの地域整備を進めてきた。つまり，真野地区のまちづくり活動は，今では全国的に有名であるが，もともと「防災まちづくり」に重きをおいていたわけではない。

こうしたまちづくり活動の蓄積は，震災直後の救命・救援にいかされた。第1は，「初期消火の成功」である。住民たちによるバケツリレー，地元工場の企業内自主防火組織や消火設備によって，地区内の延焼が最小限でくい止められた。第2は，「的確な救出活動」である。日頃からの自治会でのつきあい，高齢者の訪問活動があったからこそ，早急に安否確認を行い，誰が避難所にいないかを把握し，生き埋めになった人々の救出が可能になった。第3は，「迅速な体制づくり」である。真野地区では，震災後すぐに16自治会を束ねた災害対策本部が設置され，虚弱高齢者や障害者といった生活弱者にも平等に毛布・食料などが行きわたるように，救援物資の補給ルートが編成されたのである。

真野地区は，事態が落ち着いてきた生活再建期においても，これまでのまちづくり活動で培ってきた建築家・研究者などの「専門ボランティア」のネットワークをいかしながら，復旧・復興活動が展開されている。たとえば，復興公営住宅である「真野ふれあい住宅」は，各自が独立した部屋で暮らしながら食堂や居間・応接室などを共有し合う「コレクティブハウス」として1998年に建設された。こうした真野の事例は特殊で参考にならないという人もいる。しかし，この40年余りのまちづくりの歴史と震災直後の対応から，学ぶべき教訓は多い。

防犯まちづくり

「安全・安心」のまちづくりのもう1つの側面は地域の防犯である。身近な場所での空き巣，強盗，ひったくりも心配だが，やはり相次ぐ子どもをターゲットとした犯罪が防犯に対する社会的関心を高めたといえよう。「酒鬼薔薇聖斗」事件や池田小学校事件の際に，連日のようにマスコミは，犯人の人格や境遇，犯行当時の精神状態を報道していた。このような凶悪犯罪が起きると，われわれはどうしても犯罪者という「人」に注目して「犯罪の原因」を探し続けてしまう。

しかし小宮信夫は，犯罪者という「人」に注目しているかぎり効果的な防犯対策を講じることはむずかしく，住民パトロールで無理に「不審者」を探そうとすると，知的障害者，ホームレス，外国人などを不審者扱いし，差別や排除を生む危険性があることを指摘している（小宮 2007）。そして，犯罪者の異常な人格や劣悪な境遇に犯罪の原因を求め，それを取り除くことによって犯罪を防止しようとする「犯罪原因論」から，物的環境の設計や人的環境の改善を通して犯罪を未然に防止しようとする「犯罪機会論」へという犯罪対策のパラダイム・シフト（発想の転換）が必要だという（小宮 2005）。つまり危険な「人」ではなく，犯罪が起きやすい危険な「場所」に注目することが防犯まちづくりのポイントになる。

こうした発想の転換に基づくハード面の取組みが「防犯環境設計」と訳される「セプテッド（CPTED ; crime prevention through environmental design）」である。これは，侵入しにくい鍵やガラスを用いたりする建築設計の工夫や防犯整備の活用などによって，犯罪被害に遭いにくい環境を整える手法である（山本 2005）。アメリカの「ゲーテッド・コミュニティ（周囲が高塀で囲まれゲートに警備員が配置された住宅地）」ではないが，日本でも，自宅の玄関までたどりつくために複数のオートロックを解除しなければな

Column ⑪ GIS（地理情報システム）

GIS（geographic information system；地理情報システム）とは，地図を媒介として，各種データ（人口・商業統計，土地利用データ，道路・河川データ，衛星画像など）を総合的に管理・加工し，視覚的な表示・分析を可能にする技術である。GIS は，自動車に搭載されているカーナビ，コンビニやファースドフード店の商圏分析，トラックやタクシーの運行管理などに活用されており，情報技術の進展とともに日常生活でも身近な存在になりつつある。

日本において本格的に GIS が普及したきっかけは，1995 年の阪神・淡路大震災である。縦割りの行政組織がそれぞれ保有していたデータを総合的に管理・加工するシステムがなかったことが反省され，震災後の復旧・復興過程（救援物資の搬送，がれきの撤去作業など）で GIS の有用性が確認されたのである。また GIS は，警視庁が公表した「犯罪発生マップ（ひったくりや空き巣といった犯罪の発生密度を色分けした地図）」（http://www.keishicho.metro.tokyo.jp/toukei/yokushi/yokushi.htm）に見られるように，防災だけでなく防犯活動にも活用されつつある。

らない「セキュリティ・マンション」が数多く建設されている。また，商店街をはじめとする公共空間における「監視カメラ」は，もう珍しい存在ではない。

しかし，このようなハード面の取り組みだけでは限界がある。実際，「うちのマンションはオートロックがしっかりしているから」「うちの商店街には監視カメラがあるから」と防犯環境設計に頼りきってしまい，地域集団による防犯活動が軽視され，当事者意識が低下してしまっては意味がない。このソフト面の取り組みを重視する犯罪防止理論として「割れ窓理論（broken window theory）」が近年脚光を浴びている。割れた窓ガラスが放置されているような場所であれば，犯罪者は躊躇なく侵入し，警察に通報される心配なく犯罪を行うことができる。割れた窓ガラスはあくまでもシンボルである。そのほかにも，シャッターの落書き・散乱したゴミなどを放置しておくことが犯罪の呼び水になってしまうので，こうした些細なことを許してはいけない。このように，割れ窓理論は，「縄張り意識（侵入は許さないと思うこと）」や「当事者意識（自分自身の問題として捉えること）」を高めることによって心理的なバリアを築くことが犯罪予防に重要であるという考え方である（小宮 2005）。そして，こうした地域の防犯への関心を高める手法として，子どもから高齢者まで，住民自らが地域を点検し，犯罪が起こりそうな場所を洗い出すという「地域安全マップ」づくりが，全国各地で進められている。

3 プロダクティブ・エイジング

変容する高齢者像

次に，第2の「プロダクティブ・エイジング」という観点から，見直される地域の重要性について考えてみよう。高齢化の議論がされる場合（「高齢化と地域社会」については第10章で詳述），先にも述べたように「将来，1人の高齢者を2人の若者で支える時代が到来する」といった「高齢者の増大」イコール「社会的負担の増大」というステレオタイプがいまだに世の中にははびこっている。なぜか高齢者は，すべて「支えられる側」，つまり「サービスの受給者」にカウントされてしまうのである。

しかし，日常生活動作能力（ADL；activities of daily living）といった身体的な健康面から見れば，日本の高齢者の8割は自立しており，この水準は国際的にも高いことが示唆されている（柴田

2002)。平均寿命が80歳を超えた「大衆長寿社会」を迎え，高齢者の自立能力が年々高くなっている今日，エイジング（老い）に関する発想は，「依存性」から「プロダクティビティ（生産性）」へと転換されるべきだろう。

高齢者のプロダクティブな諸活動として，柴田博は，①有償労働，②無償労働，③高齢者の相互扶助，④若い世代へのサポートをあげている（柴田 2002)。とくに，③と④の世代内もしくは世代間の相互扶助（互酬）が，地域の重要性の見直しという観点ではポイントになる。実際，1980年代後半以降，高齢者・障害者の介助から産前・産後の世話，母子・父子家庭の家事援助まで，非常に幅広い活動を行う「住民参加型在宅福祉サービス団体」が，大都市近郊を中心に展開した。そこでは，「おしきせでない，ほどこしでない，金もうけでない」を合い言葉に，若い世代（サービスの提供者）が高齢者（サービスの受給者）をサポートするという一方向的な関係ではない，お互い対等な立場での参加が強調されていたのである（原田・高橋 1999)。ただし，こうした福祉活動を中心的に担っていたのは女性である。これから「地域デビュー」する退職男性たちが，企業で培ったプロダクティビティをいかして，どのような世代内・世代間の相互扶助（互酬）を地域を舞台に生み出していくのかが期待されるとともに，そもそも地域にソフトランディングできるのかが懸念されている。

介護保険制度の改正

高齢化に伴う地域の重要性の見直しは，2006年の介護保険制度の改正にも見出される。この改正では，高齢者ができるかぎり要支援・要介護状態にならない，あるいは要介護状態であっても重度化しないようにするという「予防重視型システムの確立」が強調された。ポイントは「地域支援事業」の創設である。

表6-1　地域支援事業における介護予防事業の内容

対　象	すべての高齢者	特定高齢者	要支援者
施　策	介護予防一般高齢者施策 （ポピュレーション・アプローチ）	介護予防特定高齢者施策 （ハイリスク・アプローチ）	新予防給付によるサービス
具体的な事業	介護予防普及啓発事業 （介護予防に関する情報提供等） 地域介護予防活動支援事業 （ボランティア活動等を活用した介護予防活動） 評価事業 （事前・事後アセスメント）	通所型介護予防事業 訪問型介護予防事業 評価事業 （事前・事後アセスメント）	

（出所）　厚生労働省老健局「介護予防に関する事業の実施に向けての実務者会議資料」（2005年10月27日）から作成。

地域支援事業は，市町村が保険給付（介護給付・新予防給付）とは別に，高齢者が要支援・要介護状態になる前からの介護予防を推進するとともに，地域における包括的・継続的なマネジメント機能を強化する観点から実施されるものである。つまり，この事業の対象者は，介護保険の非該当者となる。地域支援事業における介護予防事業は，すべての高齢者を対象として実施する「介護予防一般高齢者施策」と介護予防上の支援が必要と考えられる特定高齢者を対象として実施する「介護予防特定高齢者施策」によって構成されている（表6-1）。

一般高齢者施策の実施方法は，要支援・要介護状態になるおそれがある高齢者だけでなく，元気な者も含むすべての高齢者を対象として，全員の生活機能の維持・改善に取り組む「ポピュレーション・アプローチ」となる。その内容は，介護予防に関する知識・情報の提供（パンフレットの作成・配布）から，ボランティアや自助グループ活動といった介護予防に資する地域組織の育成・支援まで多岐にわたっている。

一方，特定高齢者施策の実施方法は，要支援・要介護状態になるリスクが高いと考えられる虚弱高齢者（特定高齢者）を対象として，生活機能の低下の早期発見・早期対応を行う「ハイリスク・アプローチ」となる。その内容は，大きく「通所型介護予防事業」と「訪問型介護予防事業」に分けられる。通所型介護予防事業として「ふれあい・いきいきサロン」「ミニデイ」といった地域における閉じこもり予防活動が展開されている。しかし，閉じこもり予防の場合，そもそもこうした通所型サービスになかなか参加したがらない高齢者が主要な対象となる。つまり，閉じこもり高齢者に対しては，個別的に対応することが重要であり，保健師などが自宅を訪問し，生活機能等を総合的に把握・評価したうえで，通所型サービスへの参加を促すという訪問型介護予防事業が基軸になる。サービスの担い手も，保健師といった専門職だけでなく，傾聴ボランティアなどの地域住民が考えられる。

こうした介護予防事業は，地域包括支援センターを中心に実施されることになり，その対象となる地域空間を明確に画定することを促した。まさに「行政的範域と重要な機関の利用圏を重視した新しい地域空間の画定」が必要とされたのである（第２章参照）。今後も，住民（高齢者，ボランティアなど）とさまざまな保健・福祉・医療機関の相互の関与の状態が評価され，各センターが担当する地域空間の見直しが図られていくだろう。

4 地方都市の衰退と再生

どうするシャッター通り

次に，第３の「地方都市の衰退と再生」という観点から，見直される地域の重要

シャッターを下ろした店舗が目立つ商店街
（高松市常磐町商店街。毎日新聞社提供）

性について考えてみよう。地方の新聞に目を通してみると「中心市街地の空洞化が止まらない」という記事が，しばしば「シャッター通り」の写真とともに掲載されている。たしかに，東北地方の人口数十万の都市を回ってみると，駅前の商店街は閑散としており，ちょっと車を走らせると，ロードサイドにファミレスや大型商業施設（スーパーマーケット，ホームセンター）が建ち並ぶ均質的な郊外の風景が目に入ってくる。1970年代に車依存のニュータウンを開発した地方都市では，中心市街地の空洞化と高齢化に伴う郊外ニュータウンの衰退が同時進行するという事態に至っている（鈴木 2007）。

こうした地方都市における中心市街地衰退の直接的な原因は，郊外への大型商業施設の進出を許した「都市計画における法規制の弱さ」である。それに加えて，新たに事業を始めようとする人に土地を貸し渋るような「地権者（土地の所有者）の権利意識」が，都市再生のプロセスを阻んでいる原因として指摘されている（矢部 2006）。こうした地方都市の深刻な事態を受けて，都市計画法，中心市街地活性化法，大規模小売店舗立地法（大店立地法）の「まちづくり3法」が，2006年に改正された。この改正によって，第1に，延べ床面積1万㎡を超える大型商業施設の立地が規制され，無秩序な郊外の開発に一定の歯止めがかけられた。第2に，「選択と集中」という考え方が導入された。これは，国の活性化本部が市町村の基本計画を評価し，中心市街地活性化のための支援は意欲的な市町村に対してのみ重点的に行われるというものである。

コンパクトシティ

こうした法改正のなかで，「コンパクトシティ（compact city）」という言葉を目にする機会が増えている。そもそもこの考え方は，1990年代にEU諸国から広まった。スプロール化を抑制し，公共交通を促進するなど，エネルギー効率がよいサステイナブルな都市形態として，コンパクトシティが議論されるようになったのである。つまり，EU諸国のコンパクトシティは，地球環境問題に対する対応を大きなねらいとして始まっている。その主要な方策として，土地利用計画と交通計画を柱に据えて，環境計画との統合が進められ，さらに住宅政策との連動などにより，都市の活性化の維持と再生，田園や自然環境の保全がめざされている（海道 2001）。日本の場合，地球環境問題に対する対応というよりも，これまで述べてきた地方都市における中心市街地の空洞化に対する対応として，このコンパクトシティが脚光を浴びているといってよいだろう。

海道清信は，コンパクトシティの中心的命題として「密度の高

Column ⑫ 近代化遺産

「近代化遺産」は，近代化を担った各種の建造物や工作物を意味し，土木・交通・産業遺産の３種類がある（伊東 2000）。近代化遺産は，1993 年から重要文化財の指定対象となり，後世に受け継ぐべき重要な資産として認識されるようになった。とくに地方都市では，日本の近代化の推進力となった製鉄所や造船所，炭鉱といった産業遺産がまちづくりのシンボルとして捉えられ，ヘリテージ・ツーリズム（産業遺産を活用した観光）への関心が高まりつつある。

2006 年に公開され，第 30 回日本アカデミー賞最優秀作品賞を受賞した「フラガール」。舞台は，1965（昭和 40）年，かつての基幹産業としての隆盛は見る影もなくなり，大幅な人員削減が迫った福島県常磐市（現いわき市）の常磐炭礦であった。そんな廃れゆくまちの再生のために構想された「常磐ハワイアンセンター」の誕生をめぐる物語が，観客の涙を誘った。こうした産業遺産をめぐる物語を紡ぎ出していくことが，自分たちの地域の見直しにつながっている。

さ」「多様さ」「ヒューマンスケール」「独自性」をあげ，９つの原則（居住と就業などの高い密度，複合的な土地利用の生活，自動車だけに依存しない交通，多様な居住者と多様な空間，独自な地域空間，明確な境界，社会的公平さ，日常生活上の自足性，地域運営の自律性）を整理している（海道 2001）。そして鈴木浩は，日本の地方都市に根ざしたコンパクトシティを実現するための地域政策として，自動車だけでない交通手段やアクセスの選択性を高める「公共交通マネジメント」，都市周辺の農林業や漁業などを含む地域資源を活用した「地域循環型経済システムの構築」，行政・商工会・地権者・市民・NPO などとのパートナーシップによって展開する「中心市街地におけるタウンマネジメント」，既成市街地における「街なか居住政策」などを提起している（鈴木 2007）。

これまでの中心市街地活性化をめぐる議論は，ともすると「商業の活性化」の議論に矮小化されてしまいがちだった。しかも，活性化事業の計画・実施を担っていたTMO（town management organization；タウンマネジメント機関）は，商工会・商工会議所といった「商業者」中心に組織化されており，「消費者」の姿があまり見えなかった。事実，「選択と集中」を鍵とするまちづくり3法の改正に伴い，商業者を中心とした従来のTMOは見直され，消費者である住民，地権者，NPOといったまちづくり関係者を巻き込んだマネジメント体制が求められている。地方都市の中心市街地活性化にとって今必要なことは，地域のさまざまな資源を体系化し，多様な主体が参画したマネジメント体制を構築すること，そしてその成功例を蓄積していくことだろう。

5 「共」の再構築

ボランティア元年

これまで見てきた「安全・安心」のまちづくり，高齢者の「プロダクティビティ」をいかしたまちづくり，「地方都市の再生」をめざしたまちづくり。いずれのケースも，行政や市場（企業）といった専門処理には適さない生活問題，あるいは専門処理によっては解決されない生活問題が，地域の重要性の見直しにつながっていた。都市的生活様式の深化がもたらした「人間関係の省略・希薄化」「専門処理システムの限界」といった諸問題は，居住地を中心とする「共」の再構築を必要とするのである（第1章参照）。

「共」の再構築をわれわれにせまった1つの契機である1995年

の阪神・淡路大震災。防災という観点から地域の重要性が見直されたこの年は「ボランティア元年」とも呼ばれる。全国から200万人ともいわれるボランティアが被災者支援に駆けつけた様子は，一定の年齢以上の人ならば，鮮明に記憶に残っているだろう。とくに集まったボランティアの多くが「若者」であり，①ボランティアをするのが「はじめて」の未経験者，②専門技術をもたない「一般個人」のボランティア，③被災地「外部」からのボランティアが多かった点が，人々の関心と注目をひいた（山下・菅2003)。

そして，阪神・淡路大震災時のボランティアの活躍が1つの契機になって，1998年に「特定非営利活動促進法（通称NPO法)」が制定された。この法律により，これまで任意団体として活動を行っていた多くのボランティア団体が「特定非営利活動法人(NPO法人)」として，法人格を取得することが可能になった。また，2000年に施行された介護保険制度では，NPO法人も一定の要件に該当すれば，在宅介護サービスを提供する指定事業者となることができるようになった。先に述べた，住民参加型在宅福祉サービス団体の場合，NPO法によって法人化が進み，介護保険制度によって事業者参入の道が開かれたのである。

NPOと町内会・自治会

2007年現在，3万を超える団体がNPO法人格を取得している。その活動分野を見ると，「保健・医療または福祉の増進」「社会教育の推進」「まちづくりの推進」「子どもの健全育成」を中心とする団体が多いことがわかる（図6-1)。自分たちの地域を住みやすい生活の場にしていこうとする「共」の再構築の担い手は，着実に増えつつある。

しかし，地域の再生ないし活性化を考える際に，好むと好まざ

図6-1　特定非営利活動法人（NPO法人）の活動分野

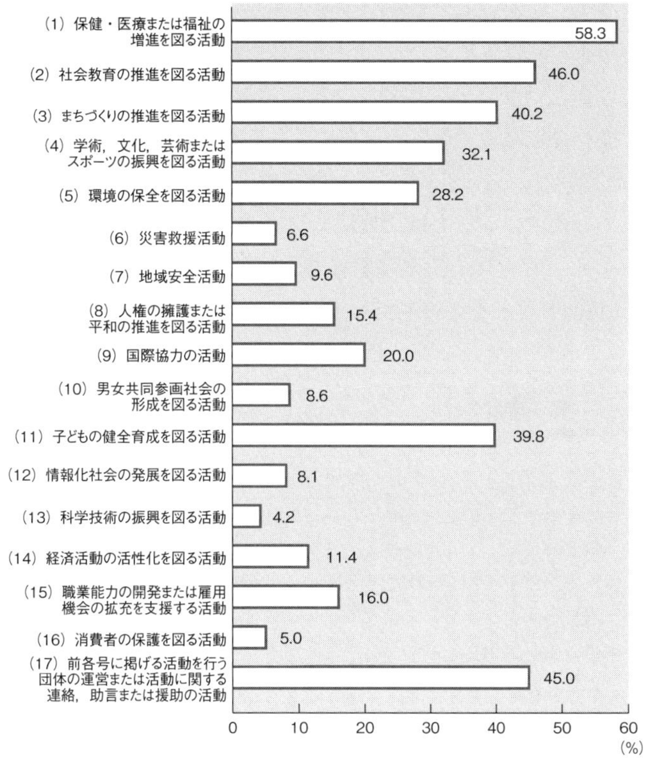

（注）1. 2007年3月31日までに認証を受けた31,115法人の定款からの集計。
2. 1つの法人が複数の活動分野の活動を行うため，合計は100%にはならない。

（出所）内閣府NPOホームページ(http://www.npo-homepage.go.jp/data/bunnya.html)の集計表から作成。

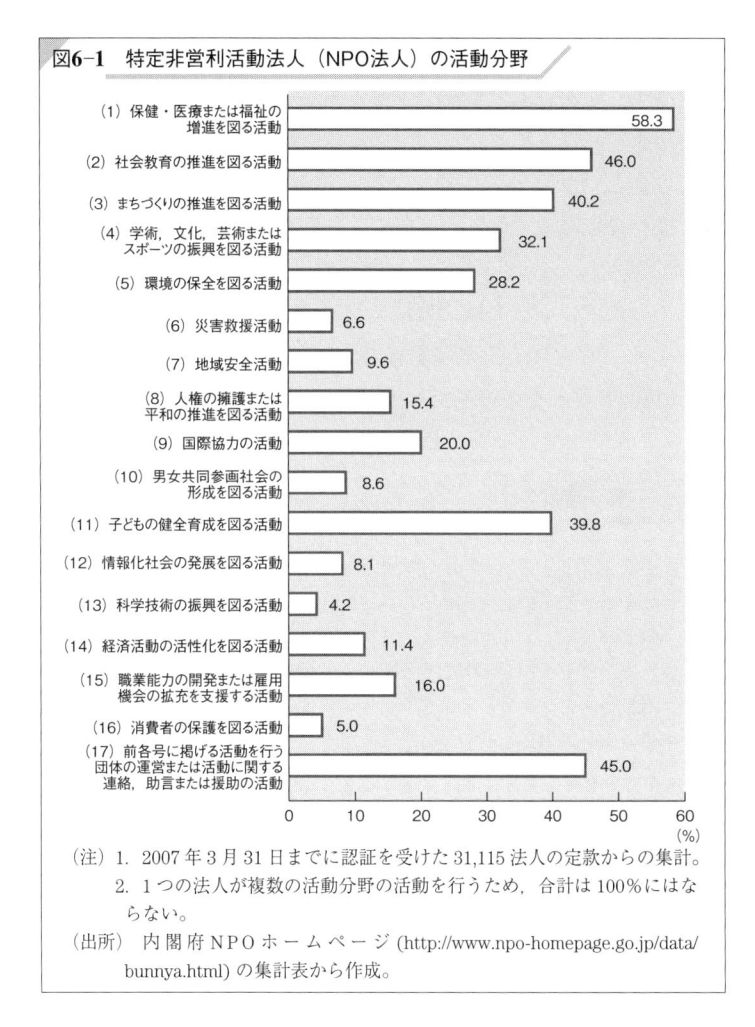

るとにかかわらず，注目しなければならないのが，ほとんどの市町村に存在する伝統的な地縁組織である「町内会・自治会」である。新住民を中心とするNPOと旧住民を中心とする町内会が，互いに連携するよりも，反発・批判し合うことも少なくない。し

かし，NPO が着実に実績を積み重ねるとともに，NPO と町内会の「協働」が避けることができない論点になっている。とくに防災・防犯，地域福祉といった領域では，町内会が行政とのつながりをいかしながら地域情報や活動場所を提供し，NPO が専門的なノウハウに基づく講座・プログラムを提供するという協働がかたちづくられつつある。こうした協働とともに，NPO と町内会に求められていることは，地域における生活問題に対する関心・意欲をもった住民を実際に組織化し，活動の展開を可能にする「中間集団」としての役割だろう。

Reference 引用・参照文献

Butler, R. N. and H. P. Gleason eds., 1985, *Productive Aging : Enhancing Vitality in Later Life*, Springer.（＝1998，岡本祐三訳『プロダクティブ・エイジング』日本評論社）

伊東孝，2000，『日本の近代化遺産――新しい文化財と地域の活性化』岩波書店。

海道清信，2001，『コンパクトシティ――持続可能な社会の都市像を求めて』学芸出版社。

小宮信夫，2005，『犯罪は「この場所」で起こる』光文社新書。

――――編，2007，『安全はこうして守る――現場で本当に役立つ防犯の話』ぎょうせい。

塩崎賢明・西川榮一・出口俊一・兵庫県震災復興研究センター編，2002，『大震災 100 の教訓』かもがわ出版。

柴田博，2002，『８割以上の老人は自立している！』ビジネス社。

杉原陽子，2003，「『生涯現役』をめぐる疑問――向高齢期における実態と意義」杉澤秀博・柴田博編『生涯現役の危機――平成不況下における中高年の心理』ワールドプランニング。

鈴木浩，2007，『日本版コンパクトシティ――地域循環型都市の構築』学陽書房。

関満博・及川孝信編，2006，『地域ブランドと産業振興』新評論。

田村明，2005，『まちづくりと景観』岩波書店。
原田謙・高橋勇悦，1999，「住民参加型在宅福祉サービス団体の形成過程とその介助関係――サービス生産協同組合『グループたすけあい』を事例に」『総合都市研究』69。
阪神復興支援 NPO 編，1995，『真野まちづくりと震災からの復興』自治体研究社。
山下祐介・菅磨志保，2002，『震災ボランティアの社会学』ミネルヴァ書房。
矢部拓也，2006，「地域経済とまちおこし」岩崎信彦・矢澤澄子監修『地域社会学講座３　地域社会の政策とガバナンス』東信堂。
山本俊哉，2005，『防犯まちづくり――子ども・住まい・地域を守る』ぎょうせい。

Summary　サマリー

本章は，見直される地域の重要性を「安全・安心」「プロダクティブ・エイジング」「地方都市の衰退と再生」という３つの観点から検討した。

第１に，防災まちづくりに関して，町内会を中心とする平時からの生活協力が，震災直後の初期消火の成功，的確な救出活動，迅速な体制づくりにつながっていた。また，防犯まちづくりに関して，防犯環境設計といったハード面だけでなく，縄張り意識や当事者意識を高めるソフト面の取り組み（地域安全マップの作成など）が重視されている。

第２に，エイジングに関する発想は依存性からプロダクティビティへと転換されるべきで，この観点から高齢者の相互扶助（互酬）的な地域活動が展開しつつある。また，介護保険制度の改正において，地域における介護予防が重視され，保健・福祉・医療機関の利用圏を重視した新しい地域空間の確定が必要とされていた。

第３に，地方都市の衰退と再生に関して，これまで中心市街地における商業活性化に問題が矮小化されがちだったが，街なか居住や公共交通の再編をめぐって，今，地域の多様な主体（住民，地権者，NPO など）が参画したマネジメント体制の構築が必要とされている。

そして，いずれの「共」の再構築をめざす取組みにおいても，NPO が着実に実績を積み重ねるとともに，NPO と町内会の「協働」が避けることができない論点になってきた。

SEMINAR セミナー

1. 阪神・淡路大震災をきっかけに見直された地域の重要性は何か，考えてみよう。
2. 防犯まちづくりにおけるハード面の取り組み（監視カメラ，セキュリティ・マンションなど）の長所と短所を議論してみよう。
3. あなたが住んでいる市区町村でどのような介護予防事業が行われているか，調べてみよう。
4. 地方都市を1つ取り上げ，中心市街地の活性化のためにどのような事業が展開しているのか調べ，その内容を評価してみよう。
5. 防災，防犯，地域福祉といったテーマのなかから1つを選び，NPO と町内会のどのような協働が必要か，議論してみよう。

読書案内

高橋勇悦・大坪省三編『社会変動と地域社会の展開（第２版）』学文社，2007

情報化，国際化，高齢化，少子化という社会変動が地域社会にもたらした社会問題・生活問題が整理されている。

岩崎信彦・矢澤澄子監修『地域社会学講座３　地域社会の政策とガバナンス』東信堂，2006

戦後の地域政策の展開が整理されたうえで，具体的な住民活動の展開，住民参画の技法などが議論されている。

大久保武・中西典子編『地域社会へのまなざし――いま問われているもの』文化書房博文社，2006

地域社会の構造の変化，政策動向を踏まえたうえで，地域社会の主体像が探求されている。

山下祐介・菅磨志保『震災ボランティアの社会学』ミネルヴァ書房，2002

阪神・淡路大震災時のボランティア活動が，①災害過程の視点と②行為主体の関連性を枠組みとして考察され，〈ボランティア＝NPO〉社会の可能性が議論されている。

小宮信夫『犯罪は「この場所」で起こる』光文社新書，2005

犯罪原因論から犯罪機会論へのパラダイム・シフトを指摘し，犯罪に強いハード面とソフト面の対策が豊富な写真と具体例で紹介されている。

高橋勇悦・福重清・和泉広恵・原田謙・黒岩亮子・小林和夫『現代日本の人間関係――団塊ジュニアからのアプローチ』学文社，2007

今日の地域における人間関係の現実（高齢者の閉じこもり，団地での孤独死，定住外国人との共生など）が議論されている。

鈴木浩『日本版コンパクトシティ――地域循環型都市の構築』学陽書房，2007

今日の地方都市の現状を踏まえたコンパクトシティ実現のための課題が整理されている。

関満博・及川孝信編『地域ブランドと産業振興』新評論，2006

9つの市町村による独自の銘柄づくりの挑戦が詳細に報告されている。

――――――――原田　謙◆

第Ⅱ部
地域を見る

第7章 子育てと地域社会

訪問先の幼稚園で毛糸の編み物を教えるボランティアの女性と園児ら
（香川県丸亀市飯山地域子育て支援センター。毎日新聞社提供）

日本の都市における子育て状況は，1950 年代からの高度成長期以降，大きな変貌をとげてきたが，その変化の質的特徴から，大きく，1950～70 年代にかけての変化と，その後の 80 年代以降の変化とに，二分することができる。前者の変化は，都市への地域移動に伴う核家族形態の大量出現と，これによる子育て環境の激変であった。しかし，80 年代以降今日まで続く変化は，前者の変化とは質的にはまったく異なるものであり，結婚規範，「家」規範などの家族規範の変質に起因する変化である。この家族規範の衰退は急激な少子化をもたらし，それは育児環境をますます貧困化させている。

ここでは，子育て状況に見られるこれら 2 つの変化の特徴について概観し，そのうえで，現代都市における子育て環境の問題点，およびそれを変革していくために行われているさまざまな試みについて見ていくこととしたい。

1 都市化の進展と子育て環境の変化

都市化の進展

周知のように，日本社会は，1950 年代から高度経済成長が始まり，これに伴って，全国各地方から都市へ，とりわけ三大都市へ人口が集中的に移動した。この人口移動はきわめて大規模，しかも短期間に起こり，当時，「民族大移動」などとも評されたほどである。地方から都市部へ移動した人々は，それまでの「直系家族（3 世代家族）」から離れ，初期には単身で都心外周部へ移動し，その後「核家族」を形成して郊外へ移転した。60 年代，70 年代に続々と作られた都市郊外の郊外団地への居住は，その典型例といえる。

1960 年代～70 年代半ばの時期は，核家族化の進行とともに，「男は仕事，女は家庭」といった「夫婦性別役割分業」が日本において確立した時期と捉えることができ，核家族内での性別役割分業がもっとも明確なかたちで出現する時期でもある。事実，この時期，既婚女性の就業率は 75 年まで低下を続け，大量の専業主婦が生み出された時代であった。夫はサラリーマンで終日不在，舅・姑と同居する必要もなく，郊外団地に住む専業主婦が家事・育児を一手に引き受けるというのが，当時の一般的な姿として出現した。わずらわしい近所づきあいは，あまりせず，地域社会との関与は少なかった。それは，それまでの農村や小都市でのあまりにも親密なつきあいへの反動であったのかもしれない。

「複相的育児」から「単相的育児」へ

このような都市化の進展に伴い，育児環境は大きく変化した。それまでの育児は，直系家族のもと同居親族に見守られながら，また，近くに居住する親族や，何世代もの間つきあっている近所の人々に囲まれ助けられ，時には手厳しい指導も受けつつ，多くの大人の手によって行われていた。また，子どもにとっては，数多いきょうだいや同年齢の子どもたちの集団のなかで，もまれながらルールを身につけていったのである。

ところが，都市化の進展に伴い，故郷から遠く離れた都市部で核家族を形成するようになった人々にとっては，配偶者以外，同居親族はじめ，その他の親族も親しくつきあってきた近所の人も存在しないなかで，育児は，基本的には，核家族内の数少ない大人によって行われるものへと大きく変化した。しかも，性別役割分業の確立によって，この担い手はもっぱら専業主婦に限定されていったといえるのである。

当時のこのような育児環境の変化について，網野武博は，1950年頃まで見られた，大家族，濃密な地域社会とのつながりのなかで，さまざまな相互扶助のうえに行われていた育児を「複相的育児」と呼び，これに対し，高度経済成長期に出現した，地域社会との結びつきが弱く，家庭内分業のため育児はもっぱら核家族内の専業主婦によって担われる育児体制を，「単相的育児」として，両者を対比させた。彼によれば，「複相的育児」とは，「育児は家事，労働と一体となって，他の人々の支えや協力の下で行われ，……両親以外の同族・身内・近隣保育者による育児や保育が必然的になされ」ていた点に特徴があり，「単相的育児」とは，「核家族化のなかでもたらされる両親とくに母親による限定的な一面的な育児」のことである（網野 1994）。

上記の指摘にもあるように，この時期に始まった育児環境の変化の中核は，育児に日常的に関わる人間が核家族内の親にほぼ限定され，しかもサラリーマンの夫（父親）は長時間労働・通勤で，日常的にはほとんど育児にはタッチしない（できない）ため，育児が母親単独の営みに変わっていったことにある。もちろん，この時期にも，親やきょうだいといった親族ネットワークは，育児において重要な役割を果たし，しばしば支援を提供するネットワークとして存在していたが，その関与の度合いはそれまでと比較すると減少し，また親族が遠くに住む場合には恒常的な援助は受けられず，都市では，日常的・直接的な育児の担い手は母親に限定されるケースが一般的となった。この点が，それまでの育児とはもっとも大きく異なるポイントである。その証拠に，「育児ノイローゼ」「母子密着」「密室育児」などが社会問題となり始めたのは，まさにこの時期である。また，社会学におけるテーマとして，「コミュニティ論」「コミュニティ形成論」がさかんに議論されるようになったのも 70 年代後半であり，地域社会のなかでの核家族の孤立化，地域社会の衰退が問題にされ始めた時期にあたる。

このように，高度経済成長期は，その初期には大都市部インナーエリアに，そして中期以降は郊外へ大量の人口が移動し，大量の核家族が形成された時期であり，また，夫の被雇用者化（サラリーマン化）が進んで，家庭内分業が確立，その結果，育児に直接的に関与する人間が大幅に縮小され，事実上，母親 1 人に限定されていった時期であった。

2 1980年代以降に見られる家族の変質

家族をめぐる規範・行動の変質

高度成長期を中心に1950～70年代には，育児環境に前述のような貧困化が見られるようになり，日本の子育て状況は，それまでとは一変するものとなった。しかし，80年代以降も，育児環境は改善されるどころか，ますます貧困化の程度を深めつつある。80年代以降の変化は，70年代までに見られた変化とはさらに質の異なったもので，具体的には，80年代から顕著に見られるようになった「未婚化・晩婚化」現象，さらに，90年代半ば以降からの「既婚夫婦の出生率の低下」という，「少子化」をおしすすめる現象があげられる。これらの現象の出現は，80年代以降の家族，育児をめぐる状況が，70年代までの変化の延長線上にあるものではないことを物語っている。この変化には，70年代には明確に見られなかった，家族という集団に対する基本的な考え方の変化が潜んでいるのである。つまり，家族に関する規範の衰退とそれを原因とする諸現象の出現が，育児環境をますます困難な状況に陥らせているといえるのである。以下では，まず，80年代以降の家族の変質について見ていくこととしよう。

「結婚規範」の衰退

日本社会の80年代以降の「少子化」の直接的原因は「未婚化・晩婚化」にあるといわれてきたが，90年代以降は，これに加えて「既婚夫婦の出生率の低下」も少子化に寄与し始めたことが明らかとなってきた。ところで，「未婚化・晩婚化」とはどのような現象か。それは，いうまでもなく，結婚しない，あるいは結婚を遅らせる，と

Column ⑬ フリーターの増加と少子化の進行

2003（平成15）年の『国民生活白書』では，フリーター（アルバイト）はこの10年間で倍増し，417万人に達したとの報告がなされている。フリーターの増加は，雇用情勢の悪化や社会の二極化現象（格差社会の進行）の象徴として問題になることが多いが，最近では，未婚化・少子化に直結する問題であることも指摘されるようになってきた。つまり，経済格差ゆえに家族形成の機会格差も生じさせる問題であるということである。

労働政策研究・研修機構による，2002年の「就業構造基本調査」（総務省）個票の再分析によると（労働政策研究・研修機構 2005），若年男性の婚姻率は，雇用形態や年収と強く関連している。若年男性の婚姻率は，20歳代後半（25～29歳）では，正社員34.7％，自営47.9％なのに対し，非正規雇用（フリーター，派遣等）14.8％，無業者では7.5％であった。また，30歳代前半（30～34歳）では，同じく，59.6％，64.5％に対し，30.2％，15.8％にすぎなかった。いずれの年代でも，非正規雇用，無業者の婚姻率はかなり低い。また，年収別に見ると，いずれの年代でも年収が低い男性ほど婚姻率は低く，年収が高くなれば婚姻率は上昇する。20歳代後半であっても，1500万円以上の年収がある男性は73.9％が結婚しているのに対し，100～149万円の年収の男性は，平均が30.2％のところ15.3％しか結婚していない。

こうして見てくると，若年男性にフリーターなど非正規雇用者や無業者が増加すれば，その婚姻率がますます低下していくことは明らかである。未婚化現象は，若年層の価値観や意識の変化によって説明されることが多いが，雇用形態や年収といった社会経済的格差を反映した結果でもあるといえよう。

いう現象である。各種の意識調査結果を見ると，男女ともに，最初から「ずっと結婚しない」と決めている人は少なく，積極的に「未婚」「シングル」を選択している人が多いわけではない。しかし，「いい人がいない」と思っている間に40歳を過ぎても未婚のままでいる人が増え，結果的に「生涯未婚者」(50歳時点で未婚の者）となる比率は，年を追って男女ともに拡大しており，意識とは別に，未婚化は確実に進行している（2005年の国勢調査結果では，50～54歳の未婚率は，男性では14.0％を記録し，すでに1割を超えている。女性も6.1％となっている)。

結婚をしない，ということは，日本社会のなかで，「結婚しなければならない」という強制力が働かなくなってきた，つまり「結婚規範」が衰退し始めていることを意味している。そもそも「結婚」とは，男女間の個人的な事柄だと思われがちであるが，その内実は，日本社会では長らく家と家との結びつきであり，家の存続のためには必要不可欠なライフイベントであった。もちろん，恋愛結婚が主流となって，結婚相手を決めるのが親ではなくなり，本人が自由に配偶者を選択するようになって，「家と家との結びつき」という側面は弱体化してはいったものの，結婚して子どもをもつという，その行為自体が，「家」規範と密接な関連をもつものであり，「家の存続」面では十分に機能していたのである。

ここで未婚率のグラフ（図7-1）を見ると，1970年代までは未婚率に大きな変化はなく，「結婚規範」が働いていたことは明らかであるが，80年代以降，明確に男女とも未婚率が上昇傾向に転じている。つまり，70年代までは，家規範に内在的に深く結びつく結婚をめぐる社会規範が十分に機能していたが，80年代以降，家規範の衰退とともに，結婚に関する規範力（結婚規範）が弱体化してきたといえるのである。

「家規範」の衰退

このように，「結婚規範」の衰退は，一面では，そのまま「家規範」の衰退をも

図7-1　年齢別に見た未婚率（1960-2005年）

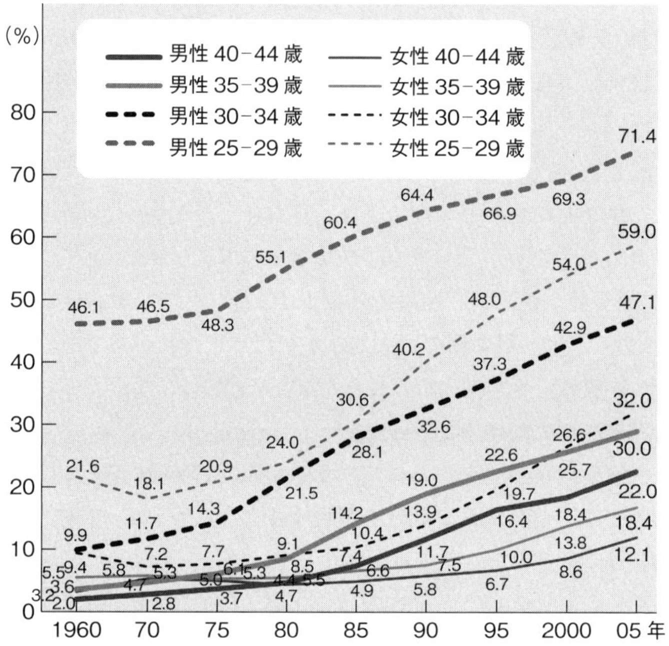

（出所）　総務省統計局『国勢調査』各年。

意味するが，さらに「家規範」そのものの衰退をいっそう明確に示している点として，1985年をピークに，それ以降，「拡大家族世帯数（その他の親族世帯数）」（実数）の減少が始まったという現象を指摘できる（図7-2参照）。

1960年代，70年代には，先にも述べたように「核家族」化が急速に進行したが，その急激な核家族化のなかで，「拡大家族世帯（その他の親族世帯）」の実数は，じつは85年までは着実に増加していた。このことは，高度成長期の世代は，きょうだい数が

図7-2　家族類型別一般世帯数および核家族世帯割合の推移

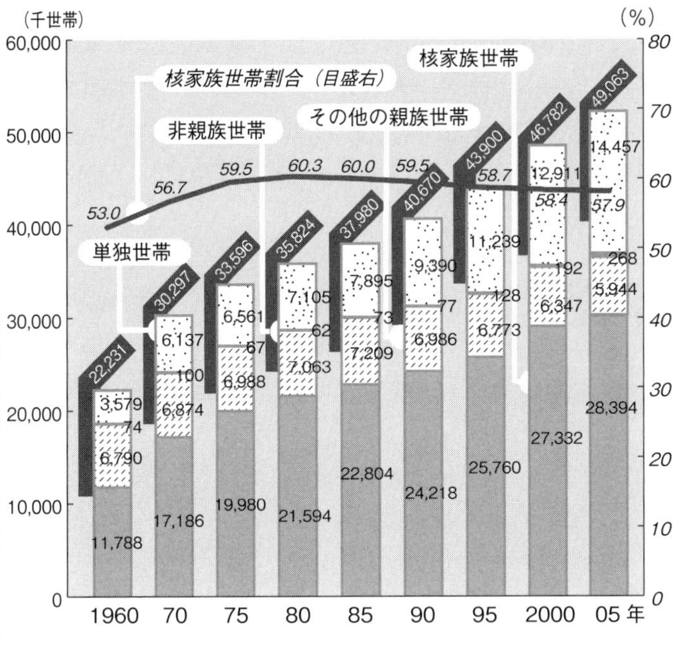

（出所）　総務省統計局『国勢調査』各年。

多く，跡取りとしての「長兄」を実家に残し，残りのきょうだいが都市部へ流入したことを示しており，この時期の「核家族化」はけっして「家」や「拡大家族」を否定しながら進んだものではなく，老親と同居扶養する人材は確保され，「家」は安泰であったことを意味している。つまり，現象としては急激な「核家族」化の進行であったが，その内実は，心情的には，「家」的理念の衰退や，それに伴う「夫婦家族」的理念の進行ではなかった，ということである。

しかし，1990年から始まる「拡大家族世帯数（その他の親族世帯数）」（実数）の着実な減少は，老夫婦のみの世帯の増加をもたらし，子ども夫婦との同居が減少しつつあることを表している。そして，このことは，この時期以降，はじめて日本社会において，実質的に「家」の衰退が始まり，「夫婦家族」化が始まったことを意味するのであり，それはすなわち，「家規範」の衰退を意味するのである。

1980年代以降の家族規範の変質

以上に見てきたように，1980年以降の家族をめぐる変化は，この時期から始まる家族規範の衰退に大きな要因があると考えることができる。未婚率がはっきりと上昇し始めるのが80年，少子化がマスコミでセンセーショナルに取り上げられたのが89年（「1.57ショック」。合計特殊出生率が1.57まで低下したことが取り上げられた。その後も低下傾向はとどまらず，2005年には1.26まで下がったが，2006年には若干回復し，1.32となった。表7-1を参照），拡大家族世帯の世帯数の減少が初めて確認されたのが90年の国勢調査結果であった。これら80年から90年にかけて起こった家族をめぐる変化は，社会学的に見れば，「家」規範，「結婚」規範を含む，日本社会の家族規範の衰退がもたらした現象であると位置づけることができる。

そして，その変化の延長線上に，夫婦の出生率の低下が位置づけられる。夫婦の出生率は，完結出生児数（夫婦の最終的な出生子ども数）を指標とするが，それは70年代以降，一貫して2.20人前後で推移していた。80年代以降，未婚化・晩婚化が急激に進行した時期も，完結出生児数は安定しており，結婚したら子どもは2人，という行動様式は浸透していたといえるのである。しかし，2005年の第13回出生動向調査結果で，結婚持続期間15

表7-1　合計特殊出生率の推移

年　次	合計特殊出生率
1960	2.00
1965	2.14
1970	2.13
1975	1.91
1980	1.75
1985	1.76
1989	1.57
1990	1.54
1995	1.42
2000	1.36
2005	1.26
2006	1.32

（出所）　厚生労働省大臣官房統計情報部『人口動態統計』。

～19年の夫婦の完結出生児数は初めて2.09人まで低下し，既婚夫婦の子のもち方にも変化が生じ始めていることが明らかとなった。とくに，子どもを生まなかった夫婦，子ども1人の夫婦がやや増える結果となった。ここでの調査対象となった夫婦は，1980年代後半に結婚した人たちであり，家族規範の衰退が既婚夫婦の子のもち方にも影響を及ぼし，それがタイムラグをもって出現したと捉えることができるのである。

規範の衰退と経済合理性の台頭

ところで，「未婚化」や「少子化」は，しばしば経済合理性の観点から，それから得られる報酬が少なくなったからだと議論されることも多い。たとえば，男女ともに（とくに女性にとって）結婚のもたらすプラス効果が減少したから未婚化が進行しているのだ，あるいは，子どもを財として見た場合，子どもをも

Column ⑭ 出生力の指標——合計特殊出生率

出生力を表す指標としてもっともよく使われるのが,「合計特殊出生率」である。これは,15～49歳の女性の年齢別出生率を合計した数値であり,女性がその年の年齢別出生率にしたがって子どもを出産した場合,一生涯に生むことになる平均子ども数を示す数値である。

日本の合計特殊出生率は,本文中の表7-1にあるように,急激な低下傾向を示しており,その結果,現状では人口置換水準(＝現在の社会の人口サイズを維持できる水準。年によって変動し,1950年では2.43であったが,2003年の場合には2.07)を大きく下回る年が続いている。このように,少子化が予測以上にますます進行していくため,日本の人口減少,人口高齢化が,推計予測以上のスピードで進むことになるのである。

ところで,日本の少子化は,世界的に見てももっとも進行している部類に入る。先進国の合計特殊出生率のデータを見ると,北欧諸国・中欧諸国は,かつては少子化が進んでいたものの,各国それぞれの少子化対策が功を奏し,近年,出生率がゆるやかに回復してきた国が多い。日本でも,今後,これらの国々の政策を参考に,少子化対策にいっそう真剣に取り組んでいく必要がある。

つことが女性にとって(あるいは家族にとって)マイナスのほうが大きいからだ,といった議論である。

もちろん,そのような側面が,今の若者の結婚への動機づけや,結婚へ一歩踏み出すことに対して,大なり小なり規定要因として作用しているのを否定はしない。しかし,それは,規範が衰退した現在だからこそ生じることであって,結婚や出産に関する「規範」が厳然と存在している場合には,そうした報酬を勘案する前に,まず規範が行動を規制・規定する。経済合理的行動が作用する余地はないのである。つまり,経済合理的行動からの説明が出現してくる背景には，それに先立って，人々の行動を規制する「規範」の衰退がすでに生じていたといえるのである。しかも規範は，拘束力・規制力として働くだけでなく，経済合理性によっては説明のできない一種の「報酬」を人々に与える機能を有している。結婚することで，「一人前の社会の成員」として，「まともな人間」として周囲に認められるという重要な意義をもっていた，このような社会的意義を付与することで得る「報酬」を人々に与えていたと考えることができる。

そして，現在，日本社会は，「家」にまつわる家族規範が衰退したあとで，それに代わる家族規範を確立しえないでいる。その結果が，とどまるところを知らない「未婚化・晩婚化」「少子化」の進行である。

このような特徴をもつ家族状況は，家族の多様化と言われたり，あるいはこれを「個人化した家族」と言う者もいる（目黒 1987）。それは，一緒に生活していても，家族全体の利益を最重視し，最大化しようとするのではなく，原則的には，個人の利益を最優先する家族である。自分の利益，幸せが最優先で，家族のために自分の幸せを犠牲にはしないという原則で構成されている家族である。そこでは，個々人の行動を決める際に経済合理性のみが十分に存在意義をもち，行動原理として重要な指針を与えるものとなっていく。

3 1980年代以降の育児環境の変化

育児環境に関する５点の変化

これまで見てきた家族規範の衰退と家族をめぐる変化に関する要因は，育児環境に関連する変化の要因とも重なることが多い。家族の変化の要因は，育児環境の変化の要因でもある。しかし，育児環境の変化に独自の要因も考えておく必要がある。ここでは，その変化の要因を５つにまとめてみよう。

第１点は，「少子化」の結果としての，子ども数の激減である。世界のなかでも有数の「少子」社会となった日本社会のなかでは，すでに「子ども」は少数派である。15歳未満の「年少人口比率」と，65歳以上の「老年人口比率」とを比較すると（図7-3参照），「年少人口比率」は減少を続け，1997年には，「老年人口比率」が「年少人口比率」を逆転した。2005年の国勢調査結果でも，「年少人口比率」は13.7%なのに対し，「老年人口比率」は20.1%となって，お年寄り人口のほうが子どもの人口よりもかなり多いことが明らかである。

このように，人口の高齢化，少子化が進行し，子どもが社会のなかで少数派となると，子どもに対する過保護がさらに進むと予想されるが，一方で，子どもと子育てに関わる人々の勢力が格段に弱まることも容易に想像しうることである。社会の高齢化が進むにつれて，少子化を憂いはするものの，実際の子どもの活力，エネルギーに出会うと，「うるさい」「もっと静かにさせて」といった高年齢層の圧力は高まる。母親への圧力はとくに大きい（「子どもをあんなふうに騒がせたままにしているなんて，親のしつけが悪

図7-3　年少人口比率と老年人口比率の推移

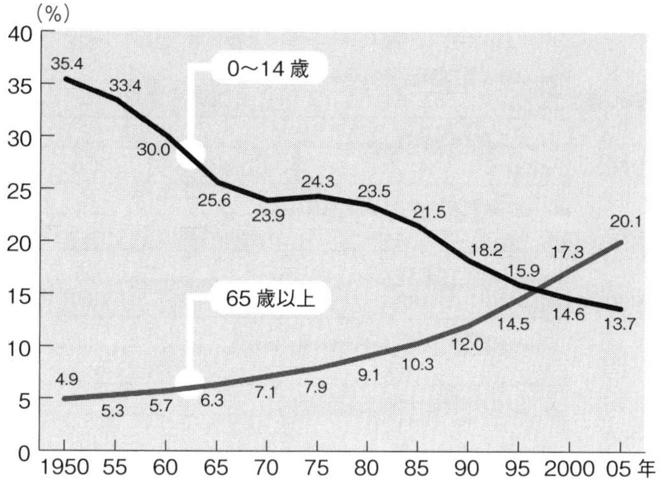

（出所）　総務省統計局『国勢調査』。

い」)。社会の高齢化とともに，子どもが少数派となってしまったことによって，さまざまな生活シーンで子どもの行動に対する圧力は増大し，子どもをめぐる育児環境は，これまで以上にますます困難さを増大させてきているといえるのである。

世帯構成の多様化

第 2 点は，世帯構成の多様化である。核家族世帯の割合は 1980 年までは上昇していたが，80 年の 60.3 %をピークに，その後，漸減している。代わって急激に上昇しているのが，単独世帯である。2005 年国勢調査の結果では，「核家族世帯」57.9 %，「その他の親族世帯（直系家族が中心)」12.1 %（「3 世代家族世帯」に限った場合，その比率は 8.6 %)，「単独世帯」29.5% となっている（図 7-4 参照)。単独世帯のなかには，未婚化・晩婚化の現れとしての独身者の単

図7-4　家族類型別世帯数・割合の推移（1960-2005年）

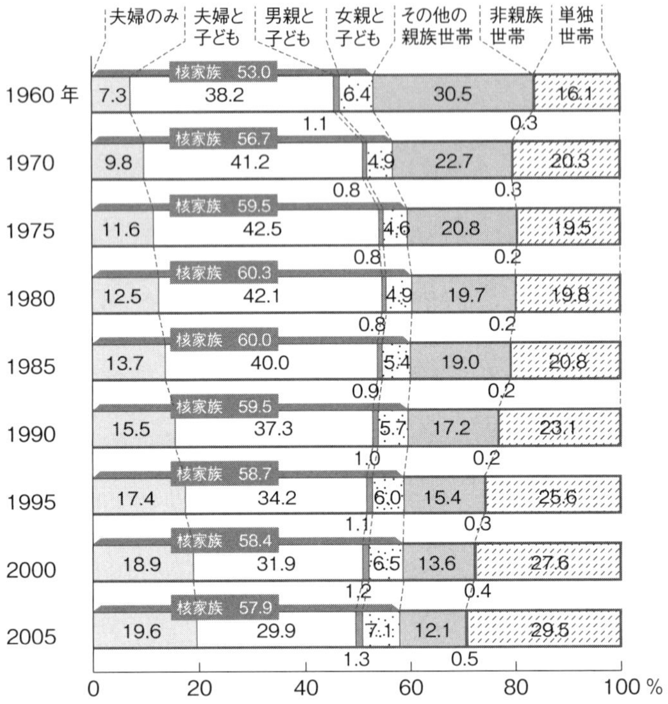

（出所）　総務省統計局『国勢調査』各年。

独居住の増加に加えて，高齢化の進行による「高齢の単身者（一人暮らしの高齢者）」の増加も含まれている。

また，核家族世帯といっても，「夫婦と子どもの世帯」はそのうちの半分程度で，「夫婦のみ世帯」が急増，また離別・死別による「男親と子どもの世帯」「女親と子どもの世帯」（いわゆる「父子世帯」「母子世帯」）も微増傾向にある。さらに，「夫婦と子どもの世帯」であっても，（老）親と成人した未婚子女との同居による核家族が増えるなど，核家族世帯の状況も多様化している。

このように，世帯の多様化に見られる，さまざまなライフスタイルの出現は，小さな子どもをもつ世帯をも，社会のなかでの少数派に追いやってしまった。子ども自体が少数派になるとともに，小さな子どもをもつ世帯も少数派となり，それらの世帯の要求は少数派の意見にすぎなくなる。こうして，子ども自体の数が多く，子どもをもつ世帯が急増していた1970年代までの育児環境とは，根本的に状況は異なり，少数派になってしまったことによって，育児環境はますますその困難さを増幅させつつあるのである（子どもがいる世帯の比率は，2005年国勢調査結果では，「6歳未満親族のいる世帯」10.5 %，「12歳未満親族のいる世帯」18.0 %，「15歳未満親族のいる世帯」21.5 %である。さらに，これらの子どもがいる世帯のうちで，「核家族世帯」となると，さらに少数派となり，「6歳未満親族のいる核家族世帯」は全世帯のうちの8.6 %，同じく「12歳未満親族のいる核家族世帯」14.2 %，「15歳未満親族のいる核家族世帯」16.8 %となる。ちなみに，「65歳以上親族のいる一般世帯」〔単身者も含む〕は，全世帯の35.1 %を占めている）。

頼りになる親族数の減少

第3点は，援助をしてくれる親族の減少である。親族は，これまでも，さまざまな支援，援助を与えるもっとも重要なネットワークとして存在してきたが，少子化の進行は，きょうだい数の減少をもたらすため，当然の結果として，頼りになる親族数の減少をもたらす。都市部では，現在のように「少子化」が議論され始めるもっと以前からその進行が見られ，都市化が進んだ地域に居住する者ほど，もともと保有している近親数が少ないということも，調査結果から明らかになっている（安河内 2000）。

また，それら親族のうちで，もっとも大きな援助を与えてくれるのは親であるが，高齢化の進行により，その上の世代の親（つまり祖父母）が生存している場合も多く，親が，そちらの日常的な世話や介護に追われている場合も少なくない。その場合には，子どもの育児支援に十分な対応ができない場合も多いことは容易に推測できる。

このように，育児に日常的に関わる人間が母親だけに限定されてきているなかで，親族によるサポートも減少してくると，育児をめぐる困難性は飛躍的に増大するといえるのである。

有配偶有子女性の就業意欲の上昇

第4点は，有配偶有子女性のライフスタイルの多様化である。有配偶女性の就業率は，1975年を底に，その後，上昇に転じている。有配偶で子どもがいる女性の就業率も上昇傾向にある。また，さまざまな調査結果を見ても，現在就業しているか否かにかかわらず，「就業希望」をもつ有配偶女性は8～9割に達しており，就業意欲は男性と同程度に達し，きわめて高い（女性の潜在的有業率については，図7-5を参照）。こうした高い就業意欲の現れが，近年しばしば指摘されている，大都市部での大量の「保育所入所待機乳幼児」の問題を生み出している。全国平均で見ると，保育所の定員充足率は2007年4月時点で95.7％であるが，地方では定員割れを起こしている保育所もみられる一方で，都市部の保育所は圧倒的に不足しており，大都市部を含む都市部での待機児が全体の75％を占めている。とくに0～1歳の低年齢保育の要求が高い。この入所待機児の問題は，高い就業意欲がありながら，それを実現するための代替的保育の人材（たとえば親族）が欠けているために，保育所という公共サービスに対して利用要望が高まっている現象と理解することができる。

このように，現在の有配偶有子女性は必ずしも専業主婦志向と

図 7-5　女性の年齢階級別有業率，および潜在的有業率（2003 年）

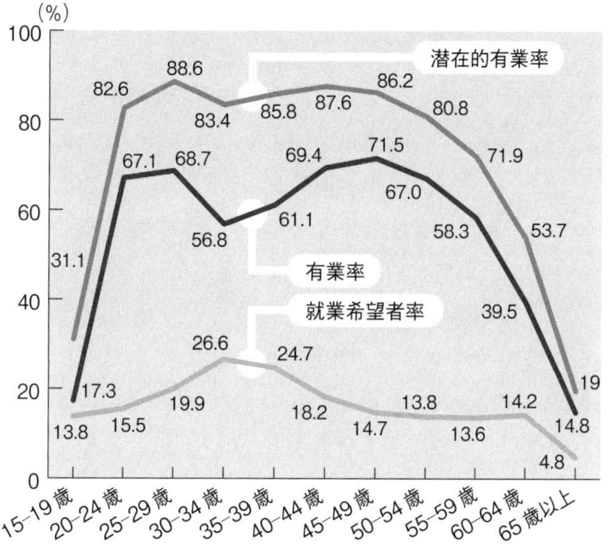

（注）　年齢階級別有業率＝有業者数（年齢階級別）/15 歳以上人口（年齢階級別）

年齢階級別潜在的有業率＝(有業者〔年齢階級別〕＋無業者のうちの就業希望者〔年齢階級別〕)/15 歳以上人口〔年齢階級別〕

（出所）　総務省統計局『就業構造基本調査』(2003 年)。

いうことはできず，むしろ就業意欲がきわめて高いことが明らかである。もちろん，1990 年代初頭以降続いた不況と格差社会の進行のなかで，専業主婦に甘んじてはいられないという家庭が増加したという背景もあろう。しかし，そうした家庭の事情や，実際の就業状況とは別に，母親の「就業意欲」は専業主婦であってもきわめて高いのである（安河内 2001)。この点は，専業主婦志向の強かった 60 年代，70 年代の有配偶女性とは，志向性が根本的に異なっている。そして，現在，条件が整わないために，家

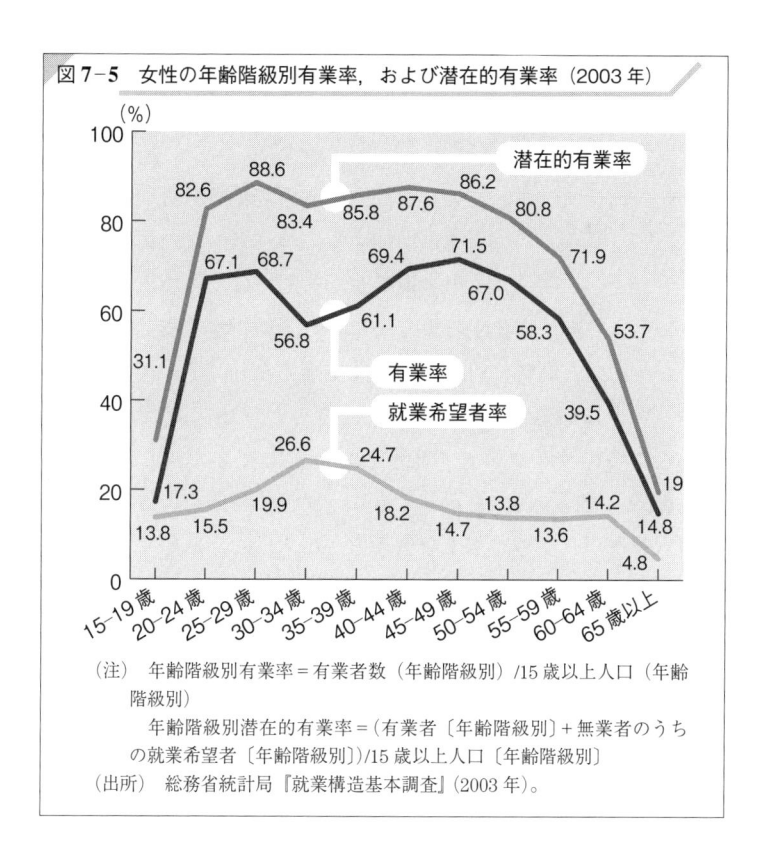

事・育児に専念しているとしても，けっしてそのことに満足し，充足感を得ているわけではない女性（母親）が多いことにも留意すべきであろう。

ライフスタイルの多様化

第5点は，意識の変化である。女性の就業が増加するにつれて，また結婚退職，出産退職が一般的ではなくなるにつれて，女性の生き方も多様化するようになった。結婚するまでは仕事をもつが，結婚と同時に退職して専業主婦となり，その後出産して，家事・育児に専念する，といった生き方が，1970年代までは標準的な1つのライフスタイルとして確立していた。しかし，80年代以降，家族規範の衰退とともに，女性の生き方にはさまざまな選択肢が現れ，さまざまな生き方が出現した。結婚せず仕事上でのキャリアを積んでいく女性，結婚を遅らせる女性，結婚しても出産しない女性，子どもが生まれても就業を継続する女性など，その多様なライフスタイルは男性以上であるといってよい。こうした多様なライフスタイルの出現は，男性が高度経済成長期に降りてしまった育児の場から，今まさに，一部の女性も降り始めていることを意味している。

このような多様化した実態の変化に伴い，「生き方」についての意識も多様化する。「結婚するのは当然」「結婚したら子どもをもつのは当然」「子どもが小さいときには母親は育児に専念するのが当然」といった意識は，家族規範の衰退とともに大きな変化を見せ，これらの意見への賛成者は年々減少している。現実のライフスタイルの多様化の進行，意見の多様化・分散化の進行は，女性の生き方についての選択肢が多様に広がっていることを意味するが，その点から現在の自分の生き方を振り返ってみた場合，必ずしも現状を肯定できない女性，現状に満足できない女性も多く出現してくる。1960 年代，70 年代に女性の生き方のコースがある程度定まっていた場合には見られなかった，自己実現欲求から来るフラストレーションの高まりと捉えることができる。

そして，それが子どものいる女性の場合，子どもをもっているという現実，また，その際に選択した自身の生き方（出産を機に専業主婦になった，2 人目の出産のときに結局復職を断念した，子どもの成長に伴い再就職したが，パート勤務しかかなわなかったなど）について迷いが生じる場合もあり，それが育児，あるいは子どもに対してマイナスに作用する場合も出てくる。多様な選択肢のなかから選択した出産，育児，それをめぐって選択した自分の生き方そのものは，1970 年代まではそうであったような，確固とした自信をもたらしてくれる行為であるとは言えず，母親に対してつねに不安や迷いをもたらすものになったのである。そして，そのことは，結果的に，育児環境としては悪化につながったということができよう。夫に対するフラストレーションの高まりも同様である。家事手伝いを夫にはほとんど期待しないという妻が過半数に達するという日本社会の現状は，あきらめなくてはフラストレーションが高まるだけ，という現実の反映である。妻の主観的意識のうえでは，このこともまた，育児環境の悪化にほかならない。

4 育児環境とその変革のさまざまな試み

現在の育児環境

前節で見てきたように，現代日本では，さまざまな要因が絡みつつ，育児環境の貧困化がますます進行していると考えられる。以下，前節で述べた事柄をまとめながら，現在の育児環境について見てみよう。

1980 年代以降の家族規範の衰退とともに，女性の一生に画一的なライフサイクルは設定しにくくなり，ライフスタイルの多様化が進んで，人生のさまざまな場面でどのように生きていくかを自身で「選択」できるようになった。結婚，出産，就業，それらをどのように選ぶのか，結果はすべて本人の「選択」によるものとされ，自己実現の機会は増大したが，他方，そのこと自体がフラストレーションをもたらすものともなった。実際，小さな子どもをもつ母親の就業意欲は高く，就業している母親も増加している。

他方，子ども，あるいは子どものいる世帯が少数派に転落したことによって，子どもに対する周囲の圧力は増大し，子育ての困難さはますます増加している。また，親族ネットワークも減少し，親族からの支援はますます受けにくくなり始めている。地域社会とのつながりは依然として希薄であり，「育児ノイローゼ」の問題はますます深刻化しつつある。また，子どもの数が減ったために，地域のなかで，近くに同じ年齢の子どもを見つけることが困難な場合も多く，「公園デビュー」と言われるように，公園まで出かけて行って仲間探しをしなければならない。極端な場合には，子どもをわざわざ車に乗せて公園まで連れて行かねばならない場合もあるほどである。こうしたストレスフルな状況のなか，育児の密室化はますます進行し，その結果が「幼児（児童）虐待」の急激な増加につながっているといえるであろう。

このように，現在の育児環境は，ますます困難さを増大させており，貧困化が進んでいる。このような状況を，網野武博は「育児の空洞化」と指摘し，「家族形態にかかわりなく，……育児者，保育者が不在となる環境が広がりだしている。更に，……社会的親，即ち家庭養育機能を支え，補完する近隣，地域の大人たちが地域の社会から急速に失われてきている」と憂慮している（網野 1994）。

相互扶助の衰退と都市的生活様式の拡大

これまで見てきたように，育児環境においては，高度成長期以降，今日までの間に，まず，親きょうだい以外の親族によるサポートの欠落，地域社会のなかでの助け合いの欠落，そして，最後まで残っていた親きょうだいによるサポートの減少というプロセスを経ながら，相互扶助の衰退過程をたどってきた。そして，この相互扶助の欠落プロセスに比例して，主として行政サービスを中心とする専門的サービスへの依存度が拡大していったと捉えることができる。いわゆる都市的生活様式の拡大である。保育所の増設，保育時間の延長，夜間保育，病児保育などについてのサービス拡大の要求は，専門的サービスへの依存度のさらなる拡大と捉えることができる。

しかし，行政サービスは，平等で一律なサービス提供を目指していることもあり，なかなか個別の要求に迅速・柔軟に対応してくれるものではない。その証拠に，保育所への入所希望はますます増大しつつも，現在の利用状況としては，就業者比率に比して，雇用者（会社勤め）の親よりも，自営業の親のほうが利用度が高いという実態を指摘できる。このことは，時間的なフレキシビリティに欠ける雇用者にとっては（そちらのほうが現在，就業者のなかで大きな比率を占めているにもかかわらず），保育所は利用しにくく，時間的にフレキシブルな自営業のほうに利用者が多いことを示す結果である。

また，行政サービス以外の専門サービスは，対応の柔軟性は確保できるものの，対価が高価である点が難点といえる。小さな子どもをもつ家庭は，若い世帯が多く，経済的に大きな負担はなかなか担いえないため，利用は限定的とならざるをえないのが現状である。

地域で育児を支援するさまざまな試み

そもそも小さな子どもの育児を行う場合，生活範囲，行動範囲についての制約は大きく，地域のなかに限定されるという点が大きな特徴としてあげられる。育児は日常的・連続的なものであるから，遠方からの援助は恒常的には困難であり，そのため，支援としても手近な援助が必要とされる。「遠くの親類」は，非日常的なケースでは頼りになるとしても，やはり日常的なサービス提供者とはなりえない。手近な援助として行政サービスへの期待が増大しているが，先にも指摘したように，行政サービスの個別対応度には限界がある。しかし，育児が個人そのものに直接的に関わるものである以上，育児支援としては臨機応変の小回りのきくサービス提供が必要とされる。

現在，こうした臨機応変の小回りのきくサービスとして，さまざまな地域で自然発生的に「地域での助け合い」が出現しつつある。「相互扶助」の新たなかたちでの展開といえるかもしれない。内容としては，従来からあった育児サークルのほか，先輩ママ・中高年層による一時預かりや育児に関するアドバイス・情報提供，社協・NPO による育児支援活動，「家庭保育園」の広がり，などを指摘できる。育児サークルは従前からさまざまな活動がなされていたが，サークルとは異なり，来訪時間を設定せず，親子での気ままな立ち寄りを可能とする NPO も生まれるなど，柔軟性に富んだ各種のサービスが提供されるようになってきたのが，近年の特徴である。また，先輩ママ，中高年層が，自分の自宅で短時間，子どもを預かる保育形態や，自宅の一部を「保育ルーム」にして保育園を開設し，子どもが家庭にいる時と同じような雰囲気で保育するという「家庭保育園」も増加しつつある。なかには，24 時間保育の家庭保育園も出現しているほどである。また，NPO のなかには，要望の高い病児に対応した保育を行おうとするものも現れている。

これらの活動は，地域のなかでの活動，地域のなかでの「相互扶助」として位置づけられるものである。もちろん，それぞれの地域単位で見てみると，活動団体や活動内容には差異が大きく，活動自体が低調な地域も多いかもしれない。しかし，子育て経験者を母体として，こうした新たな「相互扶助」が次々と出現し始めていることは，特筆に値する。

また，行政としても，厚生労働省が進めているファミリーサポート制度や 21 世紀職業財団の保育サポーター制度など，サービス利用者とサービス提供者とを結びつける仕組みを組織化しつつある。さらに，地方自治体としても，「育児ボランティア」を養成するための講座を開設し，活性化を試みているところもある。行政，なかでも自治体としては，こうした育児支援活動を独自に進める一方で，先に述べた育児サークルや社協・NPO による育児支援活動を自治体による支援活動として取り込み，行政活動の柔軟性を高めようとするところも多くなってきている。こうした取り組みは，すべての地域，すべての自治体において同程度に行われているわけではないが，地域での助け合いや各種団体の自助的な活動が，自治体の対応のあり方を変革させつつある例として，捉えることができる。つまり，それは，行政が，育児サークルや NPO 活動などの「相互扶助」的活動を，行政が提供する「専門サービス」と相互補完的関係にあるものとして位置づけ，そうすることによって，より充実した育児サービスの提供を志向するものと捉えることができるのである。

今後も，育児環境の質を高めていくためには，行政は，行政サービス自体の柔軟性を高めていくことはもちろんのこと，その周辺で行われている自主的な活動を支援し，有機的に取り込んでいくことがますます必要となるであろう。同時に，日本社会での就業のあり方についても変革が必要であり，男女ともに働きながら，男女ともにゆとりをもって育児に関わることができる社会づくり，育児の重大性を社会的に認識し，積極的な支援を行う社会づくりが目指されねばならない。そのような社会の実現こそが，「少子社会・日本」に大きな転換をもたらすこととなろう。

Reference 引用・参照文献

網野武博，1994，「家族および社会における育児機能の社会心理的分析」社会保障研究所編『現代家族と社会保障』東京大学出版会。

金子勇，2006，『少子化する高齢社会』日本放送出版協会。

目黒依子，1987，『個人化する家族』勁草書房。

宮本みち子・岩上真珠・山田昌弘，1997，『未婚化社会の親子関係』有斐閣。

落合恵美子，1997，『21 世紀家族へ』（新版）有斐閣。

労働政策研究・研修機構，2005，『若者就業支援の現状と課題』（労働政策研究報告書 No. 35 ）。

橘木俊詔，2006，『格差社会』岩波書店。

安河内恵子，2000，「都市化と親族ネットワーク」森岡清志編『都市社会のパーソナルネットワーク』東京大学出版会。

———，2001，「都市化社会における女性の就業と社会ネットワーク」金子勇・森岡清志編『都市化とコミュニティの社会学』ミネルヴァ書房。

矢澤澄子・国広陽子・天童睦子，2003，『都市環境と子育て』勁草書房。

Summary　サマリー

日本の都市における子育て状況は，1950年代からの高度経済成長期以降，大きな変貌を遂げ，育児環境の貧困化が進行してきた。家族状況をめぐる変化は，大きくは，1950年代～70年代までの変化と1980年代以降の変化とに分けることができるが，それぞれの時期にみられる変化は質的に異なるものと捉えることができる。1950年代～70年代に見られる変化は，人口の都市への集中，核家族化の進行，性別役割分業の進展という現象が急激に進行した時期であり，この変化によって，直系家族や地域社会のなかでの豊かな人間関係のなかで行われてきたそれまでの育児が，その担い手を主として母親1人だけに限定していくという育児環境の貧困化がもたらされた。しかし，この時期の家族をめぐる変化は，現象的には「家規範」からの解放であったが，意識としては必ずしもそれを否定するものではなかった。しかし，その後の1980年代～90年代にかけての変化は，「家規範」「結婚規範」を含む，日本社会の家族規範の衰退・弱体化がもたらした現象であり，「未婚化」「晩婚化」，さらには急激な高齢化が進行するなかで，子どもをめぐる環境は悪化する一方であり，ますます育児環境の貧困化を促進していくこととなった。親族からのサポートの欠落，地域社会からのサポートの欠落，さらには親，きょうだいなどの近親からのサポートの減少という事態の進行は，ますます育児の密室化，専門サービスへの依存度を強めていったといえる。しかし，こうした相互扶助の衰退に対し，さまざまな助け合いの萌芽も生まれつつある。

SEMINAR　セミナー

1.　家制度・直系家族を基本とした日本の以前の社会では，育児はどのような特徴をもっていたか，現在とどのように異なっていたか，議論してみよう。

2. 高度成長期に増大してくる核家族内においては，性別役割分業のもと，育児は基本的には母親に担われていたが，そのような育児のあり方は，母親，父親，子どもにとって，どのような欠点をもっていただろうか。考えてみよう。

3. 1970年代まで「結婚規範」が十分機能していたことを示す具体的なトピックについて考えてみよう。また，1980年以降，増加してきたパラサイト・シングルについて，その増加要因についても考えてみよう。

4. 近年，未婚化・晩婚化，また，出生児数の減少傾向が続いているが，これらの促進要因として，家族の要因以外にどのような要因が考えられるか。社会全体をとりまく状況の変化などについても配慮して，考えてみよう。

5. 有配偶有子女性の就業意欲は高まっているが，そのことが育児に，あるいは子どもをもつこと自体に，どのような影響を与えているだろうか。日本の父親（夫）の家事参加・育児参加の現状も考えつつ，どのような問題が指摘でき，どのように変えていくとよいと思うか，議論してみよう。

読書案内

赤川学『子どもが減って何が悪いか！』ちくま新書，2004

男女共同参画社会を実現させ，仕事と子育ての両立が可能な社会となれば，少子化傾向はとまるとする主張があるが，この主張の根拠となっているデータを批判的に検討し，データの恣意性等を指摘して，必ずしもそうした主張に的確なデータの裏付けがあるわけではないことを示した。そのうえで，少子社会を前提として，公平な社会の実現が重要であることを主張する，論争的で示唆に富む一書。

稲葉昭英「家族と少子化」『社会学評論』56巻1号，2005

近年，少子化の一因と指摘され始めた夫婦出生率の低下について，どのような変化に基づいて生じてきたものなのかを検討した論文。さまざまな検討の結果，夫婦出生率の低下は，性別役割分業の延長線上に出現したものと分析している。

川本敏編『論争・少子化日本』中公新書ラクレ，2001

少子化の本質，現状，原因，対応について，21の独立した論文を所収した論文集。論争点が明確となるよう，さまざまな主張の論文を取り上げており，興味深い論文集となっている。

厚生省監修『平成10年度版 厚生白書』1998

「少子社会を考える――子どもを産み育てることに『夢』を持てる社会を」と題された本白書は，人口減少社会の到来，少子社会への対応の必要性，少子化の要因，家族の変化，子育て支援など，現在，少子化をめぐって論点となっているほとんどすべての内容を網羅し，その問題点を描き出している白書である。

山田昌弘『少子化社会日本――もうひとつの格差のゆくえ』岩波新書，2007

日本社会の少子化の主因を，①若年男性の収入の不安定化，②パラサイト・シングル現象という2つの要因の交互作用と考え，この視点から日本の少子化を分析した書。たんなる現状分析にとどまらず，講ずべき対策も論じられている。初心者にもわかりやすく，内容も興味深い一書である。

――――――――― 安河内恵子◆

第8章　学校と地域

児童と地域住民の合同運動会（大阪府豊中市立東丘小学校と東丘公民分館。毎日新聞社提供）

ここでは就学期の子どもをもつ世帯にとっての学校と地域という問題を取り上げる。子どもが学校に通うようになると，就学前の幼児を抱えた世帯のような，緊急の援助をどうしても近隣に頼らざるをえないという状況は，若干，緩和される。しかし，今度はたんなる近接ということではない「地域」を感ぜざるをえない制度的な力が迫ってくる。それが公立の小中学校である。

地域ごとに班を作って子どもたちの見送りやお迎えに対応したり，迅速な緊急連絡網による周知徹底が求められる。校庭開放への協力や運動会などの行事への参加，それらはいずれもうちはいいですというわけにはいかない，地域的な拘束をもたらすのである。もちろんそれらは嫌なことばかりではなく，PTA でのつきあいがきっかけでさまざまな地域での活動が展開したり，長く親交を結ぶ間柄が生まれたりもする。

1 子どもを育てるということ

子どもの教育権をめぐって

子どもの教育権は（国家ではなく）親にある，という大原則は，戦前，国家の強力な教育統制が天皇制ファシズムを招いたという反省にたって，戦後あらためて確認されたきわめて重要な原理である。ところが，これが最近では親の責任だから他人はとやかくいえないとか，だからこそ学校などの公的機関がしかるべき処置をとるべきだという議論が展開されがちなところがある。ここでも，戦後改革が強調した個人主義の原理が，個人を支える社会的なつながりに留意してこなかったことの弊害が現れているように思うが，まず，子どもを育てること＝教育の社会的な位置づけについて，基本的なことをあらためて確認することから始めよう。

国家にとっての子ども

通常の考察の順序とはまったく逆になってしまうが，まず国家にとっての子どもという点から考えてみたい。なにゆえ国家は子どもの教育に介入するのであろうか。国家が本格的に子どもの教育に口を出すようになるのは，近代の公教育制度の導入以降と考えてよい。それ以前は村落などの地域共同体や教会などの宗教組織，ごくまれにアカデミー協会のような組織が存在していただけである。言い換えれば，子育ては地縁による社会的なつながり，ないしは信教や思想に基づく社会的なつながりによって支えられていたのが，もともとのかたちだったと考えられる。したがって，たとえ教会などの機関や制度によって担われるようになったとしても，それらはあくまで私的なもので，公的な機関が義務教育として実施するものではなかった。

このように，子育てがもともとは地縁ないしそれ以外の社会的つながりに支えられたものであったことを確認することは重要である。いや正確にいえば，現在でも本来はそういうものなのである。このことをよく理解しておかないと，冒頭の戦後教育が確認した大前提や第3章で紹介した，どんな子どもに育てるかは国家ではなく地域が決めるべきだ，という欧米的な原理に基づいて戦後導入された教育委員会制度や教育委員の公選という仕組みの意味を，理解することはできない。

つまり，教育はその子どもが偶然ではあるが，生まれ落ちた社会的集団によって，とりあえずは方向づけられるものなのである。このような前提のもとで親は子どもをしつけ，その子どもにふさわしい学校を選ぼうとする。まずはここに責任が所在し，なによりも尊重されなければならないというのが，教育権は親に属するということの社会学的意味である。したがって親と同じ社会的集団に属する者が子育てに介入することは，社会学的には当然のことであり，これに対して「親の勝手」とはいえないのである。むしろ親やその属するところの集団が，甘んじて学校に子どものしつけを依頼し，塾に勉学をゆだねることこそが，この原理に反することなのである。「親の勝手」とは自らの親族や親交深い知人に対してではなく，学校などの公的機関にこそ使うべき権利要求の言葉なのである。

さて，それはさておき問題は近代以降，なにゆえ国家が子どもの教育に強大な力を及ぼそうとするようになったのか，ということであった。

将来その社会を支えていくための能力を養うのが，子育ての目標であるならば，その社会がどのような能力の育成を必要とするかによって自ずと教育のあり方は変わってくる。近代以前の村落共同体の経験知に基づく農耕労働と比較した場合，近代を特色づける労働形態は「大工場」のそれである。労働者が1つの職場に空間的に集められて，いっせいに分業に従事するというこの形態こそが，近代に特徴的な労働形態である。それは工場のライン労働であれ，オフィスの官僚組織であれ，同じことである。そこでは経験知に基づく職能よりも，文書によって通達される組織からの要請に機敏に反応し，体系化された知識や科学技術を取り扱う能力が求められる。ここに，学校教育という制度が必要とされる社会学的な根拠が成立したわけである。このような能力を要請する近代社会が成立することで，子どもたちは学校という1つの空間に集められ，団体的な訓練と言語ないし体系的な科学知識を習得・活用することを義務づけられることになったのである。

このような社会的必要は近代以降の企業組織や官僚機構に共通のものであり，自ずと国家が代表して担当する義務教育制度が整備されていくことになる。これが，国家にとっての子どもとその教育への介入を要請した根拠である。重要なのは，これ以上でもこれ以下でもないことである。国家が代表して配慮すべき範囲はここまでであり，それを超えてどんな子どもに育てるか，どんな人生を送るかは，まずは生まれ落ちた社会的つながりによって方向づけられ，やがては自らが選んでいくことなのである。

教育行政と地方自治体

さて，このような社会的要請に基づいて始まった国家による子育てへの介入は当然，教育行政というかたちをとって展開する。そこで次に問題になるのが，この教育行政における基本的な権限関係をどのように設定するかである。これも当然，各地域の歴史と伝統によってま

Column ⑮ 戦後の教育改革

戦前の教育が教育勅語を中心とした国家への忠誠を旨とした画一的なものであったことが，天皇制ファシズムを生み出す温床となったと考えたアメリカ占領軍は戦後，日本の教育の民主的な改革に着手する。1946 年にアメリカ教育使節団が来日し，その方向性を示すことになる。このときの教育改革の背景となっていたのがシカゴ大学でプラグマティズムの教育を実践した J. デューイの教育思想であり，対応した日本側委員会の一人が戦前シカゴに留学した経験をもつ社会学者，戸田貞三であった。同じくアメリカ留学後，日本で逸早くプラグマティズムの教育を実践したのが日本女子大の創始者，成瀬仁蔵であった。また，公民館を拠点として住民自身が自らの生活実態調査に基づきその生活習慣を見直していくという戦後の社会教育実践として名高い事例を指導したのは，戸田の教えを受けた米林富男であり，彼は後に東洋大学に社会学部を設置することになる。すなわち，戦後の教育改革は大正デモクラシー以降，日本の社会に根づきつつあった自由教育の理念や労働者大衆の動向を捉えるべく成立した社会調査や社会学などの思想と関連していた。つまり国家ではなく，社会に基づく教育を志向したのである。

ところが，最近になってこの戦後教育こそが現在の困難をもたらしたという議論が優勢となり，教育基本法や憲法の改正など，国家法規に基づく教育の改革が叫ばれている。また，他方では学校選択の自由化や民間からの校長の登用などが試みられている。ここであらためてわれわれは，国家と社会のはざまでいかに教育を位置づけるかを問われているのかもしれない。

ちまちであるが，日本の戦後教育改革のモデルとなった英米の考え方は，国家ではなく地域が子どもをどう育てるかを決めるべきだというものである。つまり，教育を司る組織を国家はおろか自治体の一般的な行政組織からも切り離し，独立の行政委員会としている。これは，教育内容を決めるのはあくまで地域の父母であり，国家や行政は極力口を出すべきではないという考え方に基づいている。戦前の日本の教育があまりにも集権的であったことから，戦後改革では教育委員会法が新たに制定され，教育委員が公選されるようになった。この制度の社会学的な背景には，すでに述べたように生まれ落ちたところの最初の社会的なつながりこそが，その子どもの教育に第一義的な影響力をもつべきだという考え方が前提となっている。すでに見たとおり，これは近代以前の歴史的経緯からすればきわめて自然な，伝統的ですらある考え方である。

ところが，この教育委員の公選制度はたった一度しか実施されていないにもかかわらず，日本の実情に合わないという理由で，警察官を導入した国会でその廃止が強行採決されてしまう。代わって制定されたのが，現在の「地方教育行政の組織及び運営に関する法律」である。そこでは教育委員会そのものは維持されたが，教育委員の公選制度は廃止され，それゆえ他の行政組織以上に文科省直轄の影響を受けやすいという，戦後改革の理念とはまったく逆行する結果となっている。

つまり，日本の教育行政の仕組みは戦前から，自治体レベルよりも国家レベルからの関与がきわめて強いという特徴をもつ。したがって教育内容やそこで求められる能力も，全国一律のものである場合が多く，いきおい地域の伝統や文化からは切り離されたものになりやすい。その結果，成績のよい子どもほど，どんどん上級の学校へと進み，地域からは離れていってしまう傾向が強い。日本の地方自治体は自らの地域に貢献してくれる優秀な人材を，自ら養成する権限をもたないのである。

親にとっての子ども

さて，親にとって子どもはどのような存在なのだろうか。親にとっては義務教育制度が求める最低限必要とされる能力も，あくまで1つの目安にすぎない。また，学校で教える教育内容が国家によって決められるか，地域によって決められるかも，とりあえずはどうでもよいことである。重要なのは，親が属する社会的世界において，子どもがよりよい子どもに育つことである。親はふつう自分が属するか，あるいは属したいと考えている世界へ子どもを導こうとする。医者の子どもは医者に，職人の子どもは職人にというのが，自然な成り行きである。職人の子どもが医者になろうとするのは，成績優秀な子どもの進学を勧める学校の働きかけが介入するか，あるいは親が子どもに同じ苦労はさせたくないと考えて，子どもがもはや自分たちの世界から離れてしまうことをうすうす予感しつつも，子どものためを思って決断する場合に限られる。あるいは，子ども自身がある時点で自ら親とは違う道を選ぶこともあるだろう。

職業選択の自由や移動の自由が個人の権利として認められた近代は，たしかに個人がその能力と適性に応じて自らの属する社会的世界を選択することができるようになった。このことを可能にする意味でも，教育を受ける権利が万民に保障されているわけである。しかしこのことと，親が子どもに自分たちと同じ世界で生きていってほしいと願うこととはまったく別のことである。たとえ子どもに最終的な選択の自由と権利を保障すべきであるとしても，親がそう願い，とりあえず子どもをそう育てることは，親にとっての子どもという点では，何ら問題はないはずである。

ところが，日本の近代はこのような親の願いをそういったいに「保守的」と断じて，子どもの階層的な上昇を望まない親は，親ではないかのようにいってきたところがある。結果として子どもを受験競争へとかりたてる親のあり様は，本当の意味で自分の子どもをこう育てたいという親の願いが現れたものといえるのだろうか。このような問題は，子どもをどこで育てるか，ひいては地域とどのように関わるかという問題へとつながっていく。

こうして，ようやく子どもの教育と地域生活が結びつくことになる。つまり，地域への関わりは親にとっての子どもという観点を突き詰めることでしか出てこないのである。国家にとっての子どもという観点を相対化することでしか成立しないのが，地域で子どもを育てるということであり，ひいてはこのことが教育の自由化というこれからの問題を考えるうえでも重要なことなのである。

2 どこで子どもを育てるか

どんな子どもに育てるか

すでに詳述したように，親にとっての子どもという観点，親として子どもをどのように育てるかということの社会学的な含意は，子どもをどのような社会的つながりに生きる人間として期待するのかという点に集約される。それはすなわちどこで生きる人間として想定するかということに通じる。子どもをどう育てるかという問題は，子どもをどこで育てるかということと密接に関連しているのである。

この点でまず重要なのは，生きていくべき社会的つながりを具体的に居住しているローカルな地域として捉えるか，それとも地域的なつながりよりも，ある種の階層的なつながりを重く見るかという問題である。地域として捉えるならば話は簡単で，当然その地域で子どもを育てるということになる。ところが，階層的なつながりを想定した場合，たまたまその地域に望みの階層が集住していないかぎり，地域にこだわる理由はなくなる。地元の公立学校に通う子どもたちが，自分が想定する階層的なつながりにそぐわないと判断すれば，ふさわしい学校に通える地域へ引っ越すか，地域外に位置する私立学校を受験させることになるわけである。

地域社会が階層的に構成されている場合，つまり特定の地域が特定の階層の人々によって占められている場合には，問題はそれほど複雑ではない。しかしそうでない場合，あるいは別の階層への移動を望む場合，地域にはこだわらない学校の選択という問題が生じるのである。

学校を選ぶ親

地域社会が階層的に構成され，かつ人々が生まれ落ちた地域で子どもを育て，階層的にも地域的にも社会が再生産されているうちは，地域ごとに編成された公立学校で事足りるといってよい。ところが，階層的・地域的な移動が激しくなると，地域的に編成された公立学校に単純に子どもを通わせることが必ずしも親の納得できることではなくなってくる。そこに，地域とは関係なく階層的に組織された私立学校が求められることになる。イギリスにおけるプライベイト・スクールが上流階級の子どもたちが集まる寄宿制の学校として成立したのが，その嚆矢といってよいだろう。日本でも，東京をはじめとした大都市部において，いち早く特徴ある私立学校が集積していった。

したがって，ある階層ないしある段階において親や本人が学校を選ぶということが生じてくる。これは同時に地域には拘束されない社会的世界が志向されるということでもある。教育の自由化とは，少なくともこのような側面を含んでいる。

学校に選ばれる子ども

ところで，じつはこれまでは学校のほうが子どもたちを一方的に選別していたのである。それは選抜試験を実施していた学校だけではなく，公立の小中学校も例外ではない。学校はつねに自らの教育方針に基づいてある意味では子どもを選別しているのであって，義務教育の場合，子どものほうに選択の幅が少ないことが，対処を困難にしていたといえる。ここでも，社会全体がある程度，同質的なうちはそれほど問題ではなかったのかもしれないが，地域社会が階層的にも，文化的にも多様化してくると，義務教育だからといって許容できないほどの乖離が，子どもが生きようとする社会的世界と学校の間に成立してくる。登校拒否などの問題も，たんなる不適応と見るのではなく，むしろ選択の幅を広げるという考え方が必要なのかもしれない。このように現在，学校教育は，いろいろな意味で選択の幅を広げる自由化への方向が求められつつある。このような方向へと制度的な変更が進んでいくとしたら，一方には地域社会とは無関係に，自分の階層と好みにあった学校を自由に選び，そこで子どもを育てたいと考える人がかなりの程度，存在するだろう。そして，そのようなニーズに対してはこれまでと同様，市場原理に基づく私立学校がよりよく対応していくと考えられる。

そうするとその対極に位置する，地域における社会的つながりのなかで子どもを育てようとする人は，どのような位置づけをもってくるのだろうか。

地域で育つ，地域で生きる

階層的・地域的な移動が困難な段階においては，人々の社会的つながりに地域的な制約があることはむしろ普通のことであった。ごく少数の上層階級だけがその制約から自由であったにすぎない。先にあげたイギリスのプライベイト・スクールは，本来そのようなものであった。しかし，今後求められる教育の自由化は，もう少し大衆的な広がりをもったものである。そうすると，その段階においてなお地域的なつながりにこだわることには，たんなる制約からということよりも，もっと別の積極的な理由が求められてくる。とりわけ地域的に編成されざるをえない義務教育課程における公立学校は，この点での何らかの新しい位置づけを必要とする。これまでは当然のことだったかもしれないが，これからは理由が求められることになる。

このような新しい課題を考えるために，次節では実際に地域で育ち，地域に生きようとしている人たちに目を向けることにしよう。

3 地域で子どもを育てる人々

商店街の町

地域で子どもを育てるということが，普通のこととしてもっとも成立しやすい都市地域は，いわゆる商店街を中心とした区域である。純粋な村落地域がそうであったように，そこではローカルな空間に利害を有する商売が，世代的にも再生産される可能性をもっている。しかもそれはそのような仕事には直接従事しない住民との間にも，顧客として友好的な社会関係を保つ傾向にある。したがって，少なくとも地元商店街の子どもたちはその町で育ち，やがてはその町に定着した仕事についていくことをごく自然に受け入れていく可能性をもつ。そうすると当然，地元の公立学校に通い，幼いときから地元の友人たちとの社会的つながりを重視した育ち方を志向することになるだろう。同じように親たちもそれを期待し，地域ぐるみで学校での教育のあり様に好意的に発言し，それを支えていく可能性が高い。事実，町内会や PTA がよかれあしかれがっちりとした体制を作って学校を支援するようなかたちを保持しているのは，このような町が多いのである。

町工場の街

同様に，中小の町工場が集まった地域においても，子どもをその地域で育てようとする親の姿勢が一致して学校を地域的に支える可能性が高い。なぜなら，そこでも子どもたちが町工場に蓄積された技術や取引関係や工場街としての独特の気質を継承することが求められるからである。

労働者の街

このことは必ずしも中小の町工場が集積した地域にだけ当てはまるわけではない。場合によっては企業城下町を含む工業地帯の一角にも成立しうるものである。いわゆる労働者の町であり，子どもたちが父親と同じ誇り高き熟練労働者になることを夢見るような場合である。たとえば，ある時期までの炭鉱町がそのような性格をもっていたといってよいだろう。

さて，以上の例示からもわかるように，地域で子どもを育てるということが積極的な意味をもつためには，商店主や町工場のオーナーなどの都市の自営業者なり，何らかの熟練をもつ労働者が，世代的に再生産される――子どもたちが親と同じような仕事を通じて町を支えていく見込みをもてることが，きわめて重要なのである。そのような条件があってはじめて，町の子どもたちが通う学校を町の大人たちが共同的に支えるということが可能になる。町にとって役立つ子どもをどうやって育てるかという議論が具体的にできるはずなのである。

しかし，そのような可能性が実際にはなかなか実現しなかったのが，日本の実情でもある。1つにはそのようにかりに地域の体制が整っていたとしても，公立学校で教える教科内容にまでその意見が反映される制度的な仕組みをもたなかったことである。すでに紹介したように，教育委員の公選制は早々と廃止されてしまったし，教科書や教育指導要領は文部科学省によって全国一律に統制されてきたというのが実情である。そして，地域の側でも必ずしも自分の子どもを自分と同じ自営業者や労働者に誇りをもって育てようという考え方が支配的にはならなかった。地方都市の商店街で積極的に再開発に取り組んでいるところでも，子どもはおろか自分自身も，できれば東京の大学を出て大企業にでも勤めるほうがよかったのであって，結果的にここで事業を引き継がなければならないからがんばっているというのが正直なところである。「商店街の子どもは成績があまりよくないほうがいいんですよ」という皮肉まじりの言葉がよく聞かれる。代表的な工業都市でも，親たちは子どもを上の学校にやるために，涙ぐましい努力をしてきたのである。

戦後のある時期，製造業関係の労働力不足が見込まれたとき，工業高校の増設が産業界から求められたことがある。しかし圧倒的な普通科志向によって工業高校には思うような生徒が集まらず，かえって普通科との格差が歴然としてしまった。労働者の町が労働者の町として再生産されていくことを誇りをもって進めていけるような地域社会の尊重と，それを支える分権的な地域の教育制度の整備もないまま，他方で普通科を中心とした競争的な選抜が行われていたのでは，誰もがそこに進学して将来の選択肢を確保したいと考えるのも無理はなかろう。たんなるエリート教育ではなく，適性に応じた複線的な教育制度を模索するなら，地域的，階層的，そして民族的に多様なあり方を尊重し，地域や学校を単位とした教育の自由と自治を大幅に認めなければなるまい。一方で一元的な評価基準に基づく全体的な競争があおられるかぎり，本当の意味で自ら選択できる教育の自由は成立する余地がないのである。

中途半端な郊外

このような事情は，地域全体が階層的・地域的移動を前提とする郊外の新興住宅地においてはさらに鮮明となる。比較的早い時期に開発された都心近くの住宅地の場合は，その同じ都心部に私立学校が多かったせいか，あまりそのような活動を生み出すことはなかったが，より郊外の住宅地では，新しい町での子育てを考える人々とその活動が展開しはじめていく。具体的には1970年代の中頃から，まずは旧態依然としたPTAのあり方に対する疑問をきっかけとして，いわゆるPTA民主化の動きが見られるようになる。やがてそれは戦後新しく導入されたPTAの理念を改めて確認することになる。そして戦前の後援会のように，地域の名士を中心とする運営によって学校への税外負担を当然とするようなあり方が問い直されていく。さらに，子どもの教育を考えるという本来のあり方を実現するために，自主的な学習活動への取り組みが始まったり，そこから地域の子ども会活動なども展開するようになる。

60年代以降の都市化は，地域における社会的なつながりのあり方を根本的に変えることになり，このような郊外住宅地だけでなく，多くの地域で子育てをめぐる問題が強く意識されるようになる。そこから次節に詳述するようなさまざまな試みが生まれてくる。郊外住宅地はある時期までは旧来からの地付層や自営業者が少ないことから，かえって注目すべき新しい活動を花開かせていくが，やがて子どもたちが成人して他出しはじめると，地域全体の少子化と高齢化が進み，そのような活動の蓄積を世代的に再生産していくことが困難になっていく。

このように，地域的・階層的移動を前提とする都市化が作り出した郊外住宅地は，地域における教育という点では独特の困難を抱えているわけである。

4 母親たちの挑戦と挫折

地域の教育文化運動

前節までは，どちらかといえば原理的な意味で，移動を前提とした都市がいかに地域を単位とした教育体制にそぐわないか，またその矛盾がいかに中央集権的な教育行政のあり方によって深められているかということについて述べてきた。このような文脈でみた場合，子どもが公立の小中学校に通いだした途端に，なにやら忘れていたはずの「地域」という制度的制約が，隠然と迫ってくることを意識せざるをえない。そこから必然的に教育の自由化という方向が出てくるわけだが，それ以前にむしろそのような矛盾や制約を逆手にとって，それとは違った教育と地域の関わりを模索するという試みが大量現象として現れたことがある。1970 年代から 80 年代にかけて展開した地域の教育文化運動がそれである。ここではその意義と成果について考えてみたい。

ここでいう地域の教育文化運動とは，具体的には子ども劇場・親子劇場運動や親子読書・地域文庫活動に代表される，子どもの成長に関わる地域の文化状況の改善を目的として，1970 年代以降にさかんになってきた住民の活動を意味する。これまで主として社会教育学の分野で注目されてきたものである。この分野での代表的な全国紙である『月刊社会教育』に掲載された特集や全国の実践報告を見るかぎり，60 年代後半から 70 年代前半にかけて全国的に展開した公害反対の住民運動を契機として，あらためて「地域」という単位が注目を集めるようになる。そのような流れを受けて 70 年代の中頃からさかんに紹介されていくのが，PTA 民主化の動きであり，高校全入運動であり，児童館や公民館あるいは少年・少女センターの援助を受けながらも，地域住民が進めていった子ども会活動などの実践である。

これらの運動が全国的に展開した背景には，いくつかの要因が考えられる。1 つは人口学的な要因で，戦後のベビーブーム世代が子育て期に入るのがちょうど 1970 年代から 80 年代にかけてであった。高校全入運動などの背景には高校進学希望者の激増に定員数が追いつかないという動かしがたい現実が存在していた。もう 1 つは地域社会に関わる要因で，高度成長に伴う都市化によって子育てをめぐる地域の教育文化環境が急激に変化したことがあげられる。核家族化が進むことによって家族や近隣の親族による援助を期待することが困難になったり，きょうだいをはじめ家族員数が減るとともに，それらを代替できるような地域のつながりも崩れてくる。さらに子どもの遊び場が失われ，テレビなどの普及により子どもをとりまく文化状況に大きな変化が起こってくる。このことで子育てをめぐる困難が増大し，従来までの地域の自治的な異年齢集団による子どもの自然な成長が期待できなくなっていったのである。

このような状況のもとで，地域の母親たちを中心とした社会的な活動や運動が展開していった。ここでは，彼女たちの活動が学校や地方自治体などの地域の制度的な枠組みとの関連で，どのように展開していったかに主として注目してみたい。なぜならそのことによって，現在における教育と地域の関わりがより明確に見えてくると考えられるからである。

社会教育講座による組織化

母親たちがまず疑問に感じたのはPTAというものの存在である。それはとりわけ，あらためてPTAを組織する必要に迫られた新興住宅地の新設校において噴出した。当時は，PTAが戦前の学校後援会的なものから脱していなかったために，本来ならば公的な予算の範囲で整備すべき教材の類いまで，教員の求めに応じてPTAが寄付をするということがよく行われていた。また，PTAの運営はほぼ校長をはじめ一部の教員に任されており，しかも教員はPTA会費を払っていない場合が多かった。

このような実情に対する疑問や新しくPTAを設立する必要から，戦後新しく導入されたこのPTAとは何かということがあらためて問われていったのである。このような父母の要求に応えたのが，婦人学級や家庭教育学級などの社会教育関連の講座であった。そこであらためて教育基本法などの戦後改革の成果が学び直され，民主化運動が胎動していくのである。この時期，このような女性の要求に応える社会教育講座が数多く開設され，そこでの出会いを通じて地域に子どもの教育を考える大人たちの社会的つながりが生まれていった。そのような動きのなかから，すでに述べたような旧教育委員会法に象徴される国家とは独立にコミュニティが子どもたちの教育に責任をもつという考え方も，現実味をもって受け取られるようになる。そのような父母たちの試みの頂点にあったのが，中野区の教育委員準公選運動である。

PTA，学校，教育委員会

こうして，都市化による子育ての困難という共通の課題を背景に，母親たちが戦後導入された民主的な制度を学び，それ

Column ⑯ 不良，非行，校内暴力・家庭内暴力，いじめ，不登校，ひきこもり，そしてニートへ

いつの時代にでも青少年の問題は重要な課題として語られてきた。日本の戦後の青少年問題を象徴するその時々のキーワードを表題のように並べてみると，ある傾向が浮かび上がってくる。不良，非行，校内暴力までは，いわば古典的な青少年の逸脱行動であり，彼ら彼女らには攻撃的という意味で積極的な社会への反発や反抗が感じられる。ところが，家庭内暴力，いじめ，不登校，ひきこもりと推移するにつれて，明らかに質的な転換が感じられる。社会一般への反抗であったものが，なぜかもっとも小さな社会である家庭内やせいぜい学校内での暴力に限定され，やがて問題は学校そのものの秩序に反発する行動ではなく，学校内の子どもたちの仲間うちでのいじめというかたちで陰湿化し，それを攻撃するのではなく，そこから逃げる不登校へと展開し，ついには社会そのものに出ていくことができなくなるひきこもりにたどりつく。

そう考えると，そこから人々が共に働くことで成立する社会への参加ができなかったり，それを拒否するニートが成立するのも，それほど不思議なことではあるまい。にもかかわらず，フリーターやニートをめぐる大人世代の言説には，甘えているとか，贅沢だという評価が圧倒的である。学校や社会の強制力を強めることが，そのもっとも有効な解決策だと考えられがちなのである。高齢社会や人口減少社会がすぐそこまできている現在，放っておいても若者に対する働くことへの強制力はどんどん強まっていくであろう。にもかかわらず，そのことに果敢に取り組むことへと踏み出せない若者がいたときに，大人たちはどのようにふるまうべきなのか。彼ら彼女らは本当に強制されることが少なかったがゆえにそうなってしまったのであろうか。

社会を維持するのは権力か自由意思かという二分法には意味がない。自由意思に基づく正当な権力が成立しているかどうかが問題なのである。

を活用していくという動きが生まれてくる。おりしも日本全国が公害反対の住民運動に揺れたすぐあとの時代である。

ところが，このような母親たちの挑戦はまもなくさまざまな壁にぶつかることになる。

まず最初に彼女たちに大きな励ましを与えていた教師たちが，徐々に変質していく。どこの地域でもこのような父母の運動が盛り上がっていく過程で，何人かの熱心な教師が大きな役割を果たしていた。彼らは教師自らが旧来のPTAのあり方に甘えていたことを自己反省し，父母とともにPTAの民主化と，なにより教師集団の民主化に取り組んでいく。ところが，やがてこのような一部の熱心な教師たちは，教師集団のなかで孤立させられていくことになる。父母たちが企画した地域の行事にまで顔を出してくれる教師が，「このことは内緒にしておいてくださいね」と父母に頼むようになる。正規の時間外まで地域で父母とつきあう教師だけがいい教師と思われたのでは困るという考え方が一般の教師のなかにはあって，熱心な教師への風あたりが徐々にきびしくなっている。この時期，日教組の運動方針として超勤手当制度化の問題が重要な争点となっていたのである。

次に，教育委員会や管理職である校長サイドからのしめつけと無理解があらわになってくる。PTAとは何かといった素朴な疑問から始まった母親たちの学習活動は，やがて自主的な学習サークルとしてさらに積極的に教育基本法や憲法，政府の中央教育審議会の答申などの学習と検討へと進んでいく。これらの学習活動はやがて高校増設運動などの実践を生み出したり，並行して始まった地域の子ども会などの活動と結びついていくことになる。たとえば，これらの集まりが会合の場所として学校の一室を借り受けようとしたとき，校長や教育委員会などの学校管理者の側から，政治的な団体に貸し出すのは不適当などの反応が返ってくるようになる。

このような流れのなかでついには教育委員会のあり方そのものへの疑問が高まっていき，これをも民主化し，父母の統制化におけないかという試みがなされていく。このような試みとして実現を見たのが，やはり中野区の教育委員準公選だったわけである。

教育委員準公選の試み

中野区の教育委員準公選制度は，すでに述べた旧教育委員会法の理念に基づき，現行制度で首長が教育委員を推薦する以前に，それに先立ち非公式の自主投票を行うことで，その選出に住民が実質的な影響力を行使することを条例によって可能にしようとする試みであった。この試みは，実際には品川区においてのみ実現した区長の準公選運動が地方自治法の改正を引き出していったように，やがては教育委員の公選制度を復活させようという意図をもっていたことはいうまでもない。しかし残念ながら，これに追随する自治体が現れることはなかった。それでも，この中野区の準公選制度は，文部省の再三にわたる改善要求にもかかわらず，1990 年代まで存続することになる。

つまり，1970 年代に所々の地域に見られた母親たちの挑戦はついぞ行政の受け入れられるところとはならなかったのである。こうして 80 年代に入ると，臨調路線の 1 つとして教育の自由化が叫ばれるようになる。このことは地域社会という点では何を意味することになるのだろうか。最後に，この点について簡単にふれておきたい。

5 教育の自由化ということ

校内暴力，登校拒否，いじめ

前節の母親たちの挑戦が全国的に展開したころ，その背景としてさかんに指摘されたのは，地域の教育力の低下という問題である。したがって母親たちの挑戦は，いわば住民自らが新しい地域の教育力を復元しようと立ち上がったきわめてまれなできごとであった。ところがその後，この点から予測されていた子どもたちの問題が校内暴力・家庭内暴力として表面化したとき，学校や教育委員会の側からは，このような母親たちと連携するのではなく，町内会・自治会などの旧来からの地域的な住民層を動員することで，地域ぐるみのパトロール活動などの非行対策がとられるようになる。そこでは失われつつあった上意下達型秩序の回復が図られていく。こうした上からの秩序の押しつけによって校内暴力はまもなく沈静化するが，やがてそれが陰湿化したいじめ，そこからの逃避としての登校拒否，さらにはより弱いものや教師に対する突発的な暴力や学級崩壊へと，子どもたちの問題は展開していく。

学校と地域の現状

このような現状に対する対応として，学校側からは日の丸・君が代の法制化という旧来とまったく同じ方向性をもった対策が繰り返されるのに対して，かつてめざましい共同的な試みを行った父母の側からは，私立の学校を選択し地域の公立学校を忌避するという個別的な対応がむしろ支配的になっていく。

これがまた，少し別の意図をもって打ち出されてきた教育の自由化という流れを後押しすることになるのである。

教育の自由化を求める人々

さて，個人がその好みと能力にあわせて，たとえ義務教育の段階でも自由に学校を選択できるようにするべきだという意味での教育の自由化は，いったいどのような人々によって支持されるのであろうか。

これまで述べてきたように，教育とは社会学的にいえば，家族が属する，あるいは属したいと考える社会的なつながりの再生産を目的としたものである。地域とは関係なく学校を自由に選ぶことは，必然的に地域ではなく階層的なつながりの再生産を容易にするものである。したがって教育ないし学校選択の自由化は，地域的・空間的な制約から比較的自由な階層にとってより都合のよいものである。逆に，何らかの意味で地域的な制約をもつものには必要がないか，不都合の生じる可能性の高いものである。極端にいえば，階層の高い一部エリートにとってはきわめて好都合な制度である。事実，イギリスのプライベイト・スクールはそのようなものとして歴史的に機能してきた。しかしここで問題になるのはもう少し大衆的なレベルで，地域ではなく階層に基づく教育制度を導入することの是非である。

地域と学校は誰のものか

ここで教育の自由化という現代的な争点について論議する十分な準備はない。地域社会というものを考えるにあたってつねに中心的な問題であった教育や子育てというものの社会学的な位置づけを明らかにすることが，ここでの目的であった。教育とは社会的つながりの問題であって，それを地域的制約の中で考えるか，地域とは無関係に構想するかで，大きく分かれてくる。本来，領土という地域的制約に最大限の利害をもつ国家は教育を地域的に編成するものである。その国家が教育をある程度地域的に選択可能にするとしたら，それは少し別の意図が生じてきたと考えるのが妥当であろう。国家という規模での必要な人材の育成にとって，各地域という限定が足かせになってきたということである。それはつまり，各地域を離れた国家ないしグローバル・レベルでの階層的な結びつきの形成を，ただたんに民間に任せるのではなく，国家が意識的に支援するということである。

そのことがいったい何を意味するかは，ここでは問わない。ここで問いたいのは，逆に地域的な制約を無視できなかったり，そこに積極的な意義を見出す人々，もっといえばローカルな地域に留まらざるをえない人々をどうするかということである。これまでどおりこの人たちにも選択の余地を与えないことは許されないだろう。かといってそこでの選択は学校を選ぶという意味での選択ではない。だとしたら，それは学校のあり方を変更できるという意味での選択でしかありえない。地域にこだわる人々が，地域の学校をどうするかを自分たちで決める正当な権限をもつということである。

そうすれば，本章の最初で述べた違和感，つまり子どもが小学校に入学した途端に感じることになる地域的な拘束は，個別的に回避できることであったり，あるいはその気になれば共同的な解決が可能なものとなり，現在のような何ら実質的な社会的つながりのないところで何年も悶々としなければならないような，文字どおりの拘束と感じられることもなくなるだろう。そのことが，本来社会的であるべきはずの「地域」というものの，なにやら不当におとしめられている価値を見直すことにもつながっていくのかもしれない。

Reference 引用・参照文献

黒崎勲，2004，『新しいタイプの公立学校』日日教育文庫。

大田堯編，1978，『戦後日本教育史』岩波書店。

社会教育基礎理論研究会編，1990，『叢書生涯学習Ⅱ 社会教育実践の展開』雄松堂。

新藤宗幸，1996，『市民のための自治体学入門』筑摩書房。

玉野和志，2000，「地域女性の教育文化運動」『人文学報』No.309，東京都立大学人文学部。

———，2005，『東京のローカル・コミュニティ』東京大学出版会。

Summary サマリー

就学前の幼児ではなく，小中学校の子どもをもつ世帯にとっての学校と地域との関連について考えたい。国家が義務教育というかたちで子どもの教育に介入しはじめたのは近代以降のことであり，もともと教育は地域ないし宗教に基づく社会的つながりの再生産のために親たちが行うものであった。戦後改革による教育委員会制度は当初地域の親たちの意向を重視するものであったが，その後中央集権的な国家の影響力の強いものになってしまう。しかし 1970 年代には地域の母親たちを中心とした教育文化運動が展開し，教育委員準公選運動などの試みが現れる。ただし，その主張は一般に受け入れられるところとはならなかった。そして現在，公立の学校すらも自由に選択できる制度が模索されつつある。そこでは，地域的なつながりで子どもを育てるのか，階層的なつながりで子どもを育てるのかという選択が問われている。そのとき，あらためて地域と学校はどのような関係をもつことになっていくのだろうか。

SEMINAR セミナー

1. 公立の学校を選ぶ親と私立の学校を選ぶ親の違いについて，考えてみよう。そのことは地域とのつながりという点でどのような違いがあるかを考察してみよう。
2. 実際に自分の出た学校によって地域と自分との関係がどうであったかを考えてみよう。
3. 自分が住んでいる地域で，具体的に公立学校を重視する人とそうでない人がどのように違っているか，考えてみよう。
4. 教育の自由化が進んだ場合，地域の状況がどのように変わるか，考えてみよう。そのことが国家にとって，親にとって，どういうことか，考察してみよう。

読書案内

玉野和志『東京のローカル・コミュニティ』東京大学出版会，2005

1970年代から80年代にかけて地域の女性たちが取り組んだ教育文化運動の実際とその顚末が，東京のあるローカル・コミュニティを事例としたモノグラフの一部として詳細に描かれている。具体的な出来事のなかに，現在に至るさまざまな示唆が得られるだろう。

黒崎勲『新しいタイプの公立学校』日日教育文庫，2004

いわゆる教育の自由化について，現状を踏まえたホットな議論が展開されている文献。教育学者の間で行われた論争の一方の当事者が書いたものである。

鎌田哲宏・鎌田とし子『日鋼室蘭争議——三〇年後の証言』御茶の水書房，1993

社宅を中心とした労働者コミュニティを基盤とした日本における代表的な労働争議に関する詳細にわたる証言をまとめたもの。戦後労働運動の転機となったもので，日本の労働者が第二組合の結成を通して，地域における労働者としての再生産の道ではなく，ホワイトカラー層への上昇の道を選んでいったことがよくわかる優れたモノグラフである。

―――――――――― 玉野和志◆

第9章　自営業者たちと地域社会

谷中銀座商店街（東京・台東区。毎日新聞社提供）

地域社会のなかには，まちに蓄積されたさまざまな資産（地域財）を活かしてまちづくりを盛んに行っているところがある。地元の風景の一部となっている歴史的な建物や，人々の生活に根づいている文化財（有形・無形文化財，民俗文化財，遺跡，名勝地など）を保存，活用しているケースもある。その一方で，空き店舗のシャッター街がとくに地方都市に見られるのも現実である。

本章では，地域社会のまちづくりの主体となって活動を行っている自営業者に焦点を当て，自営業者とまちづくりとの関係や，地域社会における位置づけや，期待される活動について考察していくことにしよう。

1 「自営業者」とは誰か

統計に見る自営業者

働いている人たちは，統計上まず，その従業上の地位から見て，自営業主と家族従業者と雇用者に分けられる。自分で事業を営むことで自分の就業機会を確保している自営業主は，雇い人の有無によってさらに区別されている（図 9-1 参照）。そして，われわれの地域社会生活に密着して，日常消費生活における消費財・サービスを提供しているのは，多くの場合，いわばファミリービジネスを担う自営業主とその家族従業者である。ここでは，彼らを合わせて自営業者と呼ぶことにする。もちろん，地域における自営業主には，医師をはじめとする専門的職業従事者も，建設・運輸関連から，対個人サービス関連の業主も含まれるが，地域との日常の密着度からすれば，小売部門の業主を中心に検討するのは当然であろう。

別な統計から見ると，産業生産の担い手として中小事業所の比率は，生産のどの分野（製造・建設・卸・小売・サービス）をとっても 97 ％を超える（事業所統計)。かつての「二重構造」は，変化しつつも，なお現代に生き続けている。「中小企業基本法」では，中小企業とは，①製造・建設・運輸部門で資本金（または出資の総額）が 3 億円以下の会社並びに常用する従業員が 300 人以下の会社または個人による事業，②卸売業で，1 億円以下，100 人以下の事業，③サービス業で，5000 万円以下，100 人以下，④小売業で，5000 万円以下，50 人以下をいう。ただし，⑤常用従業員規模が 20 人（商業・サービス業を主たる事業とするものは，5 人）以下を「小規模企業者」としている。

図 9-1　就業構造基本調査における就業状態の種類

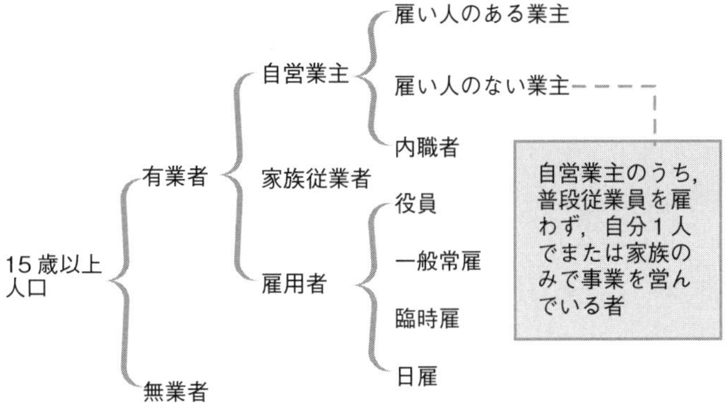

（出所）　総務省統計局「就業構造基本調査」。

中小企業というカテゴリーには，きわめて多様な分野に属する企業が含まれているし，その経営規模も業態も多様である。そしてわれわれの地域社会で日常的に接触する自営業は，たいていは⑤の商業・サービス業に属する「小規模企業者」である。

自営業者の社会・経済的地位

とりわけ小売部門は，零細・小規模事業所数がトップの地位を占め，従業員数も同様である。小企業経営，主として小売経営（retail business）は，ミクロなレベルにおいてより直接的・日常的に地域社会との接触機会をもつ。その経営活動は，外部からも可視的な部分が多い。そしてわれわれの日常生活に密着した生活財の供給の流れを維持し，さらに生活基盤でもある地域社会，主として「町内」に軸足を置き，その地域密着性は大きい。現代の大都市内部であっても，その基底にはモザイクのように多数の「町内」が存在し，それぞれが住民の日常の社会的交渉の舞台となる。もちろん，職住分離が進むなかで，住んでいる人すべてが，その地域に住んでいることについての手ごたえ，あるいは実感をもっているとは限らない。それでもなお，特定の社会空間に住むことによって，われわれの生活は地域社会における商店街という名で特定の街区に集積した異業種の小経営複合によるビジネスの展開に依存している。逆に，経営自体も，地域に寄り添うことでその存在を維持し，あるいはビジネスの成長を志向する機会を獲得してきた。

こうした小規模事業所の経営における中心的存在は自営業主であり，自ら事業所の活動に必要な資金を調達あるいは蓄積し，その運用を自己決定し，執行し，自ら経営維持の責任を担い，その活動を通じて経営者および家族の労働に対応する所得と事業利潤を獲得しうる。当然，その存在機会の獲得は，業種により多様であり，また経営の成長・維持・停滞・衰退についても自己責任が問われる。

自営業主の内実

個人業主としてか，あるいは法人化しているかの違いにかかわらず，小売業の単位としての商店のうち，従業者規模でいうと1～2人は51%，3～4人が24.7%に達し，きわめて小規模部分の比重が高い。しかし，小規模小売業に関しては，「商業統計表」によると自己雇用者（家族従業者を含む）の比率が急落するに至ったことに注意が必要である。実態は自己雇用であっても，事業そのものを「法人化」し，株式会社や有限会社など，設立が比較的容易で，かつ個人業主としてよりは税法上有利性が得られる（「法人成り」）法人商店の増加が自営業主比率を急落させてきた。逆に，法人であっても，実態は零細・小商店主や家族が会社役員とされることになる。

また，日本では税務情報の制約が，所得分布の分析内容を限定する。さらに，さまざまな調査における所得分布も，アンケート方式だと自己申告によるので当然申告額に誤差が生じ，資産・所得についてのより正確な情報の把握はむずかしい。それに加えて過小申告も生じうるので，現実には正確な捕捉は困難である。一方では，自営業主の所得水準の相対的な低さが指摘され，逆に耐久消費財の保有率は他の階層に比較してきわめて高いことという点がいくつかの調査で指摘されている（現代日本社会階層調査〔SSM 調査〕や Bechhoffer et al., 1974 などを参照）。

いずれにしても，小売業は，小規模経営者が依然として多数を占めるという事実とともに，われわれの日々の地域生活に深く関連した存在理由をもってきた。

本章の主題としての地域社会との関係構造という点からすれば，小売業の世界は地域社会ともっとも日常的なコンタクトをもち，地域生活のあり方にその存在も展望も左右される。したがって，本章はとりわけ都市における自営業主の経営拠点が集積し，その存立と活動の舞台となる地域社会生活におけるその存在形態と存在根拠に対する評価の試みである。

2　地域社会における自営業者の位置づけ

最寄品中心のビジネス

小売業の自営業者は，都市の街区という「小宇宙」における商店街を形成する単位である。自営業者の経済活動の局地的集中地域である商店街は，異業種経営（同一業種の競合もある）が同一空間に存立し，日常消費商品群――「最寄」的性格の生鮮食品（鮮度価値の優先・商品の標準化が困難な品が多い）・酒類・米・調味料・履物・書籍雑

表 9-1　自己雇用型業種の分類図式

	加工工程		
	あり	なし	
生鮮最寄品	料理品 (4) 豆腐・蒲鉾 (製4) パン (製4) 菓子 (製4) 花・植木 (4) 牛乳 (4)	豆腐・蒲鉾 (販4) 鮮魚 (3) 野菜 (4) 食肉 (4) 果実 (4) パン (販4)	卵・鳥肉 (4) 茶 (4) 菓子 (販4)
最寄品		酒・調味料 (3) 米穀類 (3) たばこ (4)	履き物 (4) 書籍・雑誌 (4) 乾物 (3)
買回品	男子服 (製4) 時計・眼鏡 (4) 建具 (製4) 畳 (製4) 家具 (製4) 新聞 (製4) 自動車 (4) 自転車 (4)	家庭用電気器具 (4) 呉服・服地 (4) 医薬品 (4) 洋品雑貨 (4) 紙・文房具 (4) 婦人・子供服 (3) ガソリン以外の燃料 (4) 化粧品 (4) 靴 (4) 寝具 (4) ガソリン (4) 家庭用機械 (4)	農耕用品 (3) 男子服 (販4) 家具 (販4) 玩具 (4) 写真機・材料 (4) スポーツ用品 (4) 陶磁器硝子 (3) 楽器 (4) 建具 (販4) 畳 (販4) 金物 (4) 荒物 (4)

（注）1. （製）は製造小売を，（販）は製造小売ではないことを示している。何もついていない業種は，そうした区別がない。
2. （4）は 4 桁業種分類を，（3）は 3 桁標準分類業種を示している。自己雇用者数が 1 万人以下の業種は，省くか，4 桁分類ではなく 3 桁分類に含めて使った。
3. 分類されていない業種（たとえば，「その他の飲食料品」）は省いている。

（出所）石井（1996）。原資料『商業統計表』。

誌・乾物などをリテイルの主要品目とする。これにサービス業としての理容・クリーニングのように労働集約的業種が加わる。いずれも，相対的に限られた地域住民がもつ日常の生活ニーズに敏感に対応しうるだけの経営努力が必要とされる（表 9-1 参照）。

これに対して都市化の進んでいない地域には general store（雑貨店）が，まさしく日常消費の最低品目の販売とともに，地域における社会関係の維持・情報交換などの機能をもって依然として存在するが，ますますモータリゼーションによる消費距離の増大の影響にさらされている。

地域社会のなかの家庭の日常消費空間として，また都市的景観の土台の一部として特定街区に集中した異業種の組み合わせからなる商店街は，都市の街頭の一角における日常消費財やサービスの供給と需要が出会う場であり，地域住民と業者との間で日常反復して繰り返される購買行動の場である。毎日買い物に出かけるという住民の行動は，個別業者との間に「なじみ」関係を生み，挨拶・会話・声のかけ合いや活気は街区の商業空間に独特の空気を生み出す。

大型店と零細小売店の攻防

だが，今日，都市の労働力人口はますますその多くが職住分離，すなわち通勤労働を日常とする状況へと追い込まれ，その住空間では「定時制」住民とならざるをえない。逆に営業空間は，昼間はますます「全日制」市民としての専業主婦や高齢者に占められる。さらに，その消費行動は規制緩和に伴う郊外型の巨大な複合消費空間に吸引され，自営ビジネスの機会は大きく制約されるに至った。

「買い物の光景は劇的に変化しつづける」（ベスター 2007，293頁)。「最寄品」に対して「買回品」といわれるものがある。それは，主として好みや価格帯の選択による消費対象を求めるショッピング行動を前提とする購買の対象であり，近代以後，非日常の消費空間として，豪華さ・多様・多品目の展示を通じて集客力を高めた都心部の百貨店に加え，郊外化地域におけるスーパー（general merchandise store：GMS，大型総合スーパー）やモール（mall）などでの消費機会で充足される。こうした大規模小売店は，その商圏の広さを誇り，商品の差別的標準化（たとえば複数の価格帯）や業務の標準化を基礎とし，小売業をも「産業化」する力となった。小売の世界における大規模経営は，管理技術の徹底的動員に依存する。その勢いは，都市化とモータリゼーションの進展により，ますます加速した。われわれの日常の生活空間は，距離と時間を克服して広がり，多彩な消費ウインドウの探求行動をもたらし，さらに都市郊外における道路網に沿った買い物拠点もますます集客力をもつに至る。

こうした現象こそ，経済活動のグローバル化に伴う小売業の領域での「産業化」の進展を示している。さらに，いまや新業態（ディスカウント/アウトレット，オフプライスストア，カテゴリーキラー，ネットショッピングなど）が加わる。コンビニもまた，ますます増加し，その業態は機能的多角性を備えつつある。大規模小売店舗立地法および条例による規制にもかかわらず，大型店舗の進出の許可・増床の傾向は止まらない。とくに郊外では，大型総合スーパーを生み，その複合機能がもたらす圧力は，地方都市では中心部商店街の空洞化の現象をもたらし，それは既成事実と化しつつある。これに対して，どこまで地域の小規模経営が大型店に抵抗しうるか，どのような努力が必要であるのかがいやでも問われる。これに答えるには，都市の街頭の活力の再生への大きなエネルギーを動員しうる手段はあるのかどうかの探求とならんで，地域の活力再生に対する地域住民の思いをも可能な限りくみあげることが不可欠であろう。

自営業の可能性

都市的世界を構成する核としてそれぞれの地域空間において，自営を成り立たせ，継続させ，さらに自己の業種を通じて外部圧力（大型店舗やチェーン展開）との競合を生き抜くために，自営業者はその存在根拠をまず再確認する必要が求められている。もともと，自営という経営形態をとるうえでの典型的ターゲットは「家業」の形成であろう。そのためには，営業スキル（専門的商品知識，商品・材料の処理技能，これを支える経験蓄積とノウハウ）の確立，そして職業的キャリアがもたらす自信や，職業的スキルと結びついて自分の経営の営みがもちうる経済的・社会的・あるいは文化的意味や価値へコミットすることが必要であろう。それは，いわばビジネス・プライドとして，小経営といえども，経営者としての「使命感」につながる。

自分の労働を通じて，経営の存在根拠を確かなものとするうえで，まず自ら供給しうる商品やサービスについて，いわば付加価値（たとえば地域ブランドは付加価値である）を加える。これを評価し，その結果を購買につなげるのは顧客であり，そのためには業者はクライエントとの好ましい関係に新たな価値をはめ込むことが長期にわたって必要となる。

このためには，クライエントに関する情報蓄積が求められる。これに基づく業者としての代理仕入れ，あるいは商品の消費価値の提示，さらには「ライフスタイルの提案」がますます不可欠となる。この努力が顧客のネットワーク形成と顧客層の拡大につながる（この顧客層は「ファン」〔fan〕と呼んでもよい）。それは自らの営業を通じて蓄積した無形の信用財＝信頼性という名の社会資本となる。個々の経営単位が零細でも，多様な「専門化」した業種の経営の集合としての商店街は，いわば経営コンプレックスである。この異業種の経営者相互の連携――情報の交換から，取引・仕事における相互援助など，街区を基軸とする「社会資本」（信用財）の蓄積は，とりわけ自営業主自身が地域住民であるとき，重要である。

だが，街区を包括する地域社会生活の活力が低下するならば，街頭は活力を失う。地域社会は，たんに商圏というにとどまらない。地域人口が直面する社会・経済変動は，商店街の街区としての存在にも脅威を与える。この脅威の排除は，個々の経営の力では不可能であり，個別経営は，いまや個別利益の獲得と増大志向以上に，その存在基盤の危機への対処を要するに至った。地域活性化というスローガンは，地方都市における地域ビジネスの空洞化からの脱出だけを意味するものではない。

運命共同体

「家族のビジネスは，家族の問題（ビジネス）である」（ベスター 2007，382 頁）。小規模自営の場合，当然ながら，しばしば家族従業者としての妻の役割の重要さが指摘される。ちなみに，国勢調査（1995 年）における女性の就労者 2560 万人のうち，家族従業者は 13.5 %，自営業主が 7 %を占める。そして家族従業者の 66 %は，非農林漁業従業者である。他の産業分野に比較して，卸・小売部門では，家族従業者の比率が最高となる。あわせて，雇用者をもたない業主の比率も，建設の 40 %超に次いで，卸・小売が 37.7 %と大きい（就業構造基本調査，1992 年）。また事業所統計でも，規模 1 ～ 4 人の事業所の比率は卸・小売では 20.5 %，どの部門をとっても 20 %台である。ただし「法人化」の影響で，自営業主からはずれて雇用者のカテゴリーに含まれることになる「役員」の数字については，別途検討を要する。歴史的にも，女性労働は，自営の経済活動におけるきわめて重要な支柱であった。家族経営に従事する範囲としては夫婦が 85 %近く，必要に応じて子ども・父母が加わる。そして業主 1 人当たりの家族従業者数は，卸・小売業における比率がもっとも高い。

たしかに業種によって妻の役割は多様であり，その経営貢献度も画一的ではない。だが，客観的データは乏しいが，少なくとも経営全般，とりわけ意思決定をめぐっては，夫の業主としての立場が強く，妻は補助的業務をゆだねられる傾向が強いことは，SSM 調査でも確認される。逆に小規模経営を再生産させ，さらに飛躍することを可能としうる条件として，たとえば石井も無償の家族従業者の存在を重視し，とくに補助的とはいえ自営業主の主婦の営業活動は，危機的事態をある程度くいとめ，あるいは逆に成長を支持し促進することを可能とする力でもありうるとした（石井 1996）。だが，主婦の無償の経営貢献について，現実にその客観的貢献度を個別に計算することはむずかしい。

3 自営業者とまちづくり

品揃え：アソートメント

自営で小売することの可能なアイテムの再検討もまた，大きな課題となる。日用必需品などの「最寄品」，比較検討して買い求める「買回品」のいずれもが同一の地域空間内部で入手可能な地域は限られている。消費行動において，消費者は，何を「買回」にするか，「最寄」で充足するかといった決定についての情報も，このアイテムのリストを左右する。よりいっそう住民ニーズに柔軟に対応しうる業者の姿勢はますます重要となる。だが近年業者の店舗・住宅分離の流れが加速している。このことがマイナス要因として働く可能性は大きい。

石井は，全日制的な地域住民である専業主婦と業主家族が，ともに夕食の準備を軸とする生活リズムの共通性をもつことを小売業の存在根拠とするが，それ以上にいわゆる「最寄」品は，業者と住民である消費者との日常接触による「なじみ」「親しさ」などによりその消費が規定される傾向がある。コミュニティの一部の不可欠の施設としての商店の価値，さらに業主と消費者が生活を空間的に共有している事実などの認知も，地域消費の水準を維持・強化しうるだろう。さもなければ，地域は，複数の競合する巨大な消費センターの商圏の一部として再編成されてしまう。

経営の安定と変革

この流れに対して経済・社会変動の嵐を切り抜けて，小経営といえども生き続けて経営の安定の確保に成功し，地域社会における「全日制」住民の一員として地域に定着する道を考えることは急務である。経営の維持・安定が家産の蓄積につながれば，都市の基底に「安定階層」の1つが作られる。こうした安定の確保には，自己雇用と家族労働，そして経営に対する家業意識が世代間に連続・継承されることが必要である。

かつて，業者の再生産戦略の1つは，子弟を「奉公」させ，「修行」させることによった。江戸期の三井呉服店を例にすれば，奉公人のうちには「相続筋」が含まれ，彼らは職業的ノウハウの習得，主家との関係強化，そして家業継承の前段階としての奉公を経験する。今や，こうした再生産戦略の機会は姿を消し，次の世代は異なるアスピレーションをもつかもしれない。後継者問題はますます重くのしかかる。さらに小規模とはいえ，経営の変革を要する。長期的視野で考える姿勢，営業・職業技能や「対人関係技能」の変化と改善の努力がますます必要とされよう。

職住一致であるならば，早期に後継者にそのビジネスの観察・体験・参与の機会を与え，経営者としての「社会化」を確実にすることも，また「生き残り」の1つの方策である。しかし，何よりも，根底において，自らの事業に対するプライド＝使命感＝天職意識が経営姿勢を強固にすること，この価値を子弟に確実に伝達する必要の重要さを指摘しておきたい。

4 自営業者と地域リーダーシップ

小経営存続の道

小売分野で「生き残り」の地歩を踏み固めるというが，個人の力では制御不能な変化の波は避けられない。かつて，シュンペーター（Schumpeter, J. A.『経済発展の理論』岩波書店，1937）は経営における「新機軸」あるいは「革新」の実現こそスタートにおいて零細であろうと，企業成長を実現させる可能性を力説した。小売の世界では，「ボン・マルシェ」（フランスの最初の百貨店）以来の百貨店の成長，アメリカの最初の食品小売システムの成功もその例である。だが，経営史における金字塔も，ほとんどの小売ビジネスにとっては無縁である。むしろ多数の自営業者は，過去の景気変動や現代の消費市場の構造変化の波にのみこまれ，「財産を守る戦い」にも敗北し，この結果，社会全体に対する不安・不満から「危機階層」としての行動を示した歴史を残した。あるいは自営業主が，とりわけ都市生活において上からの行政の末端装置の重要な役割を担い，下位の地域有力者としてカネ・コネを利用した行動の記憶も消えていない。

こうした過去に比較して，現代では危機に対してさまざまな小経営の存続を可能とするような防波堤が，制度化されている。たとえば横の連携として広範囲の業種別協同組合や，異業種を結びつける中心市街地活性化対策が活発に展開され，まちづくり機関（TMO：town management organization）の活動が期待されつつある。今や地域社会の活力の再生の一環として，自営業者による商店街における新しいエネルギーとボランタリーな活動の投入により地域との共生を強める姿勢が期待されるに至った。業者は，自分の経営安定と成長に対する努力とともに，顧客満足の充足のための信頼醸成，好ましい地域環境の形成への取り組みなどに加えて，よりいっそうの地域生活の「豊かさ」の維持や充実へのエネルギーの投入を期待されるに至った。その効果は，ひるがえってビジネスの活力を生み出しうる。

地域社会との共生

大都市にあっても，少なくとも個別の商圏の内部に都市生活の基底的な住民の核として「町」が維持され，地域住民の社会関係（ソシアビリティ）の密度が高ければ，地域ビジネスの存在基盤の強化の可能性は高まる。自営業と地域社会との共生の再構築も，可能となりうる。

もともと，自営業主の内でも，いわゆる「有力者」は長期に地域に根づき，安定した家産と家業の維持を通じて，経済的資源のみならず，住民との接触による信頼性の確保を通じて，地域社会の社会的関係の調整能力や紛争解決能力などを発揮してきた。とりわけ地域社会の範域の特定しやすい「近隣型商店街」において，このことは顕著であった。だが，かつての町内会組織を通ずる行政の末端装置の役割を担い，さまざまな場面で「名望有力者」あるいは「役職有力者」としての役割は，今や新しいリーダーシップによって担われざるをえない。

また，小経営の安定のため，同一業種についての横の経営者間の連携，あるいは地域ブロックにおけるつながり（商工会から商工会議所まで），さらに中小企業団体のさまざまな組織が制度化されるに至ったことは上で指摘した。加えて，たとえば相互扶助・公正な経済活動の機会の確保・経済的地位の向上など（中小企業等協同組合法）という支柱も重要である。だが，こうした制度化された連帯組織の存在だけでは，自営業者にとってその地位確保の条件が整ったとはいいにくい。

なによりも，自営業者にとって，地域社会との間に「第一級の利害関係」があることをあらためて確認しておく。その生き残りの条件には，地域への密着，地域生活への貢献（経済的レベルにとどまらない）がもっとも必要と思われる。日常レベルでの地域社会は定住圏・生活圏であり，同時に自営業者にとっては商圏でもある。積極的な自営業者が地域活性化・開発の試みと接合することは，新たな生き残りの戦略であり戦術の一歩でありうる。生き続けるには，何よりもいかに地域生活と共生しうるかにかかっている。地域社会との共生にはいままでより以上の，あるいはさらに強化された連携の密度が必要であろう。

多様な生き残り戦略

今や，地域生活や消費行動の枠組みの変化は，業者たちに新たな状況適応の努力を求める。いわゆる「まちづくり３法」――中心市街地活性化法，大規模小売店舗立地法（大型店の出店について生活環境保全の観点からの規制），改正都市計画法は，こうした努力の支柱である。「まちづくり」の運動において，自営業者に対して住民との共生と連帯の活性化の運動の一環としての地位と役割に対する期待が高まるのは当然である。

(1) 彼らは，まず地域住民の一員として，かつまた地域内各種団体（PTA，町内会，交通安全協会など）のボランタリーな役職の担い手の柱として期待される。彼らこそ，地域情報を集約し，また域内の問題処理のために必要な人的ネットワークを保有するなどのメリットを武器に町に新たな息を吹き込む力でありうる。

(2) 自営業者が，地域社会と地域文化のもつ価値の存続や創出の直接の担い手として好ましいリーダーシップを実現することが

Column⑰ 地域再生と商店街の取り組み

地域社会を活性化させる拠点として商店街の再開発が試みられている例は少なくない。例をあげてみよう。

「高松丸亀商店街」：香川県の高松市では古くから商店街が発展し，8つの商店街からなる高松中央商店街は，アーケードの総延長2.7キロメートルと日本一の長さである。そのなかでも，「丸亀商店街」は，約470メートルにわたる中心的な商店街（2007年現在の店舗数は157店）である。同商店街は，アーケードや駐車場の整備や情報化ツールの導入，あるいはJR高松駅・三越・丸亀町商店街を1回100円で巡回するワンコインバスの導入，託児所の整備，タウンカードの発行など積極的な事業展開を進めてきた。だが，香川県は全国でも有数の郊外大型店の進出地域でもあり，商店街は厳しい競争にさらされてきた。中心部の居住者や通行量が減少すると，生鮮食品店など最寄品を扱っていた店が姿を消し，衣料品店のような買回品を商う店が増加するなど業種の偏りが見られるようになる。「丸亀商店街」もファッション関係52％，次いでインテリア用品15％，日用品12％の構成となっている。自営業者たちは，単に郊外への出店規制をしても問題は解決するわけではなく，商店街自体の魅力を高めるしかないとの共通認識をもち，1991年から商店街再開発への検討を始めた。この再開発は商店街が独自に計画を策定し，民間主導で取り組んできた。具体的には，商店街を7つのブロックに区分けし，街区ごとにテーマを決め特徴をもたせ，まず北端のA街区再開発が2005年に着工され翌年完成に至った。A街区のキャッチコピー「新・城下町物語　はじまる」に沿った「出会い，賑わい，おもてなし」のまちづくりは，百貨店と一体化した再開発ビルの建設により高級感あふれるブランド・セレクトショップを前面に打ち出した商業施設，おしゃれなレストランやカフェの導入，さらに中心部の人口増加の一方策として高齢者にもやさしい居住空間（上層部分のマンション）の提供であった。この再開発を支えてきたのは，将来を見越した駐車場経営等による財政基盤の充実と，個々の自営業者にとっては商店街こそが生きる道であるという経営者としてのプライドであった。

そのほかにも，青森市の官民複合施設の「アウガ」(津軽弁で「会う」) の成功例もある。これは，地元商店街の若手有志が中心となり，「福祉対応型商店街」の構想を打ち立て，地下1階には市場の雰囲気を醸し出す生鮮食料品街，地上1階から4階はファッション関連の民間のテナント，5階から9階は図書館などの公共施設が入居した。このアイデアは，従来型の拡大路線を転換させ，行財政コストを削減する，すなわち住宅・商店・学校などを都市の中心部に集中させる行政の「コンパクトシティ構想」とも合致し実現した。

以上の成功例からは，①地元住民が商店街に目を向けるためのさまざまな仕掛けを作り出したこと，②そのためにある程度の財政基盤が確保されていたこと，③自営業者たちの共通認識とリーダー的人材が存在したこと，④行政のまちづくり施策と合致しパートナーシップを結ぶことができたことなどが成功要因としてあげられる。

望まれる。「地域」は，連帯と共生の舞台として，今や「公共財」でもある。そのために求められるのは，上述した経済的・社会的資源（信用）に加えて，彼らがパーソナルな資源としての問題設定・計画・効率的処理・説得能力などを発揮することと，その舞台と装置を設けることである。パーソナルな資源とは，列挙すれば，①目標・達成計画・執行・成果の評価/修正能力——計画能力にかかわる，②行政や外部の影響力をもつ組織との交渉・バーゲニング能力——政治的資源，③人材発掘とその動員能力，組織運営における説得と調整能力——社会的資源，④文化的能力としてメディア利用の機会の獲得から，外部ボランティア導入を含めて多面的で創造的なまちづくりのノウハウ形成に貢献しうる人々を組織する力——文化的資源があげられる。これらは，まさしく，新しいビジネス世代に期待されるところが大きい。彼らの内部に蓄積されているリーダーシップ資源をひきだし，能動的な参加と，合意形成，そして実行への回路を作ることが不可欠である。

もちろん，地域の状況特性は，一様でないし，必要とされる人材とリーダーシップの重点も，その活動パターンも，多数の事例についてそれぞれ比較分析を要する。

5 挑戦を続ける自営業者

谷中銀座商店街

自営業者たちの町コミュニティ再生に向けてのエネルギー投入の軌跡をたどってみよう。事例は，谷中銀座商店街であり，谷中地区は，1981 年・東京都「マイタウン計画」のモデル商店街として，街の外観整備にはじまり，多様なイベントを通ずるコミュニティ事業とセールス開催の成功経歴をもつ。さらに東京でもっとも古いとされる谷中七福神という地域文化資源を活用する（田端から上野不忍池弁天堂まで 4 時間で 7 寺院を廻り，中間点としての同商店街で飲食サービスや非常食料配布による防災意識の高揚のねらいと連結した）。さらに近隣商店街の「大きな戦術」として大型店ではやらない顧客との「触れ合い感覚」の醸成をテーマとして，複数メディアを通じてコミュニティイベントを伝え，また行政とのコミュニケーションを通じて，情報・助成金の獲得に成功し，顧客動員のための販売戦略の変化を推進した。その底辺には，交通網の変化に伴う町の商圏の狭小化，商品のはみ出し陳列による道路幅員の狭隘化，建物の老朽化に至るまでの町としての訴求力の低下に対する危機意識が強かったことが指摘できる。

さらに谷中はまちづくりの基本コンセプトとして，商店街は地域コミュニティを基盤とするだけでなく，コミュニティと一体化する試みに挑戦をした。コミュニティビジネスとは，ますますグローバル化する市場では供給されないが底辺のコミュニティが必要とする財・サービスの供給を担う。一定の経済性をもつが，地域住民のニーズのきめこまかな財・サービスの継続的供給を志向する。こうしたビジネスを既存の商店街が包容し，共存しうるかどうかは，今後の課題ではある。いま，谷中は，「魅力ある」コミュニティビジネスの舞台として，「街なか居住」「街なか観光」「街なか地場産業」の創造を選択している。谷中は，谷中らしさを自分たちの手で再生し，かつ居住のありかたを自分たちらしく考えるため，地域内文化遺産の活用を重視する。すでに指摘したイベント，あるいは地域雑誌の発行，居住環境の調査，伝統的祭りの復活などの取り組みの積み重ねによる成果は，評価に値する。

観光は，街に住む・街を味わう――いわばアーバンツーリズムという生活姿勢を強化することにつながる。そして，伝統的工房による工芸品生産に町ごとのオリジナルなものの生産を加える，街なか地場産業のオリジナリティを開発するなどの試みも，指摘しておきたい。

イベントは，商店街にとって地域住民だけでなく外部サポーターともコミュニケーションを図るうえでの媒体であり，その記憶に残るイベントを継続すること，ボランタリーな企画（イベントコンテンツ）を導入することも「まちづくり」の「仕掛け」とされる。

町の復活のために

町は生きているが，今や生き方に変化と革新の息を吹き込むことは急務である。こうした事例だけでなく，地域社会の性格の違いをふまえつつ，どのようなテーマ・構想・キーコンセプトによって地域生活に新しい息吹を吹き込むか，その構想と中心的コンセプトの選択・決定における合意形成・実行可能な手段の動員について，より広い視野をもつ新しいリーダーシップがますます求められ，これに対応する能動的な姿勢と行動を自営業者が供給することで，地域住民から外部の人々までを吸引する契機が生まれるであろう。しかし，そのためにも必要な資金の捻出や獲得，地域組織の運営に関する戦略・戦術に対する理解と協働の動員など，不可欠な努力の積み重ねに直面せざるをえない。

コンパクトコミュニティ

町という名のコミュニティに求められているのは，こうした町の「魅力」というメリットの追求だけではない。「コンパクトシティ」（高機能が高密度に集約されている都市）をもじっていえば，「コンパクトコミュニティ」もまた，地域活性化の１つの方向を示すものといえる。自営業者は，地域住民のニーズをより正確に確認し，あるいは敏感に受容することで小経営と地域との共生を支えることも，町の魅力とともに追求されるべき生き残りの道の１つであろう。たとえば，現代の高齢社会化の進展にしたがって，普通の町で普通に住むこと（normalization）さえも高齢者にとってますます困難なものとなっている。住み慣れた町とコミュニティのなかで，人生を継続させ，日常の絆を作り，深めるには，居住環境としての地域社会のもつ活力や，住民の相互援助は不可欠である。そこでの人間同士のつきあいから，医院もデイサービスも理髪店・美容院もそうだが，とりわけ日常の生活に欠かせない生活財・サービスの供給を担う存在としての小売業者の活動に，顧客としての高齢者・障害者住民に対する配慮を加えることも望まれる。地域の自営業者の活動は，消費財を仕入れて売ることだけはではない。高齢者や障害者に対する配慮や対応にはさまざまなパターンが考えられる。さらに，住民の相互交流や互助の増大の場として，商業空間のうちに公共空間を挟み込み，あるいは街頭空間を住民の集まる小世界としうるような環境整備，商店街へのアクセスの便益の確保，そして住むことに対する環境水準の確保，地域における治安の確保に至るまで，特定の地域生活が抱える問題の解決に貢献しうる機会は，少なくはない。

もちろん，そのためには，かつてと異なる行政や地方議会との意思疎通や協力体制を作り，さらに定住する住民をもこの体制に開放的に組み入れることが望まれる。そしてこの組み入れは，まさしく，地域生活と密着し，地域生活の未来に大きな関心を寄せざるをえない自営業者の役割と行動の拡大に依存するところは，大きいというべきであろう。

引用・参照文献 Reference

Bechhoffer, F. et al., 1974, “The Petit Bourgeoisie in Late Capitalism,” in F. Parkin ed., *The Social Analysis of Class Structure*, Tavistock Pub.

ベスター, T., 2007,『築地』和波雅子・福岡伸一訳，木楽舎。

石井淳蔵，1996,『商人家族と市場社会――もうひとつの消費社会論』有斐閣。

石原武政，2000,『まちづくりの中の小売業』有斐閣。

石原武政・加藤司編，2005,『商業・まちづくりネットワーク』ミネルヴァ書房。

鄭賢淑，2002,『日本の自営業層――階層的独自性の形成と変容』東京大学出版会。

川辺信雄，2004,「コンビニエンス・ストアの経営史」『早稲田商学』400 号。

木本喜美子，1995,『家族・ジェンダー・企業社会――ジェンダー・アプローチの模索』ミネルヴァ書房。

国民生活金融公庫総合研究所編, 2004,『自営業再考――自ら働く場を創出する「自己雇用者」』中小企業リサーチセンター。

三谷真・浜田恵三・神戸一生編, 2005,『都市商業とまちづくり』税務経理協会。

森まゆみ, 1991,『小さな雑誌で町づくり――『谷根千』の冒険』晶文社。

西坂靖, 2006, 三井越後屋奉公人の研究』東京大学出版会。

坂田博美, 2006,『商人家族のエスノグラフィー――零細小売商における顧客関係と家族従業』関西学院大学出版会。

盛山和夫・原純輔監修, 2006,『現代日本社会階層調査研究資料集：1995 年 SSM 調査報告書』日本図書センター。

渡辺幸男・小川正博・黒瀬直宏・向山雅夫, 2006,『21 世紀中小企業論』(新版) 有斐閣。

Summary　サマリー

本章では, 地域社会の「まちづくり」の担い手として自営業者たちの役割を検討した。

第 1, 自営業主と家族従業者を合わせて, 自営業者と呼んだ。

第 2, 自営業者の多数は, 小売業中心で, 地域住民と日常接触の機会をもつ。

第 3, 都市生活の基層である街区や町内で商店街を作り, 日常消費財・サービスの供給から地域の社会関係・情報交換の媒体ともなってきた。

第 4, 都市化の進行は, 百貨店とは別に大型スーパー, モールから, 多角的業態をもつ商業空間を郊外やロードサイドに生み出し, 地域商店街の空洞化を進行させる。

第 5, 自営業者の地位と生活の確保には, 取扱商品・サービスの付加価値を高め, 顧客の誘引力と信頼性をさらに確保する努力が不可欠である。

第 6, 地域商店街は, 地域コミュニティの一部としての存在価値に基づく経営プライドを, 具体的に経営姿勢へと投影することを要する。

第7，地域生活の「豊かさ」の水準の上昇に貢献し，消費に限らず，住民との一体感の掘り起こしのための「仕掛け」の開発を要する。

第8，自営業者は，地域社会で縦・横の両方で，異業者との連携を確保する必要が大きい。

第9，自営業者は，地域社会で新たなリーダーシップを担い，住民参加を呼び込むアイデアが求められる。イベントの企画も，「まちづくり」の展開例が参考となる。

第10，地域・街頭の空間整備にも行政との連携にも，その役割期待は高まる。

SEMINAR セミナー

1. 自営業者として，地域社会とつながりをもって存続するためには，どのような要件が必要かあげてみよう。

2. シャッター通りはなぜ発生するのか。また，それがどのような問題につながるのかを検討してみよう。

3. 小売業にどのような業態変化が生じているのか考えてみよう。

4. 郊外地域で大型スーパーの出店によるマイナスの影響を具体的にあげてみよう。

5. 住民にとって定住したいと思うような地域の条件を考えてみよう。

読書案内

T. ベスター『築地』和波雅子・福岡信一訳，木楽舎，2007

東京の台所である「築地」（中央卸売市場）の，小規模家族経営からなる商人群の社会関係と市場の構造が鮮やかに描写されている。家族企業の分析では，親族関係や相互義務を伴った個人的つながり，親方と徒弟制度，社会・儀式・宗教面での共同提携関係に根づいた利権が織りなす無数の絆が人類学的視点から解明されている。

石井淳蔵『商人家族と市場社会——もうひとつの消費社会論』有斐閣，1996

「家族従業（者）」という概念を基本にして，商人家族の変容，経済的意義，心性，地域社会とのかかわり，小売業の日米比較，市場社会の変化，とくに流通部門の近代化との相克など，さまざまな局面から零細小売業の本質を実証的なデータを用いて分析している。

石原武政『まちづくりの中の小売業』有斐閣，2000

大規模小売店舗法の廃止，「まちづくり3法」の制定や流通政策の変化を背景において，空き店舗問題を「まちづくり」の視点から捉え，商業者たちのあいだのまちづくりの主役・まちの資源・まちの管理の戦略，戦術を事例から論じている。さらに，タウンマネジメント機関（TMO）を介した都市計画による地域商業と商店街のさらなる挑戦が論じられている。

坂田博美『商人家族のエスノグラフィー』関西学院大学出版会，2006

小売業における「家族従業（者）」の意義に注目し，地域密着型小売店への綿密なフィールドワークにより，地域社会における小売店家族の世界が描かれている。顧客との親密な友好関係を形成し，信頼や共感が生まれる場合を分析し，さらに，ジェンダーの視点から，店の繁盛は，「夫婦一心同体」ではなく，「パートナーシップ」が重要であると指摘している。

矢作弘『都市はよみがえるか——地域商業とまちづくり』岩波書店，1997

商店街の衰退が進行するなかで，全国の「まちづくり」の実例と，アメリカの経験が検証されている。日本では，「黒壁」などのまちづくり会社の現状と，それぞれ特徴ある地域と商業との活性化への展望が示されている。

——————小浜ふみ子◆

第10章　高齢化と地域社会

歩道橋の階段を降りる高齢者（PANA 提供）

日本社会における高齢化の進展が指摘されて久しい。高齢化とは，第一義的には，65 歳以上の老年人口の比率が増大することを意味する。しかし，高齢化は，たんなる高齢者比率の増大という人口構成上の変動だけを意味するものではない。第二義的には，高齢者人口の全人口に対する比率の増大をきっかけとして起こる，さまざまな社会変動をも意味する。社会保障制度や日本型雇用システムの変化を促すだけではない。増大する高齢者の生活を保障するための，ハード面でのまちづくり，ソフト面でのシステムづくりが緊急の課題となる。とりわけ，日常生活圏である地域社会レベルでの対応が何よりも必要とされる。

ここでは，まず，高齢化の第一義的意味をデータに基づいて明らかにし，次いで，第二義的意味のうち，家族の変化に伴う高齢者のライフスタイルの変容と地域社会のあり方の変化を取り上げ，これらに関わる諸点について，変化の様相を明らかにしていくこととしたい。

1 日本社会における高齢化の特徴

日本の高齢化の特徴

一般に，「高齢化社会」とは，総人口に占める老年人口（65歳以上人口）の比率，すなわち老年人口比率が7％を超えた社会をさす。この老年人口比率は高齢化率のことと同義である。日本では1970年にすでに高齢化率が7.1％になっており，「高齢化社会」の仲間入りをしたのはすでに30年以上前の1970年代であることがわかる。

ところで，日本社会における高齢化の特徴は，進展のスピードが急速であることと，他に類を見ないほどの高率の高齢化が予想されることにある。図10-1に見られるように，1970年には7.1％と，諸外国と比べてさほど高くはなかった高齢化率は，1980年に9.1％，90年12.0％，2000年17.3％と急速に上昇し，2005年頃に世界でトップの高齢社会として躍り出たことが明らかである。2005年の国勢調査結果では，高齢化率は20.1％に達している。また，少子化が予想以上に進行していることから，将来推計（2006年12月，出生中位〔死亡中位〕推計。図10-2参照）では，高齢化率は2015年に25％を超え，さらに25年には30％，40年には35％を超えて，50年には約40％に至るという超高齢社会に突入することが予想されている。

高齢者の量的増大

高齢化率の上昇は，直接的には，高齢者の量的拡大を意味する。1970年には740万人程度だった高齢者数（老年人口）は，80年には1064万，90年には1489万，2000年には2200万を超え，05年では2567万人を超えた。さらに，2050年には3700万人を超えると推計さ

図10-1　主要国の65歳以上人口割合（1950–2050年）

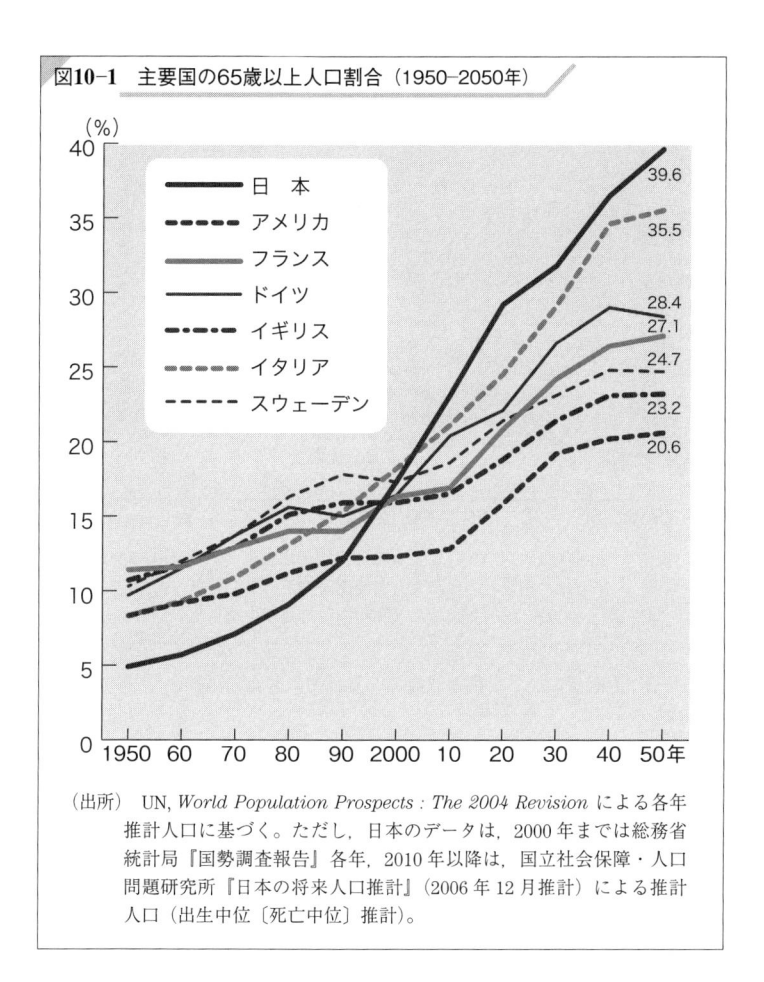

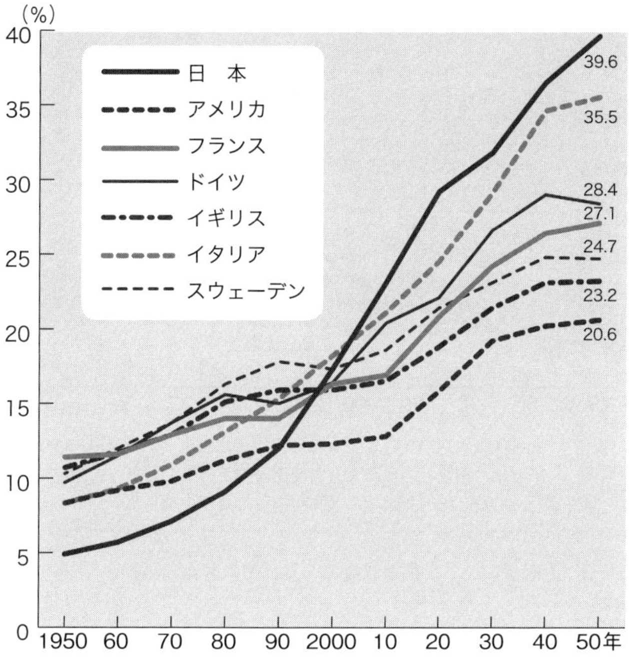

（出所）　UN, *World Population Prospects : The 2004 Revision* による各年推計人口に基づく。ただし，日本のデータは，2000 年までは総務省統計局『国勢調査報告』各年，2010 年以降は，国立社会保障・人口問題研究所『日本の将来人口推計』（2006 年 12 月推計）による推計人口（出生中位〔死亡中位〕推計）。

れている。

これと呼応するかのように減少傾向を続けているのが，15 歳未満の年少人口である。1970 年には 2500 万人を超えていた年少人口は，予想以上の少子化の進行の影響で，2005 年には 1740 万人程度にまで減少した。この間，老年人口が年少人口を上回り逆

図10–2　年少人口・老年人口の推移および将来推計

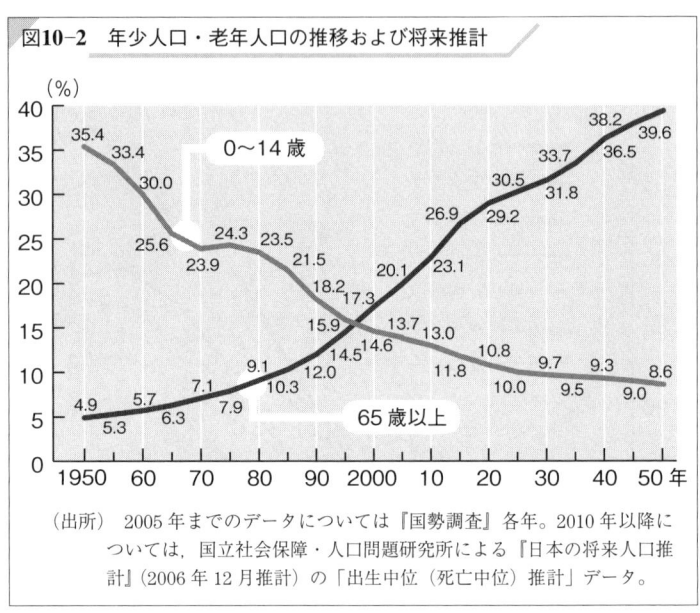

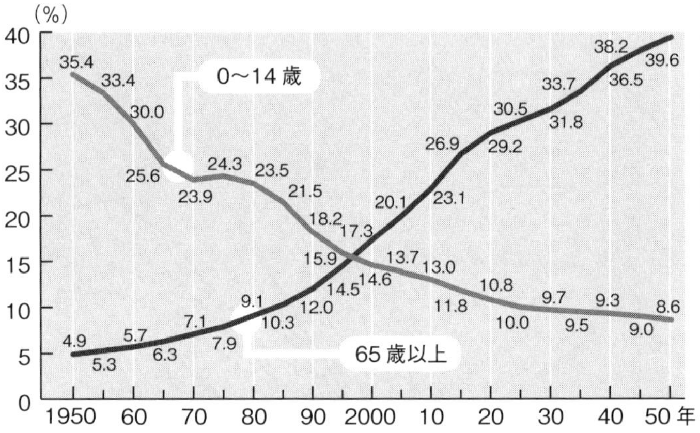

（出所）　2005 年までのデータについては『国勢調査』各年。2010 年以降については，国立社会保障・人口問題研究所による『日本の将来人口推計』(2006 年 12 月推計）の「出生中位（死亡中位）推計」データ。

図10–3　高齢者のいる世帯と児童のいる世帯の割合の推移

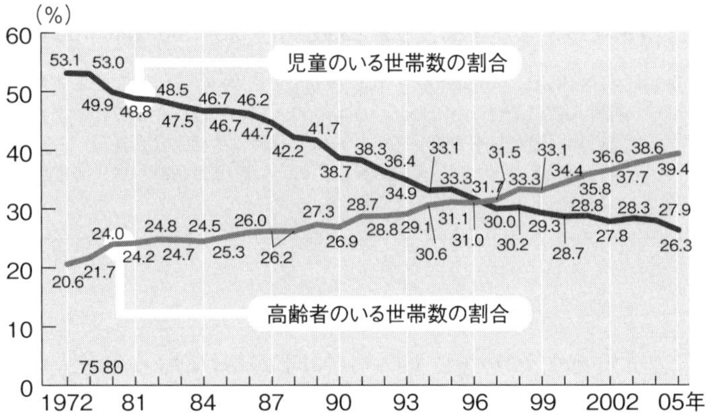

（出所）　厚生労働省大臣官房統計情報部『厚生行政基礎調査』(1985 年以前)，『国民生活基礎調査』(1986 年以降)。

転したのは97年である（図10-2）。また，図10-3に見るように，高齢者のいる世帯と児童のいる世帯との比較を見ても，72年には前者20.6％に対し，後者は倍以上の53.1％を占めていたにもかかわらず，97年に前者31.5％，後者30.0％となって逆転が生じて以降，高齢者のいる世帯の割合のほうがますます増加していることがわかる。つまり，現在は小学生（児童）のいる世帯よりも，高齢者のいる世帯のほうが多くなっているということであり，世帯のあり方が様変わりしたことが読み取れるのである。

こうして概観してみると，高齢化社会の仲間入りをした1970年と，それから約35年経った現在とでは，子どもが多く人口構成が若かった社会から，子どもが少なくなり高齢者が多い社会へと，社会の人口構成に大きな変化が生じてきたことが明らかである。現在では，70年と比較すると，高齢化率は13ポイント程度高くなり，高齢者数は1800万人以上増加し，高齢者のいる世帯の割合は約20ポイント増加している。そして将来，高齢化率はさらに約20ポイント上昇し，全人口の4割（現在の倍の比率）が高齢者となることが予想されているのである。

以上のことから，日本社会では，これまで経験したことのない大量の高齢者が誕生し，高齢化，少子化が急速に進行して，社会・家族のありようが大きく変化してきたことが指摘できる。そして，こうした変化は，今後もいっそうドラスティックに進行すると予想されているのである。以上が，高齢化の第一義的意味である。

高齢化の進展がもたらした質的変化

高齢化の第二義的意味として本章が取り扱うのは，家族の変化に伴う高齢者のライフスタイルの変容と地域社会の変化である。高齢者のライフスタイルの変容を，ここでは日常生活における高齢者自身の選択性の拡大と捉えておこう。高齢者が，人と人との日常のつきあいのなかで，親戚とのつきあいを保ちつつ，友人とのつきあいをより積極的に深めていこうとするとき，それは人間関係（パーソナルネットワーク）における選択性の拡大とみなすことができる。自立した生活を維持するために，各種のサービスのなかから高齢者が自らの好みに合わせて，特定のサービスを選び取る機会を増やしているとき，それもまた，選択性の拡大という文脈に位置づけることができる。

ところで，日常生活の基盤は，多くの人々にとって，家族と職場に求められようが，高齢者の場合，職業生活からの引退を経験している者が多く，このため，家族はよりいっそう，重要な生活の基盤となる。高齢者の日常生活の変化は，家族における変化と連動して現れるといえる。したがって，日常生活における選択性拡大も，その契機は，家族に関する変化のなかに見出すことができる。そこで，高齢者のライフスタイルの変容，すなわち日常生活における高齢者の選択性の拡大という現象を基礎づける何らかの変化が，家族に関わる事象に生じているのかどうか，この点をまず確認しておくこととしよう。

従来，家規範の強かった日本社会では，高齢になった者のあるべき生き方は，直系家族制度のもと，既婚の子ども夫婦と同居し，ある一定の年齢に達するとさまざまな面で現役から退いて「隠居」し，「余生」を生きるという生き方であった。その生き方においては，重要な役割をすべて同居する跡取り夫婦に譲り，子や孫に囲まれて心静かに生きるのが美徳とされていたのである。こうした高齢者の生き方は，世帯構成上の現象としては，諸外国，とりわけ欧米先進国と比べると，子どもと同居する高齢者が多い点に特徴的に現れており，それが家規範の存続を現象的に表して

図10−4　高齢者の子どもとの同別居状況の年次推移

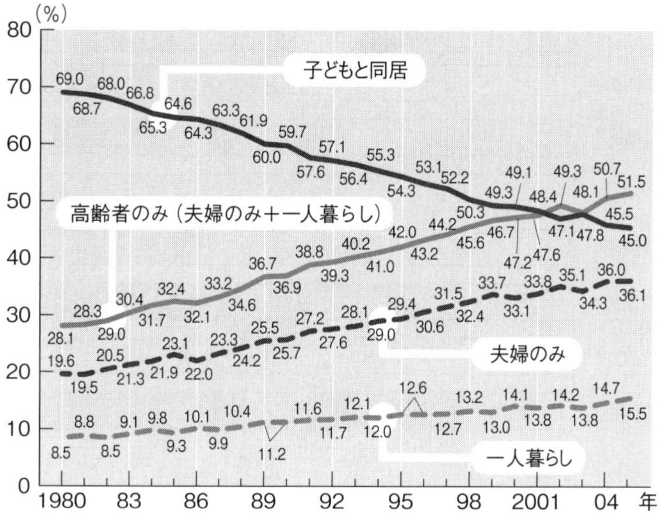

（出所）　厚生労働省大臣官房統計情報部『厚生行政基礎調査』（1985 年以前），『国民生活基礎調査』（1986 年以降）。

いたといえる。

しかし，こうした高齢者の家族における地位は，高齢化の進展に伴って，大きく変容してきている。たとえば，それは，高齢者の子どもとの同居率に現れている。ここで参照するデータは，厚生労働省の「国民生活基礎調査」（1985 年以前は「厚生行政基礎調査」）であるが，これらの調査結果を見て，次の 3 点を指摘することができよう。

まず第 1 点は，高齢者の子どもとの同居率が一貫して減少していることである（図 10−4 参照）。1980 年に 69.0 ％であった子どもとの同居率は，90 年に 59.7 ％，2000 年に 49.1 ％と，この 20

図10−5　家族形態別に見た高齢者の構成割合の年次推移

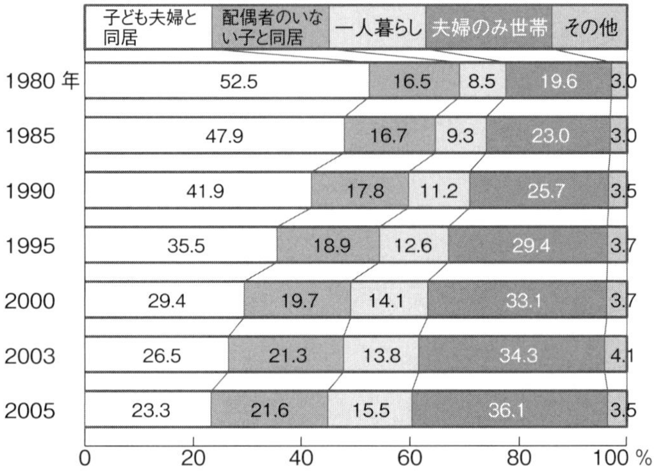

（注）「その他」は，その他の親族と同居する者，および，非親族と同居する者の合計である。

（出所）厚生労働省大臣官房統計情報部『厚生行政基礎調査』(1985 年以前)，『国民生活基礎調査』(1986 年以降)。

年間，1 年にほぼ 1 ポイントずつ減少してきた。2001 〜 03 年頃に，「子どもと同居する高齢者」と「同居していない高齢者」の比率が逆転し，ついにそれ以降，「子どもと同居していない高齢者」のほうが多くなったのである。05 年の結果では，「子どもと同居している高齢者」は 45.0 ％なのに対し，「同居していない高齢者」は 51.5 ％となっている。

第 2 点としては，減少しつつある「子どもとの同居」の内容を，より詳細に見てみると（図 10−5 参照），そのうちの「子ども夫婦との同居」の比率は急激に減少し（1980 年 52.5 ％→ 1990 年 41.9 ％→ 2000 年 29.4 ％→ 2005 年 23.3 ％），「配偶者のいない子と同居」

が増加傾向にあって（1980 年 16.5 %→ 1990 年 17.8 %→ 2000 年 19.7 %→ 2005 年 21.6 %），両者がほぼ同率になってきたという点を指摘できる。晩婚化の進行のため，子の結婚が遅くなり，「配偶者のいない子」との同居率が増加しているものと考えられる。しかし，この形態は，将来にわたっても同居がずっと維持されるものとはいえない場合も多く，その意味では不安定な同居形態でもある。「子どもとの同居」という場合に連想する伝統的な直系家族としての 3 世代家族を形成している高齢者は，もはや全体の 4 分の 1 以下しか占めていない点を確認することができる。

第 3 点は，これに代わって増加傾向を見せているのが，「夫婦のみ世帯」と「一人暮らし」だという点である。2005 年の結果では，「夫婦のみ」で暮らす高齢者は 3 分の 1 強，「一人暮らし」は約 15 %に達している。このことは，高齢になってもできるだけ子どもとは同居せず，夫婦のみ，あるいは一人で暮らしていく，と考える人が増えてきていることを表している結果である。

以上の諸点から言えることは，これまで高齢者の行動やライフスタイルを規定してきた伝統的な家規範が，急速な高齢化の進展のなかで，弱体化，衰退傾向を見せ始めており，これまでの生き方とは異なる新たな高齢者の生き方，自立した高齢者のあり方が模索され，提示され始めているということである。第 7 章でも述べたように，日本社会における「家規範」の衰退は，1980 年から 90 年の間に決定的となったと考えられるが，その結果が高齢者の形成する家族の構成面の変化としても現れてきていることを意味しよう。たとえば，伝統的な 3 世代家族を構成する要件としての「子ども夫婦との同居」率が 50 %以下になったのは，図 10-5 より 1980 年代前半と考えられるが，こうした変化は「家規範」衰退を明確に表す現象として捉えることができる。

2 都市の高齢者

都市の高齢者の特性

家規範の変容・衰退に関わる変化は，じつは都市化の進行と大きく関連している。前節で，高齢者の子どもとの同居状況について，「子ども夫婦との同居」が急激に減少し，「夫婦のみ」世帯が増大していると指摘してきたが，こうした傾向は，じつは，大都市部において顕著に見られる傾向なのである。本節では，その点について見ていきたいが，詳細の検討に入る前に，まずは，「子どもとの同居」(「子ども夫婦と同居」+「配偶者のいない子と同居」）率について，都市規模別の差異の大きさを見てみることとしよう。

まず，表 10-1 を見てほしい。この表は，先に見た高齢者の家族構成を都市規模別に見たものである。1996 年分からしか入手できなかったため，この年以降の数年分を比較している。この表から明らかなことは，まず，都市規模による格差がきわめて大きいということである。たとえば，前節でも見たように，2005 年の「子どもとの同居」率は，全体平均では 45.0 ％であるが，これは都市規模別に見た場合では，「その他の市部」の数値（46.7 %）に近く，「大都市部」「郡部」はこれとはかなり異なる結果を示していることがわかる。「大都市部」での「子どもとの同居」率は 33.5% であり，これに対して，「郡部」では 50.6 ％と，その開きは 17 ポイントもある。そして，両者の中間形態に「その他の市部」が位置しており，これが全国平均に近い数値であるということがわかる。このことから，都市規模別に見た場合，とりわけ大都市部と郡部とでは高齢者を含む家族の構成がかなり異なっ

表10-1　都市規模別に見た高齢者の子どもとの同別居状況

（1996年，2000年，2003年，2005年）

（単位：%）

	一人暮らし		夫婦のみ	配偶者のいない子と同居	子ども夫婦と同居	子どもとの同居（計）	その他
	男　性	女　性					
1996年							
総　数	2.6	10.0	30.6	19.2	33.9	53.1	3.7
大都市部	4.0	14.3	37.1	22.3	18.0	40.3	4.4
その他の市部	2.4	9.4	32.2	19.3	33.3	52.6	3.4
郡　部	1.9	8.1	23.0	16.6	46.5	63.1	3.9
2000年							
総　数	3.1	11.0	33.1	19.7	29.4	49.1	3.7
大都市部	4.7	15.2	40.8	23.0	13.1	36.1	3.2
その他の市部	3.0	10.6	34.0	19.6	28.9	48.5	3.9
郡　部	2.3	9.0	26.3	17.9	40.7	58.6	3.8
2003年							
総　数	3.1	10.7	34.2	21.3	26.5	47.8	4.1
大都市部	4.4	15.0	42.5	23.8	10.5	34.3	3.8
その他の市部	3.2	10.8	35.5	21.6	25.2	46.8	3.8
郡　部	2.3	8.0	27.6	19.5	37.9	57.4	4.6
2005年							
総　数	3.8	11.6	36.1	21.6	23.3	45.0	3.5
大都市部	5.5	14.5	43.6	23.0	10.5	33.5	2.9
その他の市部	3.8	11.3	34.6	21.5	25.2	46.7	3.7
郡　部	2.6	9.9	33.2	20.7	29.8	50.6	3.6

（注）「その他」は，その他の親族と同居する者，および，非親族と同居する者の合計である。

（出所）厚生労働省大臣官房統計情報部『国民生活基礎調査』。

ており，家規範の存続度・弱体度に大きな地域的差異があることが読み取れるのである。

しかし，このように異なる傾向を示している結果であっても，そこには共通する側面も存在する。それは，「子どもとの同居」率が，時系列的に見ると，いずれの都市規模においても減少傾向を示している点である。大都市部では1996年40.3%→2000年36.1%→2003年34.3%→2005年33.5%，その他の市部では96

年 52.6% → 00 年 48.5% → 03 年 46.8% → 05 年 46.7% となっており，いずれもこの間に 6 ポイント程度減少している。郡部ももちろん減少傾向にあるのだが，じつは郡部では 96 年 63.1% → 00 年 58.6% → 03 年 57.4% → 05 年 50.6% となっていて，同時期に 12 ポイント以上減少している。このことは，最後の砦であった郡部においても，家規範が近年（とくに 03 年から 05 年の間）急速に弱体化しつつあることを示すもので，家規範は全国的に衰退の一途をたどっているのである。

ところで，次に，「子どもとの同居」の詳細について見てみよう。この点でも大きな地域的差異を指摘することができる。2005 年の結果を見ると，驚くべきことに，「大都市部」で「子ども夫婦と同居」している高齢者は 10.5 %しか存在していない。1996 年には 18.0 %であった子ども夫婦との同居率は 05 年には 10.5 %へとほぼ半減したのである。このことは，大都市居住の高齢者の 1 割の者しか，既婚子と同居していないことを意味する。これに対し，「配偶者のいない子と同居」する者の比率は 23.0 %もあるが，これは大都市部ではとくに晩婚化・未婚化傾向が強く，パラサイト・シングルといわれる未婚子が多く存在することによると考えられる。しかし，この結果からは，未婚子との同居率が高くても，子が結婚した場合，引き続き子と同居する高齢者はきわめて少数であることが読み取れる。この 10.5 %という数値は，欧米諸国の同居率に肉薄する数値であると判断することもできよう。こうして見てくると，すでに大都市では日本社会の伝統的な「家規範」はほとんど壊滅的状態に瀕していることがわかる。子どもとの同居に関して日本的特徴が現れている点は，未婚子との同居率が高い点にのみあるといえよう。

大都市のこうした傾向に対し，郡部では「子ども夫婦と同居」

図10-6　都市規模別に見た高齢者の子どもとの同・別居状況（2005年）

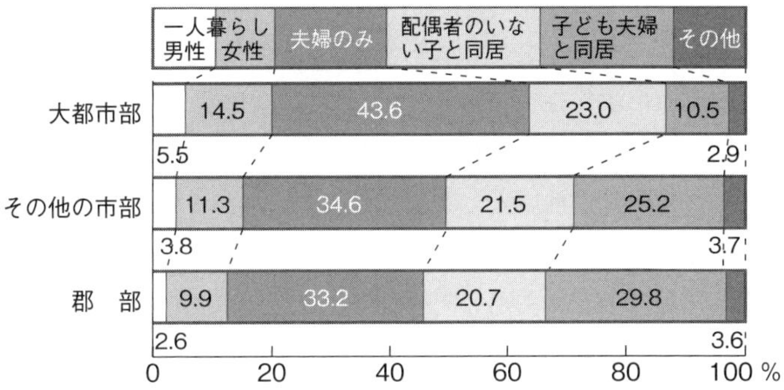

（注）　表 10-1 に同じ。
（出所）　表 10-1 に同じ。

する高齢者は 29.8% 存在する。しかし郡部の高齢者の家族形態のなかではこれまで最多であったこの同居スタイルは，近年，急速に減少する傾向にあり，05 年には「夫婦のみ」世帯が「子ども夫婦と同居」世帯を上回り，もっとも多い家族形態となった。これまで衰退傾向にあるとはいえ，伝統的家族スタイルを保持してきた郡部の高齢者の家族形態も，ついに，都市型スタイルへの大きな転換点を迎えつつあると捉えることができよう。

「家規範」の衰退と「夫婦家族」理念

こうしたことを踏まえて，表 10-1 のなかの 2005 年分をグラフにした図 10-6 を見てみよう。このグラフからは，これまで指摘してきたように，都市規模別の顕著な差異を指摘できる。

都市規模別に見た高齢者の家族構成の割合は，大都市部では，①「夫婦のみ」4 割，②「配偶者のいない子と同居」2 割，③「一人暮らし」2 割，④「子ども夫婦と同居」1 割という構成となっているが，郡部では，①「夫婦のみ」3 割，②「子ども夫婦と同居」3割，③「配偶者のいない子と同居」2割，④「一人暮らし」1割という構成順になっており，その他の市部はこれらの中間形態を呈している。「子ども夫婦と同居」の割合は家規範の浸透度・弱体度を示す指標であり，郡部ではこれが「夫婦のみ」世帯とほぼ同率で約3割を占めているが，大都市部では最下位に位置づけられており，地域差をもっとも顕著に示している形態であるといえる。とはいえ，05年データでは郡部でも初めて，「夫婦のみ」世帯が「子ども夫婦と同居」世帯を超え，都市規模別のすべての地域で，高齢者のもっとも多い家族形態は「夫婦のみ」世帯となった。家規範が全国的にいっそう弱体化しつつあることを明確に示す結果である。

ところで大都市部では，もっとも多い家族形態は「夫婦のみ」で暮らす高齢者（43.6％）であり，「子ども夫婦と同居」する高齢者（10.5％）は，「一人暮らし」の者（20.0％）や「配偶者のいない子と同居」する高齢者（23.0％）よりも圧倒的に少ない。このうち，「配偶者のいない子と同居」するケースは，晩婚化に伴う子の結婚時期の遅れによって，それまでの核家族の形態の延長として出現してきたものと位置づけられる。そのように考えれば，「夫婦のみ」「配偶者のいない子と同居」（つまり，夫婦と未婚の子とで構成する家族）の家族形態は，「核家族」の諸形態をなすものであり，「夫婦のみ」家族の先に，必然的に出現してくるのが「一人暮らし」ということにほかならない。

すなわち，大都市部では，子が未婚の間は一緒に暮らし，子が結婚・独立すれば子どもとは同居はせずに「夫婦のみ」で暮らし，その後配偶者の死去に伴って「一人暮らし」に移行するという家族構成が選択されるようになってきていると捉えることができる。これこそは，まさしく，「夫婦家族」特有の周期的移行であって，

Column ⑱ 直系家族・夫婦家族の家族周期の違い

家族周期とは，家族のライフサイクルのことである。夫婦家族の家族周期は，結婚による夫婦２人の家族の成立とともにスタートし，子の誕生と成長にしたがって数段階に区切られるが，やがて子の独立とともに夫婦２人の家族となり，一方の死によって消滅するというサイクルを描く。既婚子とは同居しないという原則を守るがゆえに，夫婦家族の周期は一代限りで終わることになる。しかし，近年では，子どもを作らない夫婦，あるいは離婚する夫婦，子連れで再婚する夫婦など，ここにあげた家族周期にあてはまらない夫婦家族がふえてきている。家族の多様化の表れである。

一方，直系家族は，結婚した子どものうち一人だけを跡取りとして残すことを原則とするため，世代を移行しながら周期は繰り返される。つまり，親夫婦，跡取り夫婦，その子どもという３世代家族から，父親の死亡，母親の死亡を経て，跡取り夫婦とその子どもたちだけの核家族の形態に移行し，やがて，次の跡取りとなる子以外の子どもの他出，次の跡取りの結婚，孫の誕生によって，ふたたび，３世代家族を形成するのである。この直系家族の周期の一段階において核家族的形態が出現している点は，興味深い。しかし，この核家族は，夫婦家族のそれとはまったく異なるものであり，平均寿命の短かった高度成長期以前には，しばしば見られたものであった。近年では，寿命が延びたため，むしろ４世代，５世代家族の出現が見られるようになり，核家族形態の出現は減っている。

高齢化の進展に伴って，大都市部を筆頭に，「家規範」の弱体化が進み，「夫婦家族」が現実に体現され始めていると指摘することができるのである。日本社会においては，1980年代に「家規範」の衰退が始まったと前述したが，大都市高齢者の間では，それに代わる家族規範として，結婚した子どもとは同居しないという「夫婦家族」の理念が，さまざまな変異を伴いながらも，少しずつ具現化されつつあると捉えることができよう。

これら大都市居住の高齢者は，1960 年～ 70 年代の高度成長期に，地方より地域移動してきた者が大半を占め，自らの生殖家族を形成した当初から「核家族」を形成していた者が多い。ただ，必ずしもその時点から家規範の拘束から自由になっていたわけではなく，心情的には，家規範を保持し続けていたと考えられる。しかし，30 年間を超す長期にわたる都市生活を経て，「夫婦家族」という 1 つの家族構成を選び取る高齢者が大量に出現してきたのである。このことこそ，日常生活における選択性の拡大を導く，最大の契機となったと言うことができる。

都市の高齢者の増大

大都市高齢者に見られる，このような家族形成と生活における選択性の拡大，すなわちライフスタイルの先鋭的変容は，マスコミなどの影響を通して全国的に伝えられ，全国津々浦々まで文化伝播しつつある。そのことは，先に見たように，地域差は見られるものの，いずれの都市規模の地域においても，年次を追うごとに「既婚子との同居率」が減少傾向を示している点にうかがうことができる。都市のライフスタイルの影響は，高齢者の場合であっても，大きいのである。しかも，今後，こうした特性を備えた大都市部の高齢者は，ますます増大することが予想されている。

図 10−7 に見られるように，今後，3 大都市圏（とくに東京圏）の高齢化率はいっそう高まることが予想されており，全国の高齢者のうち 3 大都市圏居住の高齢者は半数以上を占めることになる。こうした傾向は，「夫婦家族」規範を具体化しつつある高齢者がますますその勢力を強めることを意味しており，「夫婦家族」理念に支えられたライフスタイルがいっそう浸透していくことが予想される。すなわち，子と同居せず，子に依存せず，自立し，

図 10-7　3 大都市圏の高齢者の集中状況

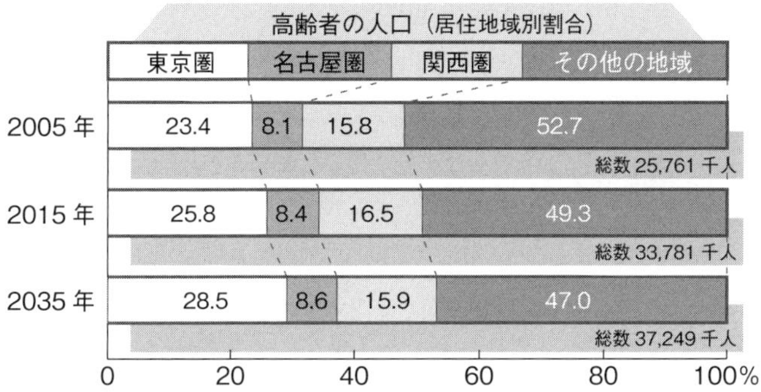

（注）3 大都市圏の区域は次のとおりである。
東京圏：東京都，埼玉県，千葉県，神奈川県。名古屋圏：愛知県，岐阜県，三重県。関西圏：京都府，大阪府，兵庫県，滋賀県，奈良県，和歌山県。

（出所）国立社会保障・人口問題研究所『都道府県別将来人口推計』(2007 年 5 月，出生中位〔死亡中位〕推計)。

積極的・主体的に老後の生活を設計していこうとする高齢者のライフスタイルが，日本社会全体にしだいに大きな影響を及ぼし，内在的変化を全国レベルで促進していくであろうことが，容易に想像されるのである。つまり，「家規範」の衰退と「夫婦家族」理念の浸透，新しい高齢者のライフスタイルの伝播とそれに伴う生活の内在的変化が，全国規模でこれまで以上に広まっていくことが予想されるのである。

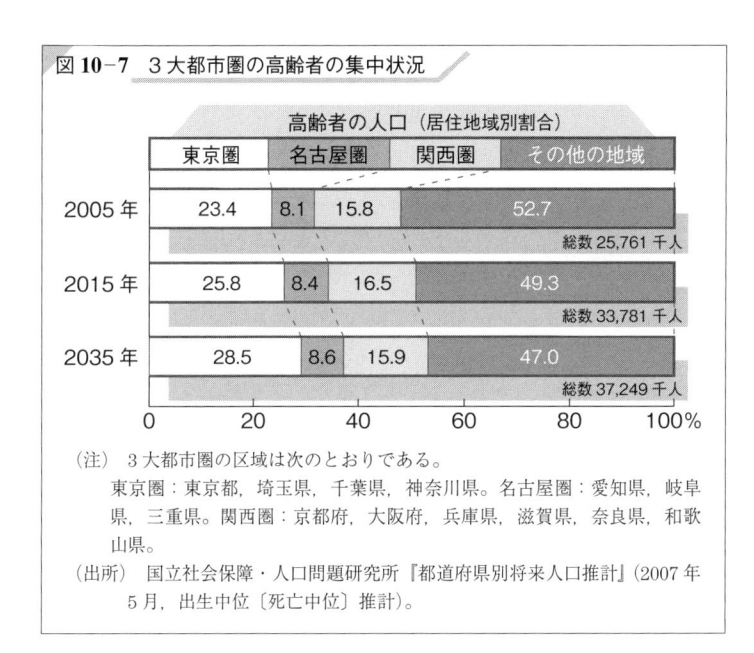

3 地域の重要性の増大

家規範と家族による扶養

前節までに見てきたように，高齢者の家族形態は，既婚子との同居という「家規範」に即した形態から，未婚子との同居，夫婦のみ，一人暮らしといった，「夫婦家族」規範に立脚した形態へと，大きく変化してきた。

従来，日本社会では，高齢者の生活や福祉の問題，すなわち老親扶養については「家規範」のなかに位置づけられており，家族による扶養がその根幹とされてきた。とりわけ既婚の同居子による老親扶養が前提とされており，それは，のちに「日本型福祉」とも言われた老親扶養のあり方の基本形をなすものともなった。ところが，これまで見てきたように，「家規範」の弱体化・衰退によって，既婚同居子に頼る「家族による扶養」や「日本型福祉」が，とくに大都市では機能しえない状況になりつつある。

夫婦家族理念が強まるなかでは，そもそも同居既婚子にすべてをゆだねるとする家族による扶養では対応しきれない。夫婦家族理念が浸透している欧米型の家族については，リトウォクが主張するように，近親がそれぞれの世帯は独立しながらも，地理的距離にかかわらず，交際，互助，扶助等の重要なネットワークをもつという異居近親関係，また，これに基づく修正拡大家族の存在が指摘されている。現代日本の親族関係も，高齢者層における夫婦家族理念のますますの浸透の結果，こうした修正拡大家族的色彩が非常に高まりつつあるといえる。

そこでは，既婚同居子が老親扶養の全役割を担うのではなく，

Column ⑲ 老親扶養

老親扶養には，経済的援助，身辺介護，情緒的援助の３つの側面がある。同居型による老親扶養の場合，この３つの援助のいずれについても十分な遂行が可能であるが，これに対し，近居，遠居と，親と子の別居の距離が長くなるにつれて，援助の遂行は困難になっていく。距離との関連でいえば，まず最初に達成困難となるのが身辺介護，次いで困難が増すのが情緒的援助である。老親を扶養する際，このように子どもがどこに住んでいるかは重要な要因であり，３つの援助に対する達成度という視点から考えると，同居がもっとも機能的，次いで近居，そして遠居は遂行がもっとも困難ということができるのである。

しかし，老親扶養に関しては，先の３つの機能だけでなく，じつは逆機能が存在することも十分考慮しなければならない。それは，「プライバシーの侵害」，および，嫁姑問題に代表されるような「情緒的葛藤の顕在化」という２つの逆機能である。同居型は，老親扶養に関してもっとも機能的な反面，逆機能ももっとも大きい。他方，別居の場合には，同居型に比べ，機能も小さくなる割に，逆機能も小さくなる。

扶養形態としてどの形態を選択するかは，機能面，逆機能面のいずれを重視するかにかかっている。現代日本では夫婦家族理念が強まってきたこともあって，同居型は減少し，代わって，機能面でも同居型にほぼ匹敵するだけの効果を発揮し同時に逆機能は減少する近居型が，望ましい扶養形態として注目されている。

それぞれ独立した親と子の核家族が，必要に応じ扶助を行うという形態が多くなると考えられる。もちろん，子のうちの近居できる者が近くに住み，扶養，扶助の中心的な役割を果たす近居制も近年ますます浸透しつつある。また，老親扶養に関する関係選択が規範にしばられたものではなくなってきたために，扶養や扶助の中心的役割を果たす子は必ずしも長男である必要はなくなり，気の合う子との関係選択，あるいは娘夫婦との同居や娘夫婦との近居等も，近年ますます増加しつつあることが指摘できるのである。これもまた，家族の変化を契機とする，親族関係における選択性の拡大とみなすことができる。

地域の重要性と「地域福祉計画」

このように，異居近親によるネットワークによって高齢者の生活が支えられるようになるとき，近親以外の関係，すなわち，友人や隣近所の隣人，地域の役割も，ますますその重要性を高めていくと言える。なぜなら，子と同居していない高齢者は，子を含めた近親とのネットワークを維持しつつ，同時に，日常的な互助関係をもつ近隣ネットワーク，緊急時にも対応可能な地域内の関係機関とのネットワークなどを保持し，また，自らの生活の充実のための友人ネットワークをも形成・維持しているが，これらのネットワークすべてが，子と同居していない高齢者にとっては，必要不可欠なネットワークとして位置づけられるからである。

このように高齢者は，１つのネットワークに依存するのではなく，多様なネットワークを日常の生活課題に応じて使い分けている。これもまた，パーソナルネットワークの支援的機能を選択的に使い分けているという点で，人間関係における選択性の拡大を意味し，新しいライフスタイルの形成を意味するものといえよう。

人間関係への参与のあり方における選択性の拡大は，より広く，高齢者の社会参加における選択性の拡大と結びつくものである。自立し，積極的に老後の生きがいを見出そうとする高齢者は，地域社会における諸集団への参加においても，自らのニーズに見合う集団を選び取ろうとする。ところが，現実の地域社会において，高齢者向けに用意されている集団は，ごくごく限られている。しかし，高齢者のライフスタイルの変容は，高齢者の参加を導くような，地域社会における多種多様な集団の成立を要請するものである。退職し，日常的にはあまり遠出をしない高齢者にとって，地域社会で暮らすことの比重は，勤労者であった時に比べはるかに重い。老後の生きがいづくりへの対応として，社会参加への関心は高まっており，この関心の高まりに対応した活動や集団の成立が求められている。また，そのような高齢者の社会参加，外出行動を保障するための町づくりも必要とされる。いわゆるバリアフリー，ユニバーサルデザインの推進は，今後も重要な課題として位置づけられる。

以上見てきたように，高齢者の増大，ライフスタイルの変容に対応した，ハード面での町づくり，ソフト面での集団，システムづくりが，とくに地域社会レベルにおいて求められている。さまざまな新しいサービス，バリアフリーの徹底，参加の機会の拡大等，地域社会が今後用意しなければならないものは多いのである。

ところで，2002 年に，新しい社会福祉理念の達成のために策定された「地域福祉計画」は，地域住民すべてで支えあい，住民参加を基盤とした「共に生きる社会づくり」という視点に立脚して作成されたものであった。この地域福祉計画は，地域社会のなかで，それぞれの地域住民がお互いに助け合い，手を携えて，それぞれの地域で安心した生活を送れることをめざすものであるが，これまでの家族・施設を中心とする福祉から，住民参加型の地域福祉へと，方針を明確に転換せざるをえなかった背景には，これまで見てきたような家族の変容，老親扶養のあり方の変容が指摘できるのである。

現在はまだ高齢者の扶養についてはさまざまな方法が混在し，過渡期にあるといえるが，支えあう地域社会の形成と，それを基盤とする地域福祉の展開，そして，一人ひとりの高齢者を中心に広がっている各自のネットワークの存在によって，夫婦家族理念を内包し，それを契機とする都市部の高齢者の，新しいライフスタイルが少しずつ築かれていくものと思われる。都市の高齢者の一人ひとりが有する，個人のネットワーク状況に合わせて，何が必要か，どのような扶助が必要かということを見極めることができる地域社会の形成が，今，必要とされているのである。

Reference 引用・参照文献

Litwak, E., 1960, “Geographic Mobility and Extended Family Cohesion,” *American Sociological Review*, 25.

見田宗介，1967，『近代日本の心情の歴史――流行歌の社会心理』講談社（のち，『講談社学術文庫』1978）。

森岡清美・望月嵩編，1997，『新しい家族社会学』（4 訂版）培風館。

森岡清志・中林一樹編，1994，『変容する高齢者像――大都市高齢者のライフスタイル』日本評論社（のち復刻版，東京都立大学出版会，2001）。

那須宗一・湯沢擁彦，1970，『老人扶養の研究』垣内出版。

落合恵美子，1997，『21 世紀家族へ』（新版）有斐閣。

Summary サマリー

日本の高齢化の特徴は，その進展のスピードが急速であり，また，将来，高齢化率が 4 割にも達する（2050 年に 39.6 %）と推測されている点にある。現状においても，すでに高齢者人口が 15 歳未満の年少人口を上回っており，日本社会は，子どもが多く人口構成が若かった社会から，子どもが少なく高齢者が多い社会になっているといえるのである。しかし，高齢化の進展は，こうした諸変化のみならず，高齢者のライフスタイルの変容と地域社会の変化という質的変化をも，もたらしている。そもそも，家規範の強かった日本社会では，子どもと同居する高齢者が多く，そのことが諸外国と比較した場合，日本の家規範の存続を示す指標であった。しかし，高齢者の子どもとの同居率は1960年代以降，一貫して減少しており，これに代わって増加傾向にあるのが「夫婦のみ世帯」である。この傾向は全国どの地域にも見られるが，とくに大都市高齢者において顕著である。大都市高齢者では，既婚の子どもとの同居率は10％しかないのに対し，「夫婦のみ世帯」比率は40％を超えており，また一人暮らしも20％となっているのである。このことは，1980年代以降の家規範の衰退後，大都市高齢者の間では，それに代わる家族規範として「夫婦家族」の理念が萌芽的に見られるようになってきたことを意味している。そして，夫婦家族理念の強まりのなかで，その親族関係は修正拡大家族的色彩が強まりつつある。また，異居近親以外のネットワーク，つまり隣人とのネットワーク，友人ネットワークなどの多様なネットワークや，地域の役割も，いまやその重要性を高めつつある。高齢者のますますの増加に伴って，それら多様なネットワークによるサポートや，支えあう地域社会の形成が必要とされているのである。

SEMINAR セミナー

1. 直系家族制のもとでは，高齢者の地位や役割は，どのように位置づけられていただろうか。調べてみよう。

2. 日本の高齢者の自殺率は諸外国の高齢者の自殺率と比べると高い。また，寝たきり老人になる比率も高い。なぜ，こうした現象が生じるか，家族のあり方の観点から考えてみよう。

3. 高齢者と未婚子との同居家族が増大しつつある。これは日本的特徴といえるが，そうした家族形態が日本でなぜ多く出現するのか，また，そこでの問題点は何か，考えてみよう。

4. 修正拡大家族の特性・機能について調べ，日本でそれがどのようなかたちで出現しているか，議論してみよう。

5. 自分が住んでいる自治体で，「地域福祉計画」が策定されているか，また，その内容の特徴について調べてみよう。

読書案内

金子勇編『高齢化と少子社会』（金子勇・長谷川公一監修『講座・社会変動』第8巻）ミネルヴァ書房，2002

少子高齢化について，家族，地域社会，ジェンダー，階層などの各視点から幅広く論じられており，今後に向けての提言も行われている。

前田信彦『アクティブ・エイジングの社会学——高齢者・仕事・ネットワーク』ミネルヴァ書房，2006

高齢者の就業，高齢者の社会的ネットワークを，アクティブ・エイジングという概念でくくって捉え，分析を試みたもの。方法論としては，量的分析，質的分析，また各国の制度・方策との国際比較も行っており，多岐に富んでいる。

森岡清志・中林一樹編『変容する高齢者像——大都市高齢者のライフスタイル』日本評論社，1994（のち復刻版，東京都立大学出版会，2001）

制度としての家の解体は，既存の高齢者文化から導き出された高齢者像の変容をもたらした。従来とは異なる，新たな高齢者像・高齢者文化の模索を試みた書物である。

内閣府『高齢社会白書』

高齢社会基本法に基づき，平成8年から毎年刊行されている年次報告書。統計資料を用いて高齢化の現状を捉えたうえで，高齢社会対策の実施状況，施策などについて記述されている。日本社会の高齢化の現状の基本部分について，幅広く知ることができる。

OECD（経済協力開発機構）『OECD諸国・活力ある高齢化への挑戦——持続的な経済発展をめざして』（MINERVA福祉ライブラリ

ー）阿部敦訳，ミネルヴァ書房，2000

人口の高齢化は先進国共通の問題であるが，高齢化に対応しつつ経済成長を維持していくには，どのように取り組むべきか——この課題に対するOECD諸国の努力目標についての報告書（OECD, *Maintaining Prosperity in an Ageing Society*, 1998）の全訳。

島田晴雄・稲上毅編『高齢者の労働とライフデザイン』（隅谷三喜男・日野原重明・三浦文夫監修『長寿社会総合講座』第8巻）第一法規出版，1993

到来する超高齢社会における高齢者雇用のありようについて，将来像と課題をまとめた，1990年代に刊行された1冊。初期のものであるためデータは古いものの，国際比較も試みられ，日本の高齢化のもつ特徴と課題について，体系的に知ることができる。

——————— 安河内恵子◆

第11章 エスニック集団と地域社会

中越地震にあい，避難所に置かれたポルトガル語の新聞を読む外国人被災者（新潟県長岡市，2004年10月30日。時事通信社提供）

1980年代半ば以降から進展したグローバル化により，日本では，短期間のうちにさまざまなエスニック集団が出現するようになった。「エスニック集団」は，「出自や文化的アイデンティティを共有する人々の集団」をさすという意味において，「民族」と類似した概念である。しかし，エスニック集団という言葉を用いる場合，それがある社会のなかに存在しているという点と，その社会において他の類似した集団と頻繁に相互作用を行うという点をとりわけ重視する。日本でも，居住地や職場，学校などで，さまざまなエスニック集団がホスト社会の人々と接触しており，そうした機会から両者の間に深刻な軋轢が生まれることも少なくない。

では，今後，同じ地域社会で暮らす外国人と日本人は，どのような関係を築くことができるのだろうか。第11章では，おもにエスニック集団の存在が顕在化している地域社会について取り上げ，そこで生じた変化や直面している課題を検討しながら，この問題について考察したい。

1 地域社会における異質性の高まり

外国人人口の急増

グローバル化とは，経済活動をはじめとするさまざまな活動が，国家の枠を超えて展開されるようになることを意味する。その結果，モノ，ヒト，カネ，情報，サービスなどの移動範囲が，地球規模に拡大した。

こうした動向が日本でも顕在化するようになったのは 1980 年代後半で，その頃から，ニューカマーと呼ばれる外国人が労働者や留学生として日本の地域社会へ大量に流入し始めた。それまでにも日本では，戦前から朝鮮や台湾などの旧植民地出身者とその子孫（オールドタイマー）が多く暮らしてきた。しかし，ニューカマーの急増によって，1985 年に約 85 万人であった外国人登録者は，2005 年には約 200 万人となり，わずか 20 年間でおよそ 2.4 倍に膨れ上がった。また，日本の総人口に占める外国人登録者の割合（外国人比率）も，この 20 年間に 0.7 ％から 1.57 ％へ飛躍的に伸びた（図 11−1 ）。

国籍（出身地）の多様化

ここ 20 年間における外国人人口の急増とともに，外国人の国籍も多様化する傾向にある。図 11−2 に示されたとおり，かつては外国人登録者の大半が「韓国・朝鮮籍」の人々によって占められていた。しかし，現在はその割合が年々減少しているのに対して，「中国籍」や「ブラジル籍」が増えていることがわかる。また，「その他」の割合も増加の一途をたどっており，日本社会の多民族化・多文化化が進行している様子をはっきりと見て取ることができる。

図11-1　外国人登録者総数の推移（各年末現在）

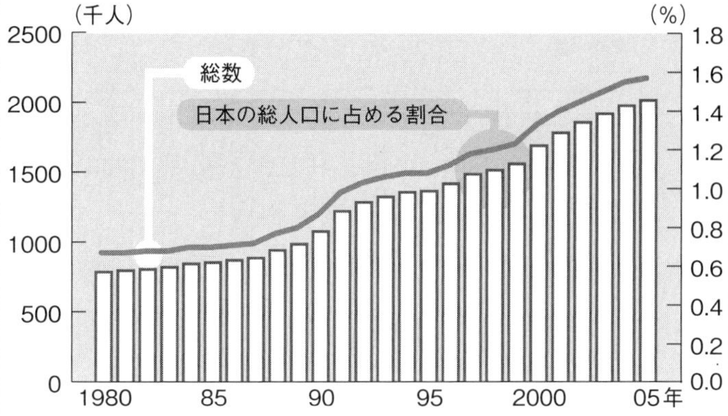

（出所）入管協会『在留外国人統計』各年次版。

韓国・朝鮮籍の減少については，帰化によって日本国籍を取得する人が増え続けていることと関連が深い。一方，中国籍の場合，留学生や研修生として来日する人が増えたために，その構成比も増加を続けている。また，ブラジル籍は，1989年から91年にかけて，構成比が一気に拡大した。その背景として，当時，建設業や製造業を中心とする企業で労働力不足が深刻となったことと，非正規滞在の外国人（超過滞在者および非正規入国者）が増加したことがあげられる。これらの問題を解消するため，1990年に「出入国管理及び難民認定法」が改正施行された。それによって，日系ブラジル人3世までとその扶養家族が，日本国内の「単純労働」を含むあらゆる職種で合法的に就労できるようになったのである。

滞在期間の長期化

日本の外国人をめぐる近年の動向として，ニューカマーの滞在期間が長期化してい

図11-2　国籍（出身地）別構成比の推移

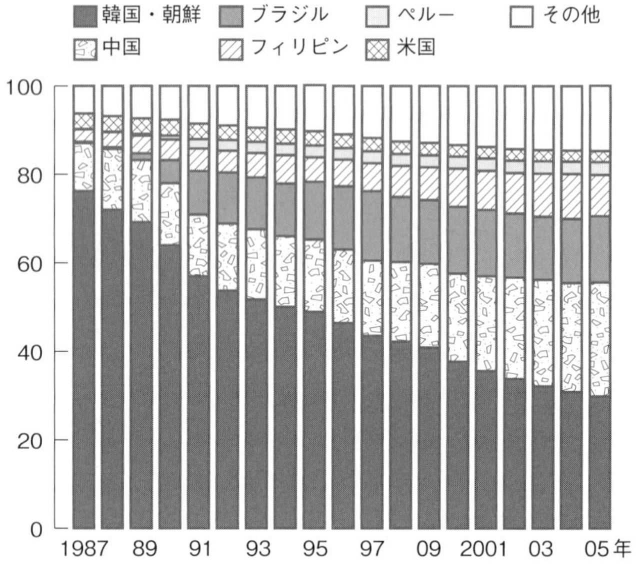

（出所）　図 11-1 に同じ。

ることも大きな特徴だろう。当初，ある一定期間の滞在を経て帰国することを念頭に置きながら，出稼ぎ労働者や留学生として来日した人々が，さまざまな事情から日本での生活を継続させている。

それとの関連でいえば，近年，国際結婚の件数が著しく増大している。夫妻の一方が外国籍者である婚姻は，1985 年で 1 万 2000 件（日本における婚姻総数の 1.7 %），1995 年で 2 万 8000 件（同 3.5 %），そして 2005 年で 4 万 1000 件（同 5.8 %）と，着実に増え続けている（厚生労働省『人口動態統計』）。また，単身で来日した外国人が本国から配偶者や子どもを呼び寄せて，家族での

図11-3　在留資格別外国人登録者数の推移

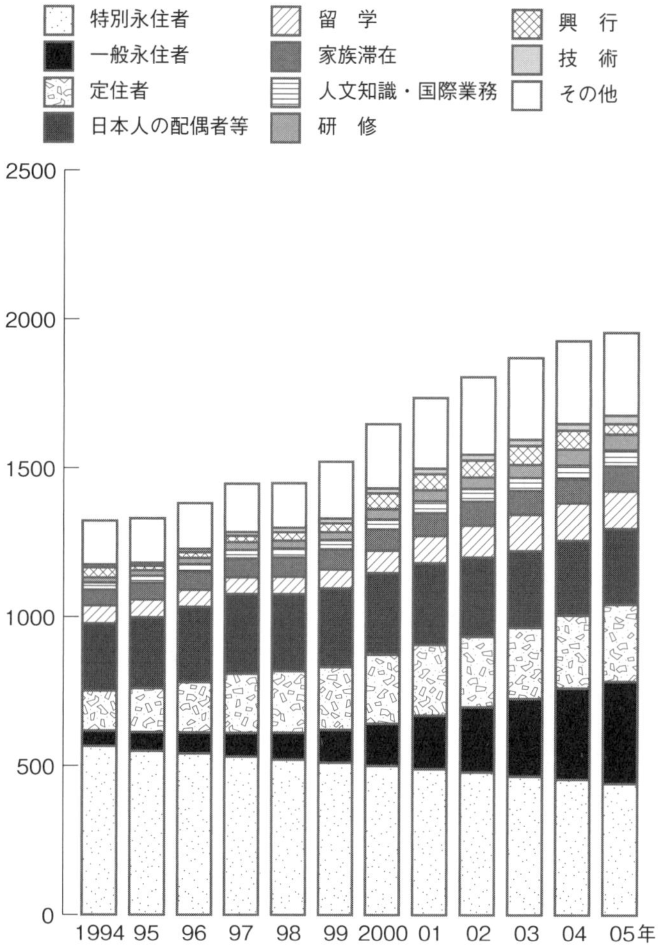

（出所）図 11-1 に同じ。

生活を送るようになるケースも多く，それが滞在期間の延長を図る契機ともなっている。

こうした滞在期間の長期化と，それに伴う国際結婚や家族呼び寄せは，ニューカマーが日本での生活基盤を確立させ，永住化している過程を示す。外国人登録者数を在留資格別に見ると，日本での永住が認められた「一般永住者」が急激に増加しており，ここからもニューカマーの永住化傾向を把握することができる（図11-3）。

以上，統計データで見てきたように，現在の日本では，さまざまな国籍をもつ外国人が短期間のうちに急増したうえ，その一部がもはや「一時的な滞在者」としてではなく，「生活者」として社会に根を下ろしつつある。よって，地域社会を構成する人々の社会的文化的背景は，かつてないほどに異質なものとなっている。また，外国人人口の増加と滞在期間の長期化を背景として，さまざまなニューカマーのエスニック集団と彼らが形成するエスニック・コミュニティが各地で出現している。そうした地域社会では，住民が日常生活において異質性の高まりを実感する機会も少なくない。

そこで次節では，日本のエスニック・コミュニティについて述べることにしよう。

2 エスニック・コミュニティの生成

外国人の集住がもたらすエスニックな下位文化の出現

アメリカの社会学者であるC. S. フィッシャーの「下位文化理論」は，エスニック・コミュニティの生成過程をわかりやすく説明してくれる。フィッシャーによると，ある特定の地域に人口が集中すればするほど，それぞれ特色をもった多様な「下位文化（subculture）」が生み出される。そして，ある下位文化を支える人口が多くなり，一定の「臨界量」を達成すると，服装様式，新聞，結社のような諸制度が創出されやすくなる。さらに，諸制度の整備が進むと，集団内の社会的紐帯を維持できるようになる（Fischer 1975）。

日本のエスニック集団と，その集団が形成するコミュニティに対しても，この下位文化理論の命題を当てはめることがある程度まで可能だろう。たとえば，日本でもっとも多くのブラジル人が暮らす静岡県浜松市では，さまざまなサービス業が業務を展開している。家族滞在が増えた1990年代半ば以降は，本国のカリキュラムに準拠した教育を行うブラジル人学校も開校した。また，ブラジル人が企画・運営する文化イベントの「ブラジル・フェスタ」やクリスマスイベントの「ブラジル・ナタゥ」には，毎年多くのブラジル人市民が参加している（池上編 2001）。

このように，浜松市でブラジル人の商店や学校，文化活動といった制度が次々と出現するのは，それらの運営を可能にする程度の十分なブラジル人の人口量が確保されているからにほかならない。こうした制度の集積によって，「エスニック・コミュニティ」と呼びうる下位文化が次第に形成されていくのである。

では，そうした経緯をもう少し具体的に捉えるため，エスニック・ビジネスの展開を例にあげてみよう。

エスニック・ビジネスの展開

ニューカマーの日本滞在が長期化するに伴い，彼らの日常生活に必要なあらゆる物資およびサービスを提供する商店や企業が誕生するようになった。それが「エスニック・ビジネス」と呼ばれる事業である。一般的に，エスニック・ビジネスは，経営者，従業員，そして顧客（利用者）の大半が外国人であり，エスニック・コミュニティの形成を促す重要な制度ともいえる。

東京都新宿区の大久保地区は，都内でも外国人が多く住む街として知られている。そこにある「T商店」は，中国や東南アジアなど幅広い地域の食材を取り扱うほか，ビデオの貸出しや航空券の取り次ぎなども行っている。上海出身の中国人である店長は1986年に来日し，この地域に住みながら学生時代を過ごした。その過程で彼は，同胞やほかの外国人が自国の食料品を必要としているにもかかわらず，それを入手できる店が周囲にないことを痛感する。この経験は，彼が日本人の友人とともに，このビジネスを始めるきっかけとなった。T商店には，顧客として，中国および東南アジア諸国の多様な国籍をもつ人々が集まってくる。客が店員とのたわいのないおしゃべりのなかで寄せるさまざまな情報は，店員によって別の客へと伝えられる。このように，「T商店」は，いわば情報の発信地として，さらに利用者のネットワークの結節点として，機能しているのである（白石2003）。

また，ブラジル人の集住地である群馬県の太田・大泉地区では，1990年頃からブラジル人向けの店が開店するようになった。食材や衣類といった生活必需品はもちろん，サッカーやサンバ，ダイビングの教室など，余暇活動の充実をもたらすような嗜好性に富んだサービスまでが供給されるようになっている。その後，こうしたエスニック・ビジネスの成功を見た人々が，次々と新しい事業を立ち上げるようになった。1996年には，ブラジル人と地元の日本人自営業者らが共同出資して，「ブラジリアン・プラザ」と呼ばれるショッピングセンターをオープンさせた。ブラジリアン・プラザのなかには，誰でも腰をかけて休んだり，仲間と語らったりできるような広場が設けられており，そこへ行けば同胞の誰かと話すことのできる場となっている（湯本・北沢 2001）。

つまり，エスニック集団のメンバーがある場所に集住する過程で，彼らを顧客とする自営業者が出現し，新たなビジネスを開始する。その商店には，日本においても母国での生活をできるだけ再現したいと願う人々が，生活用品やサービスを求めて集まる。そこを拠点とし，日常生活や新しいビジネス展開などに関する情報のやりとりが行われ，同胞の間にネットワークが構築されていく。このようなエスニック・ネットワークの集積によって，さらに多くの同胞がその地域に引き寄せられる。このようなメカニズムにより，エスニック・コミュニティが次第に形作られていくのである。

エスニック・コミュニティ内部の格差

エスニック・コミュニティが形成される過程において，その内部に大きな社会的・経済的格差が生じる場合も少なくない。エスニック・ビジネスなどで成功を収め，階層の上昇移動を果たす者がいる一方で，社会進出の機会に恵まれず，日本における労働市場の最下層に組み込まれたまま，不安定な生活を余儀なくされる者がいるのだ。

ブラジル人のネットワークとコミュニティを例にとってみよう。樋口によると，エスニック・ビジネスの経営者には高学歴者が多く，彼らは来日後に知り合ったブラジル人や日本人と社会的ネットワークを構築しながら，ビジネスの立上げに必要な情報の収集と資金の調達を進めていた。経営者のうち，ビジネスに成功して安定的な生活を営んでいる者は，エスニック・コミュニティという氷山の上の目に見える存在となっていく。これに対し，水面下にいてエスニック・ビジネスを利用する立場である労働者たちには，低学歴，短期滞在志向，低い日本語能力，流動的な生活といった特徴がある。彼らはエスニック・ビジネスを通じた持続的な関係を築くこともなく，「顔の見えない定住化」を推し進めることになるという（樋口 2005）。

こうしたエスニック・コミュニティ内における階層分解は，新華僑（中国本土で改革開放政策が開始された 1979 年以降に出国した中国人）やベトナム人のエスニック集団でも発生している（中野 2003，浅野 2003 など）。しかし，その内部では分裂が進みながらも，エスニック・コミュニティは，制度という可視的な存在によって，ホスト社会とのゆるやかな境界線を維持している。エスニック・コミュニティが発達していけば，ホスト社会に与える影響も大きくなりがちである。そこで次節では，エスニック集団とホスト社会の関係に焦点を当てよう。

3 エスニック集団とホスト社会の人々

フィッシャーの下位文化理論には，下位文化集団間の関係に関する命題が含まれている。それは，ある地域における下位文化の多様性と規模が大きくなればなるほど，下位文化相互の紛争も増え，その結果，各集団内部がさらに強化されるという過程である（Fischer 1975）。日本の地域社会においても，エスニックな諸制度やそこへ参加する人々の姿が可視化して，エスニック・コミュニティの存在が顕在化するようになると，エスニック集団とホスト社会側の日本人集団との間に，さまざまな摩擦が生まれるようになった。以下，地域社会における具体的な事例をあげながら，そうした状況を見ることにする。

浜松市県営住宅S団地におけるブラジル人と日本人

浜松市内にある県営住宅のS団地では，1997年8月当時，入居総戸数857戸のうち，外国人世帯が21戸であった（外国人世帯率2.5％）。そのうち，ブラジル人世帯は最多の13戸で，あとはベトナム人やペルー人などの世帯が占めていた。当時，自治会の末端組織の長である組長を，外国人世帯が務めることはなかったが，それについて日本人居住者もそれほど問題視してはいなかった。大掃除の日程やゴミ出しのルールといった情報は，外国人居住者のいる組の組長が口頭で直接伝える形式をとり，外国人居住者を自治会活動に取り込む努力が重ねられていた。一方，外国人居住者の側にも，団地の生活習慣を理解し，自治会員としての義務を果たして団地生活に適応しようという意図が見受けられた。

けれども，2000年9月の時点で，外国人世帯総数が139戸（うちブラジル人世帯は92戸）となり，外国人世帯率も14.2％にまで達すると，外国人の急増が日本人居住者にとって身近な問題として意識されるようになる。この頃から，ゴミ，駐車場，深夜の騒音（パーティや夫婦喧嘩）などに関する苦情が自治会役員へ寄せられ始めた。しかし，公営住宅に住むブラジル人の勤務先は多様であり，ブラジル人居住者が集まる機会もなかったため，日本人側の要求をブラジル人側に伝える回路は乏しかった。この時期，組長108人のうち5人が外国人となり，自治会役員のレベルでは外国人と日本人の交流が形を成しつつあったが，居住者レベルでの意見交換の場は設けられていなかった。

こうした状況のなかで，2000年から01年にかけて3回開催された「外国人とのふれあいトーク」は有意義であった。この催しは，「外国人と日本人住民の共生・共助の道を探る」ことを目的に，S 地区の住民の一人が呼びかけて実現したもので，日本人側は自治会関係者，警察官，市職員，学校関係者，そしてブラジル人側はS 団地に居住する者 20 ～ 30 人が参加した。ここでは，駐車場や団地内の交通安全，ゴミ出し，子どもの教育など，生活上の諸問題をめぐる意見交換がなされた。その後，ポルトガル語に翻訳された自治会規約の作成や，生活マナーについて記した日本語とポルトガル語の掲示板設置が行われた。また，ふれあいトークの試みは，ブラジル人の意見や要望を日本人側に伝える機会を提供しただけではなく，出席したブラジル人どうしが顔見知りになる場ともなった（池上編 2001）。

顔の見える関係をめざして

このS 団地の事例には，エスニック集団と日本人の関係について，いくつか注目すべき点を含んでいる。まず第 1 点目は，外国人居住者が少なかった頃は，日本人と外国人の間に大きなトラブルが発生していなかったけれども，外国人居住者が増加すると日本人側からの苦情が噴出していることだ。つまり，エスニック集団の規模が急激に拡大することによって，日本人住民は個々の外国人住民と「顔の見える関係」を築くことがむずかしくなる。そのために，A さんという一人の外国人の行為が，A さんの属するエスニック集団全体の傾向として捉えられやすくなる。その結果，外国人に対する違和感や不信感がいたずらに増幅し，分離志向が高まるのだろう。また，こうした日本人側の分離志向は，外国人どうしの結合関係を促す。深夜まで続くブラジル人グループのパーティも，その表れの 1 つであると考えられるが，その際の騒音が日本人住民の苦情の原因となり，悪循環が繰り返されるのである。

しかし，外国人とのふれあいトークの開催をきっかけとして，

Column ⑳ 外国人住民の政治参加

日本国内における外国人住民の急増と永住化に伴い，1990 年代後半より，外国人の政治参加を本格的に制度化する動きが見られるようになった。外国人の地方参政権については議論されているものの，今のところ，実施のめどは立っていない。その一方で，外国人を住民自治の担い手として位置づけ，市政参加を可能にする新しい仕組みづくりが進んでいる。

その先頭を切ったのが，1996 年の「川崎市外国人市民代表者会議」である。代表者は公募によって選定されるため，多様な国籍や社会的文化的背景をもつ住民の参加が可能になる。また，審議の結果を市長が議会報告および公表することになっているため，外国人の政治的発言の機会を保障する制度として，その意義は大きい。

その後，東京都（1997 年設置），神奈川県（1998 年設置）のほか，外国人の集住都市などで，同様の外国人会議が創設されている。また，大阪市や京都市では，日本人有識者を構成員に含む「有識者会議」や「懇話会」が設置されている。

日本人とブラジル人の関係に変化が生まれている。これが第 2 点目である。両者が文字どおり同じテーブルにつくことで，ようやく顔の見える関係の形成に向けた第一歩が踏み出されたのだ。ここで「顔の見える関係」とは，「外国人の A さん」「日本人の B さん」ではなく，同じ団地の居住者，あるいは同じ市民として互いが相手を認識するような関係ともいえるだろう。そのような関係の構築を促すうえで，具体的な生活問題について直接議論を交わす機会を設けたことの意義は，けっして小さくないと思われる。

そして，注目すべき第 3 点目は，「外国人とのふれあいトーク」によって，ブラジル人どうしの間でも，新しい関係づくりが始まったことである。それまで互いにつながりの薄かった外国人居住者どうしの連携が誕生すれば，団地住民の取決めなど，さまざまな生活情報がより正確に，より広範に伝えられることが期待される。

そこで，次に問うべきは，何を契機としてこのような対話が生まれるのか，そして，対話から生まれた顔の見える関係をいかにして持続・発展させるかである。最終節では，オールドタイマーの在日韓国・朝鮮人と日本人の関係を例にあげて検討しつつ，これらの点を考察したい。

4 協働関係の模索

ここで取り上げる在日韓国・朝鮮人は，これまですでに約100年に及ぶ定住の歴史を有している。2006年末現在，外国人登録を行っている韓国・朝鮮籍者は約60万人で，そのうち約44万人が，日本での活動や在留期間に制限のない「特別永住者」の在留資格をもつ。このほかに，帰化申請をして日本国籍を取得した人も多いのが特徴である。ニューカマーの外国人とは，来日時の歴史的背景，移住のパターン，在留資格などが異なるため，在日韓国・朝鮮人の事例をそのままニューカマーに当てはめることはできない。けれども，ニューカマーの永住化・定住化は今後さらに進むだろう。そうだとすれば，在日韓国・朝鮮人と日本人の関係を細かく分析することによって，ニューカマーと日本人がこれから築きうる関係を展望できるのではないか。

大阪市生野区における在日韓国・朝鮮人と日本人

大阪市生野区は，日本でもっとも多くの在日韓国・朝鮮人が暮らす街として有名である。区の総人口138,564人のうち，

Column ㉑ 多様性の活用

近年，経済界において，「ダイバーシティ・マネジメント（diversity management）」という新しい経営戦略が徐々に浸透し始めている。「ダイバーシティ」は，「多様性」を意味する言葉で，「性別，年齢，国籍など属性の異なる人々が各自のもてる力をフルに発揮できるような職場環境を整えることによって，画期的な商品やサービスが開発され，新しい顧客を獲得できる企業が生まれる」というのが，ダイバーシティ・マネジメントの考え方である。この戦略は，個人にもメリットをもたらすと考えられており，各自の価値観にあう働き方や生き方が選択可能になると期待されている。

グローバル化の進展によって市場が多様化・複雑化する現状のなか，実際にダイバーシティ・マネジメントを採用した企業では，業績が伸びたという報告も見受けられる。

こうした考え方は，地域社会に対しても，ある程度適用することができるのではないか。本章で取り上げた大阪市生野区の試みはいずれも，社会的・文化的背景の異なる住民が同じ目的のために手を組んだからこそ，新たな問題解決の糸口を見出すことができたのである。このように，地域社会における多様性の活用が生み出すメリットを，積極的に検証・評価する作業が必要だろう。

外国籍住民が33,456人で，その約94％にあたる31,324人が韓国・朝鮮籍をもつ人々によって占められている（2005年『国勢調査』）。つまり，住民の5人に1人が韓国・朝鮮籍である。在日韓国・朝鮮人の生活を支える組織として，朝鮮料理のレストランはもちろん，民族団体である総連と民団の支部，朝鮮初級・中級学校，病院，教会，寺院，高齢者福祉施設などが揃っているほか，朝鮮語教室や民族音楽サークルの活動，在日韓国・朝鮮人の人権擁護を訴える社会運動なども活発に展開している。

一方，日本人社会の中枢的存在であるのが，「連合振興町会」

大阪市生野区のコリアタウン（筆者撮影）。商店街の象徴，「百済門」。「オイソ（来てえな），ポイソ（見てえな），サイソ（買うてえな）」と呼びかける。

（町内会）である。生野区では，19の小学校区にそれぞれ「連合振興町会」がある。連合振興町会長はいわば地域の顔役だ。19人の連合振興町会長は全員日本人で，連合女性部長など，そのほかの地域住民組織のトップもほとんどが日本人である。つまり，生野区では，実質的に日本人が住民組織を管理・運営してきたのである。そして，民族団体などの各種組織や活動を結節点とする在日韓国・朝鮮人社会と，連合振興町会を基盤とする日本人社会は，それぞれ独自の規範や価値観を維持しながら，集団内の結束を高めてきた。

M商店街の取り組み

こうした状況のなかで，在日韓国・朝鮮人と日本人が集団レベルで手を結ぼうとする試みは皆無であったのかといえば，そうではない。その1つがM商店街の取り組みである。この商店街は，JR大阪環状線の

M駅から東へ15分ほど歩いた場所にある。戦後，日本人商店主が他出した後，韓国・朝鮮人がそこへ店を構えるようになり，1950年から70年にかけては「朝鮮市場」と呼ばれ，大勢の買物客でにぎわった。

しかし，1980年代以降，商店街の斜陽化が進み，客足が途絶えてしまう。そこで，在日韓国・朝鮮人と日本人の若い商店主らが「推進委員会」を結成し，商店街の再建策を議論した。その結果，「朝鮮半島の食文化の発信地として，ほかにはない商店街を作り上げよう」という結論に達する。これを受けて，道の舗装や照明器具の整備が進み，1993年には「コリアタウン」として新しいスタートを切った。商店街は注目を集めるようになり，近年における「異文化体験学習」の人気の高まりも手伝って，再び活気を取り戻すことができたのである。

地域福祉活動の展開

これとは別の試みとして，1970年代から生野区で始まった障害者の地域生活支援活動があげられる。この地域では共働き家庭が多かったが，当時，障害児は公立保育所への入所を認められていなかった。そこで，キリスト教会に障害児通園施設が併設されたのである。この施設の職員や園児の家族らは，一般の保育所に障害児の受け入れを求める運動を活発に展開し，最後には一定の成果を上げた。また，この運動に参加した人々の一部は，子どもが小学校へ進学する頃になると，放課後における障害児の受け入れ先を確保するために，学童保育所を自分たちの手で設立した。

その子どもたちが中学や高校を卒業する時期にさしかかった1980年代当時，障害者を雇用する企業は皆無に等しかった。そのため，生野で多くの当事者とその家族らが選択した道は，地域内に自分たちの就業場所を自分たちで作り出すことであった。こうして，生野に小規模の福祉作業所が次々と誕生した。さらに，90年代に入ると，複数の障害者がボランティアの支援を受けながら共同生活を送る，グループホームの建設が進んだ。将来，家族の亡き後も，障害のある人々が地域住民とともに生活を営めるようにという意図が，これらの活動を促したのである。現在は，活動のさらなる活性化と安定化のために，NPOの法人格を取得するグループも出始めている。

これらの福祉活動は，同じ生活課題を抱えた在日韓国・朝鮮人と日本人の連帯によって支えられてきた。障害があっても，一人の生活者として地域社会で家族や友人とともに暮らしたいという共通の思いによって，両者の協働関係が促されたのである。この過程で，活動に参加した日本人住民は，韓国・朝鮮籍の人々が外国人であるためにさまざまな不利益を被っているという事実に目を向けるようになる。こうして活動の参加者らは，障害児・者の生活支援を求める取組みが，社会的に弱い立場の人々を支える運動の一環であるということを学び，誰もが生活しやすい地域社会の形成こそが必要であるという認識を深める。このように，参加者がより普遍的な理念を獲得したことによって，生野区の福祉活動は多くの賛同者を得ながら発展することができたのである。

多様性を活かしたコミュニティ形成の可能性

以上，大阪市生野区において，在日韓国・朝鮮人と日本人が互いに歩み寄り，協働関係を結んできた事例を紹介した。では，エスニック集団とホスト社会の人々が，分離ではなく，結合的な関係を築く条件とは，いったい何だろうか。

第1に，両者が共通した課題を抱えていることがあげられる。M商店街の場合は「商店街の斜陽化」，地域福祉活動の場合は「障害者の自立生活を困難にする社会環境」がこの課題に該当した。これらは，在日韓国・朝鮮人と日本人が手を組まなければ共倒れとなるような剝奪状況である。そうした現状を両者が自覚することによって，あるエスニック集団のメンバーという役割以外のさまざまな地位－役割（たとえば，商店主，障害をもつ者など）に基づいた協働関係の模索が始まるのである。谷は，このような関係形成のあり方を「バイパス結合」と呼んでいる（谷 2002）。

第 2 は，課題解決のために長期的な連帯が必要であるということである。本節で取り上げた事例は，一時的な連帯では剝奪状況を脱することができないような性格をもっていた。外国人と日本人の連帯が継続されることによって，両者の関係は，当初の利害の一致による協働関係（symbiosis）から，互いの社会的文化的背景を尊重する共同関係（conviviality）へと移行する可能性がある。

そして第 3 として，人々に居住地への定着意思があることも重要な条件である。とりわけ，移民として日本へ流入してきた外国人が当該社会に根を張って生活していこうという志向性をもっているか否かにより，日本人との関係のあり方が大きく左右されるだろう。在日韓国・朝鮮人の場合，朝鮮半島への帰国がもはや現実のものではなくなり，日本での定住意思が固まったのは，1970 年代以降だといわれる。生野区で，在日韓国・朝鮮人と日本人の協働による地域福祉活動がその時期に始まったのも，たんなる偶然ではないだろう。

このように考えると，今後，ニューカマーの永住化がさらに進めば，地域社会に出現するさまざまな問題に外国人と日本人が連帯して取り組むことによって，両者の間に親密な関係が形成される可能性があるといえる。また，社会的・文化的背景の異なる人々が手を結べば，より多様性に富んだアイデアや視点が凝集されていく。そうした地域住民の多様性を十分に活かすことによって，新しいコミュニティを創造することができるだろう。

Reference 引用・参照文献

浅野慎一，2003，「多民族社会・日本における階級・階層構造と文化変容——中国人・ベトナム人・ブラジル人・日本人調査を主な素材として」関西社会学会『フォーラム現代社会学』2号。

Fischer, S., “Toward a Subcultural Theory of Urbanism,” *American Journal of Sociology*, 80（6），1975.（＝1983，奥田道大・広田康生訳「アーバニズムの下位文化理論に向けて」同編『都市の理論のために』多賀出版）

樋口直人，2005，「移民コミュニティの形成？——社会的ネットワークの再編成をめぐって」梶田孝道・丹野清人・樋口直人『顔の見えない定住化——日系ブラジル人と国家・市場・移民ネットワーク』名古屋大学出版会。

池上重弘編，2001，『ブラジル人と国際化する地域社会——居住・教育・医療』明石書店。

中野克彦，2003，「エスニック・ネットワークの新たな展開——在日中国人のネットワークとメディア」石井由香編『講座グローバル化する日本と移民問題 4　移民の居住と生活』明石書店。

白石砂紀，2003，「エスニック・ビジネスの生成過程——広がるネットワークと起業家精神」渡戸一郎・広田康生・田嶋淳子編『都市的世界/コミュニティ/エスニシティ——ポストメトロポリス期の都市エスノグラフィ集成』明石書店。

谷富夫，2002，「民族関係の可能性」谷富夫編『民族関係における結合と分離』ミネルヴァ書房。

都築くるみ，1995，「地方産業都市とエスニシティ」松本康編『増殖するネットワーク』勁草書房。

————，1998，「エスニック・コミュニティの形成と『共生』——豊田市H団地の近年の展開から」『日本都市社会学会年報』16号。

————，2003，「日系ブラジル人を受け入れた豊田市H団地の地域変容—— 1990 ～ 2002 年」関西社会学会『フォーラム現代社会学』2号。

湯本誠・北沢梅英，2001，「外国人労働者の職場生活とエスニック・ビジネス」小内透・酒井恵真編『日系ブラジル人の定住化と地域社会』御茶の水書房。

Summary　サマリー

グローバル化の影響により，日本では1980年代後半から，ニューカマーの外国人が急増した。また，近年は，外国人の国籍の多様化と滞在期間の長期化傾向が進んでおり，地域社会で暮らす人々の社会的文化的背景は，ますます異質なものとなっている。

こうした状況のなか，外国人が多く集まって生活する地域社会では，外国人による外国人のためのエスニック・ビジネスが展開するようになった。そして，そこを拠点とするエスニック・ネットワークが集積し，エスニック・コミュニティと呼べるような社会が形成されると，ホスト社会との間に深刻な溝が生じるところもでてきた。たとえ同じ団地に暮らしている場合でも，外国人と日本人が互いに相手を同じ居住者として認識する機会をもたないまま，分離した関係を維持していることに，その一因がある。

そこで，大阪市生野区における在日韓国・朝鮮人と日本人の関係を先行事例として位置づけ，両者の連帯が支えてきた取り組みを検討してみた。その結果，地域社会におけるさまざまな共通課題の出現が，エスニック集団とホスト社会の人々を結びつける契機となること，それらの解決に向けた取り組みが両者の関係を維持・発展させること，さらに，こうした取り組みに必要な前提条件として，人々が居住地への定着志向をもっていること，これらが明らかとなった。同時に，多様な社会的文化的背景をもつ人々が，それぞれのアイデアをもち寄ることによって，新しいコミュニティが形成される可能性もあるだろう。

SEMINAR セミナー

1. 東京都市圏，大阪都市圏，名古屋都市圏はいずれも外国人比率の高い地域であるが，各地域における外国人登録者の国籍別構成比には，それぞれ異なった特色が見受けられる。そうした差異がなぜ生じるのかについて，調べてみよう。
2. エスニック・ネットワークやエスニック・コミュニティの形成を促す制度には，どのようなものがあるのか，調べてみよう。
3. 外国人が集住する地域社会の多くで，エスニック・コミュニティの発達が外国人集団と日本人集団の間に溝を作ったのはなぜだろうか。具体的に例をあげて，考えてみよう。
4. 第11章では，エスニック集団とホスト社会の日本人の間に結合的な関係が生まれる条件を，どのように考えているだろうか。
5. 社会的文化的背景が異なった集団どうしの連帯を促すような地域社会の問題として，どのようなものがあるだろうか。議論してみよう。

読書案内

池上重弘編『ブラジル人と国際化する地域社会――居住・教育・医療』明石書店，2001

静岡県浜松市のブラジル人が直面した居住，教育，医療の問題を取り上げながら，日本の国際化について考察しようと試みている。

梶田孝道・宮島喬編『国際社会 1 国際化する日本社会』東京大学出版会，2002

近年の在住外国人の急増に伴う日本社会の構造変化と，そこに生きる外国人の生活世界を浮き彫りにするための論考をまとめている。

――――・丹野清人・樋口直人『顔の見えない定住化――日系ブラ

ジル人と国家・市場・移民ネットワーク』名古屋大学出版会，2005

日本の社会制度が，デカセギにきたブラジル人の移住過程に与える影響を説明したうえで，日本の移民研究に欠けている視点を鋭く指摘している。

川上郁雄『越境する家族――在日ベトナム系住民の生活世界』明石書店，2001

ベトナム系住民を対象としたフィールドワークをもとに，彼らの主観的世界を丹念に描きつつ，「難民」としての生き方やホスト社会の課題について考察した。

宮島喬編『外国人市民と政治参加』有信堂高文社，2000

川崎市外国人市民代表者会議の開催がもつ意義を冷静に検討するとともに，外国人市民の政治参加を促す社会的・文化的条件について分析している。

――――・加納弘勝編『国際社会 2 変容する日本社会と文化』東京大学出版会，2002

多文化化が進む今日，国際結婚，学校教育，宗教，エスニック・メディア，地域社会の現場では，どのような文化的変革が生じているかを論じている。

二階堂裕子『民族関係と地域福祉の都市社会学』世界思想社，2007。

主に大阪市生野区の在日韓国・朝鮮人と日本人の民族関係に焦点をあて，地域福祉における両者の連帯の可能性を追究している。

大久保武『日系人の労働市場とエスニシティ――地方工業都市に就労する日系ブラジル人』御茶の水書房，2005

地方工業都市へ出稼ぎにやってきた日系人について地道に調査し，彼らのエスニシティが就労形態に与える影響を実証しようとした。

谷富夫編『民族関係における結合と分離――社会的メカニズムを解明する』ミネルヴァ書房，2002

在日韓国・朝鮮人に対する生活史の聞き取り調査と，日本人に対する民族意識についての統計調査をもとに，結合的な民族関係を促す条件を探究した。

————————— 二階堂裕子◆

第12章　地域社会の未来

コミュニティ行政の限界と新しいコミュニティ形成

お年寄りが利用しやすい低床型の岐阜市コミュニティバス（毎日新聞社提供）

本書では，コミュニティは望ましい地域社会像を意味する期待概念として位置づけられている（第2章参照）。コミュニティのこのような捉え方は，都市社会学では一般的である。

けれども，コミュニティを地域社会のたんなるカタカナ表記とみなす人々のほうが依然として多い。このことが，コミュニティという言葉が広く使われる割には，いま一つ意味内容が確定しないことの大きな原因となっている。

この言葉が急速に普及する直接のきっかけは，行政的課題としてコミュニティ形成が取り上げられたことによる。しかも当初は，行政においてもコミュニティは社会目標と位置づけられていたのである。それがどのように変質してしまったのか，今，なぜどのような再構成が必要なのか，この点から説明を始めることにしよう。

1 コミュニティ行政の限界と遺産

地方分権改革とコミュニティ行政

地域ないし地域社会が重要であり続けることは，第6章をはじめ各章で言及されているとおりである。ただどのような点で重要であるかは，社会の大きな変動とともに変化するものである。とりわけ制度の変化は，地域社会の担うべき役割や地域社会に対する政策のあり方を見直す契機となる。

1990年代に始動した地方分権改革は，96年の地方分権推進委員会中間報告，99年の地方分権一括法の制定，2001年の委員会最終報告をへて，これまでにない大きな制度的変革を自治体にもたらすものとなった。この分権改革が進行するなかで，基礎自治体における政策理念にも変化が現れている。

この変化は，都市・自治体経営論，NPM（ニュー・パブリック・マネジメント）の考え方，そして新しい公共論など，総じて新自由主義に準拠する公共観念の日本的転回とでも言うべき思潮と合流して，いまや行政との協働＝パートナーシップやガバナンスと呼ばれる新しい自治体政策の理念を形づくりつつある。新しい自治体政策というのは，かつてのコミュニティ行政と比較して，公共の捉え方や政策の意思決定への住民参画許容度など，大きく異なるからである。しかし同時に，70年代・80年代のコミュニティ行政によって地域社会と住民が経験した事柄，たとえば共同的活動への参加という経験，公共的領域への参加の必要性を痛感する経験等々の，いわば体験学習を通してつかみとってきた事柄を重要な成果として継承している側面もまたもっている。

この章では，新しい自治体政策と70年代・80年代のコミュニティ行政との連続性に注意を向けつつ，地方分権改革を契機とする90年代以降の自治体政策の変化にも注目して，90年代以降の変化の方向を，「新しいコミュニティ形成」と呼ぶことにしたい。まずは，かつてのコミュニティ行政の限界と遺産を見ていくことにしよう。

コミュニティ行政の原点

コミュニティ行政の端緒は，1969年の国民生活審議会調査部会コミュニティ問題小委員会報告『コミュニティ――生活の場における人間性の回復』に基づく自治省の「モデル・コミュニティ」施策である。この報告は，大都市に進行する住民自治の空洞化と行政サービスへの過度の依存が，かつてない速さと拡がりを伴って進んでいくことに対する危機意識，ないし問題意識を背景としてコミュニティ形成を提唱した。大都市における行政システムへの住民参画を実現し，これをテコとして新しい共同性を地域社会ごとに構築していくこと，当初，コミュニティはこのような必要性と期待を込めて語られた地域社会像であった。

大都市社会の危機状況，問題状況は今でもたいして変わらず，いやもっと深刻化さえしているのに，いつの間にかコミュニティという言葉が一人歩きを始めるとともに，当初のこの言葉に込められた意味付与も，いつの間にか忘れられ拡散してしまったようである。今，原点に立ち返るならば，忘れてはならない諸原則がこの報告には，すでに盛り込まれていたことに気づく。

1つは，住民自治の回復と住民参画の必要性という視点，行政システムとの対応で必然的に導き出される地域性という指標である。2つは，相当程度都市化が進行した大都市社会においてこそ，コミュニティ形成が必要だとする判断である。3つは，コミュニティとは期待概念，わかりやすく言えば，目標とする地域社会像であるという規定である。4つは，新しい共同性の地域レベルにおける構築を唱えてはいるものの，それはけっして意識や関係だけに偏った戦略として提示されているわけではないという点である。

これらの諸原則を通底する関心は，行政に拮抗する住民自治に対する期待を含みながらも，それ以上に，既存の行政サービスのあり方に対する鋭い反省を促すことにあった。行政システムに内在する自省作用に対する期待を，初期のコミュニティ構想は素朴にも抱き続けていたのかもしれない。

「コミュニティ行政」の現実

現実のコミュニティ行政は，この期待と関心を大きく裏切るものとなっている。第1に，いち早く「モデル・コミュニティ」施策を受け入れた地方自治体は，1980年代前半までは，そのほとんどが相対的に人口の少ない市町村であり，大都市の自治体は含まれていなかったという点をあげることができる。コミュニティ行政が政府の補助金がらみで進められたことと無縁ではないにしても，都市的生活様式が相当程度進行した大都市においてこそ，コミュニティ形成が必要であるという判断は，この時点で早々と無視されることとなった。

第2に，その結果，コミュニティは，かつての村落共同体イメージの復活として受け止められ，近隣や町内の人々が仲良くなることと曲解される事態さえ生み出すようになった。

第3に，コミュニティ行政，とりわけ「モデル・コミュニティ」施策は，具体的には，コミュニティセンター，略してコミセンと呼ばれる日本人だけがわかるカタカナ語を生み出しはしたが，このセンターを作ること，合わせてセンターの管理運営委員会を設置することにとどまってしまった点があげられる。しかも多くのコミセンの内部には，役所の支所が作られたから，住民による管理とは名ばかりのものになりがちであり，また管理運営委員会も旧来の住民組織の役員によって構成されることが多く，新しい共同性の芽も出ないという結果を導くこととなった。

第4に，これらの帰結なのか，要因なのかは定かではないが，いずれにしても行政サービスないし行政システムの全面的な見直しなど，どこでもほとんど行われなかったことである。たとえば，縦割り行政こそ問い直されなければならないのに，コミュニティ行政を推進すると称して，あちこちの市町村でコミュニティ課という新しい課が作られた。あるいは，コミュニティ行政とは，財政難を打破するために，ただで住民を動員することと都合よく解釈し直す自治体も相当数存在した。

第5に，コミュニティ行政は，地域によっては，公民館活動等の社会教育活動がもたらしてきた成果をつぶしてしまう結果をもたらした。住民自身の学習活動とそれに基づく地域の改革運動の成果を取り込むことなく，時にこれと対立する行政方針に結びついたのである。コミュニティ行政が住民の政策決定過程への参画をほとんど用意していなかったという限界こそ最大の問題であった。政治力学のなかでコミュニティ行政は，「保守」にとって都合のよいスローガンと化した側面をもっていた。

このような「コミュニティ行政」を展開したあげく，形だけのモノと組織づくりにとどまった自治体は，今どこでも行き詰まり，コミュニティとは何だったのか，担当職員も本当のところはわからなくなってしまっている。デザイン行政，文化行政，コミュニティカルテなど，その後多様な展開を見せるものの，行政の意思決定の一部を住民に委ねるような実践は，ついにどこでも行われ

Column ㉒ コミュニティとパーソナルネットワーク

都市居住が第一次的接触・関係の衰退と第二次的接触・関係の優位を導くとしたL. ワースの仮説的命題は，その後の都市社会学研究に大きな影響を与えた。とりわけ第一次的接触・関係の衰退仮説は，その真偽をめぐって活発な議論が継続的に展開されてきた。都市に居住すること自体が，独立にかつ直接に，第一次的関係の衰退に効果を有するのかどうか，議論の焦点はこの点の解明にあった。ただし，実証研究の力点は，調査対象者の居住地の周辺，たとえば車で15分以内の範域を〈地域〉= communityとして，このコミュニティ内部における第一次的関係の保有状況を調べることにおかれた。第一次的関係は，近年ではパーソナルネットワークと呼ばれるようになっているが，この実証研究におけるテーマ設定も，ウェルマンによって「コミュニティとパーソナルネットワーク問題」と称せられている。

居住地周辺の一定の空間範域（〈地域〉= コミュニティ）の内部という制約条件を課しているかぎり，中・小都市ではパーソナルネットワークの存続が認められているとしても，大都市では衰退仮説を支持する結果が多く提示される可能性は高い。じっさい先行研究はこの予想通りの結果を導いている。しかし，それだからといって都市居住が第一次的関係を衰退させると断言することはできない。〈地域〉= コミュニティという空間的制約を超えて，パーソナルネットワークが拡がっている可能性は，依然として残されている。ウェルマンは，まさしく，この点を明らかにした。都市住民は，近隣関係を衰退させているものの，友人関係など，空間的に拡がりをもつパーソナルネットワークを維持し，増加させているというのである。

なかったのである。高齢化対策としての地域福祉がらみで，福祉コミュニティという名称を与え，カラ元気を出している自治体もあるが，「コミュニティ行政」自体に嫌気がさしている職員が福祉コミュニティといっても，それは結局，福祉ボランティアという名称で安価に実現できる住民の動員に終わることになろう。つまり現実のコミュニティ行政は，行政サービスの供給過程と施策の執行過程の一部に，財政負担の軽減を目的として，住民の参加を要請するだけのものにとどまったのである。

2 自治体政策の変化と新しいコミュニティ

コミュニティ行政の遺産　1970年代・80年代のコミュニティ行政が，いわゆるハコモノ行政にとどまってしまったという指摘は，あながち間違いとは言えない。そのことは，「モデル・コミュニティ」施策を受け入れた多くの市町村で確認することができる。補助金によるコミュニティセンターの設立と周辺整備，旧来の住民組織によるセンターの管理・運営に終わっている事例は，数多く見られる。

けれども一方では，コミュニティ施設がまがりなりにも住民組織によって維持されるようになり，それを定着させてきたという側面ももち合わせている。住民による諸活動が施設の設立をきっかけに活発になっただけでなく，現在に至るまで継続しているケースも少なからず存在する。ボランティア活動が急速に成長・拡大した地域もあり，なかには施設の建設に企画段階から関与した地域もある。コミュニティ行政が結果において，公共的領域への住民の自発的関与を高め，地域社会における共同問題の解決をめざすための共同の活動への参加を拡大することに貢献したことも，また間違いのないことと言える。

住民の自発的活動の醸成を目的に，そのための条件整備をもっぱら行政が担い，住民活動の活性化を期待するというスタンス，悪く言えば，行政下請的な汗をかく活動への自発的参加を期待するというスタンスが色濃く残っていたコミュニティ行政であっても，施設整備によって住民の活動が活発になったということは，住民は必要とあれば，積極的に公共的領域の活動を担うものであることを示していると言えよう。まさしくこの点こそ，コミュニティ行政の限界を示すものであり，同時にその限界を住民の諸活動があばき出したと言う点において遺産と位置づけうるものである。

公共的領域での活動に参加した住民は，自分たちの活動を行政下請仕事であるとか，余計な負担をしいられたとか，案外思わないものである。それよりも，自治体政策や公共的事業に関する事柄について，意思決定過程に実質的にどこまで関われるのか，このほうが活動にとっては大きな条件となると考える。あるいは，そもそも地域社会で発生している諸問題の何を，共同的で公共的な問題と判断するのか，いかなる共同問題のどこまでが公的な問題とみなされるのか，このような事柄について住民と行政がともに検討する場を形成しようとしているかどうか，むしろこのほうが重要だと考えるのである。

条件整備はすべて行政が担うこととあらかじめ決められていたコミュニティ行政では，決定に参加することも，一定の権限をもつことも，住民には許されていない。熱心に活動に参加した住民ほど，意思決定への参画をはばむ行政の壁に何度もぶつかり行政の決定に結局は従うしかない自分たちの姿をみじめに思う。何の権限ももたされない住民という立場を実感した時に，彼らは活動意欲を失う。

1970年代・80年代のコミュニティ行政は，公共的領域に参加し活動する経験をもつ住民の数を増やし，地域社会への関心をもち続ける住民を確保したという点において，90 年代以降の新しい自治体政策の展開，あるいは新しいコミュニティ形成のための準備を整えるという意味をもっていた。同時に，自治体政策の意思決定過程に住民が参画していくこと，そのための正当な権限を獲得していくこと，とりわけ何を公共的問題とするべきか，その議論の出発点から住民が関わっていくこと，これらの重要性を苦しい経験のなかからつかみとってきたという点において，コミュニティ行政は大切な遺産を残したと言えよう。

自治体政策の転換

1990 年代以降，自治体政策には明らかに大きな変化が現れている。個々の政策や事業に応じて意思決定過程への住民参画は，さまざまな様態をとりながら，多くの自治体で進められている。行政が公共的領域にもっぱら責任と権限をもち，住民・住民組織は行政に協力することのみ期待されるような政策理念からの転換が求められている。住民，住民組織，ボランティア団体，NPO，企業等の民間セクターを，ともに公共的領域に責任をもつパートナーと位置づける協働＝パートナーシップの考え方や，この考え方に由来する地域ガバナンスが唱えられ実践されようとしている。この政策転換のポイントは，住民が正当性を付与された権限をもち，意思決定過程に参画していくことのできるシステムを形成することができるかどうか，この点にかかっている。住民自治の拡大を理念とする新しいシステム――後述するように行政システムを含む新しい問題処理システム――を，どこまで形成できるか，この点こそまさしく最大のポイントである。自治体政策の転換を含む新しい動向を，総じて新しいコミュニティ形成として位置づけ，捉え直すのは，こような意味においてである。

都市生活様式の問題

コミュニティ形成を論じるにあたって，かつてのコミュニティ行政の政策理念に立ち返り，そもそもなぜコミュニティ形成が提唱されていたのか，この点から考察を深める必要があろう。1969 年のコミュニティ問題小委員会報告では，コミュニティは社会目標であること，大都市のなかでこそ必要であることが述べられていた。

住民自治が具現し，大都市に居住する住民の生活の質が高まっている状態を，仮に望ましい状態と想定するならば，コミュニティ形成とは，このような状態を実現するための営みを意味しよう。そうであるならば，現状の大都市における生活，とりわけ住民にとっての都市生活の基本的性質を理解し，合わせて現状の問題と限界を克服する方法を考察することが，コミュニティ形成を新たに構想するための最適の思考ルートということになる。

都市社会学では，都市生活について２つの理論を提供している。1 つが都市的生活様式論であり，1 つが都市的生活構造論である。前者は都市生活の共同的側面，すなわち集落の共同問題の処理に関わる共同生活の様式を論じ，後者は都市生活の個別的側面，すなわち個人の生活課題の達成に関わる生活財の整序のパターンを論じるものである。コミュニティは共同性に関わることがらであるから，ここでは，都市的生活様式論の論理を援用することとしよう。

都市的生活様式とは，次のように簡潔に定式化しうる。それは都市社会および地域社会の共同問題の共同処理を，専門サービスによって専門処理することを原則とするような共同生活の営み方である。専門サービスは，大きくは公的＝行政サービスと私的＝商業サービスに分けられるが，コミュニティ形成の視点に立つならば，行政サービスがより重要である。すなわち都市生活のなかで絶えず発生し，その処理なしには都市生活が営みえないような共同問題を，行政サービスという専門サービスによってもっぱら処理しているような，現状の都市的生活様式自体が問題とされなければならない。

行政サービスは，巨大な処理システムの成立を前提としてはじめて，多様な共同問題の効率的な処理に貢献することができる。衛生，保健・医療，教育，福祉，交通，エネルギー供給，廃棄物処理等の各種の共同問題別に，処理のためのサブカテゴリー・システムが形成され，全体として1つの巨大な処理システムが構築されている。この処理システムが存在するからこそ，住民は効率的な処理を求めて行政サービスに依存するといってよい。行政による専門処理を自明視するような規範の生成も，処理システムの巨大化・専門分化の進展とパラレルであったと考えることができる。

したがって，現状の都市的生活様式の問題とは，大きくは近代社会システムの限界に関わる問題であり，地域社会レベルでは現状の処理システムの限界に関わる問題であるといえよう。このパースペクティブに立脚するならば，コミュニティ形成における中心的活動とは，地域社会ごとに処理システムの限界を突破し，これを改革する活動であるということになる。それはまた，当然にも行政への，公共的領域への住民の介入を意味し，政治的意思決定過程への参画を意味する。行政的権限の住民へのあけわたしという側面さえあわせもつ。これらを含めて，新しい都市的生活様式を樹立し，新しいコミュニティを形成する営みと位置づけるのである。

問題処理システムの限界

問題処理システムは，行政サービスの供給の母体である。行政サービスの抱える問題性とは，じつは母体である処理システム自身の問題性や限界，ないし機能不全から派生している。それらは大きく4点に要約することができよう。

第1は，システムの巨大性と不透明性である。問題領域別サブカテゴリー・システムだけでも巨大化し，その処理過程は不透明になっている。行政サービスに対する住民の不信の多くは，この不透明性に由来するといっても過言ではあるまい。

第2は，行き過ぎた専門分化と細部における規制である。M. ウェーバーも指摘した官僚制に共通する短所と日本的行政システムに内在する短所とが混合する結果，基礎自治体における行政サービスは今や住民のニーズに柔軟に対応しえなくなっている。

第3は，現状の問題処理システムが専門処理にとって適合的な要素の連関として成立しているために，住民の関与を最低限に抑えようとする傾向を生み出している点である。専門処理は効率を重視するあまり，住民の関与を嫌うことが多い。今やその弊害が各所で露呈し始めている。

第4は，単独の機能にのみ卓越し，副次的・潜在的機能を捨象する点である。たしかに専門処理は，1つの目的の達成のためにはすぐれた手段であろう。たとえば飲料水の供給のためには，水道という行政サービスないし専門処理が，井戸水よりはすぐれている。しかし井戸水のもっていた住民間コミュニケーションの活性化という副次的・潜在的機能は見事なまでに捨て去られている。井戸端会議はありえても水道管端会議など想像することさえできない。

第1と第2の問題は，行政サービス・行政機構全体の見直しの必要性につながる問題である。第3と第4の問題は，処理システムのなかに，とりわけ処理の仕方を決定する政治的・行政的過程のなかに，住民による介入ないし住民主体の協働による共同処理を導入する必要性につながる問題である。したがってコミュニティ形成に求められる処理システムの変革とは，最適な処理システムの形成と住民自治の拡大を目的として，行政サービスの自己点検と改革，処理システムの要所への住民の共同処理の導入という2つの変革を提示するものである。

コミュニティとは何か

ここまで議論を進めてくると，コミュニティおよびコミュニティ形成とは何であるのか，自ら明らかであろう。コミュニティとは，地域社会における問題処理システムが最適なシステムとして機能し，それによって住民自治が具現し，住民生活の質が高まっているような地域社会の理想状態を意味する。コミュニティ形成とは，この理想状態へ向かうあらゆる活動を含意するが，ここではきわめて具体的に問題処理システム変革の営みと規定しておこう。

コミュニティ形成の主要な活動が，処理システムの変革であると規定するとき，その活動は，行政システム内部の自己変革の活動と，政治的・行政的意思決定過程への住民の参画，あるいは処理システムへの住民の共同処理の組み込みという2つの活動から構成されうる。

これまで，コミュニティ形成といえば，住民の地域社会への関与に関わる意識と，住民相互の作り合う関係性がもっともよく議論されていた。コミュニティ意識と命名されたものも，内実は新しい共同処理を志向する住民の意識を意味していた。人間関係もまた，狭い空間のなかでの限定的な共同処理にとって適合的な近隣住民の関係のありようを議論するものであった。しかし，両者

Column㉓ 奨学会と山村の小学校

岡山県の，鳥取県との県境に近い中国山地に，Y温泉がある。西日本の温泉番付では大関を張る名泉といわれている。川に面した天然の露天風呂は，川底からプクプクとあがってくる，ぬるめの湯に直接ひたることができる。この川の川上には，推理小説でその名を知られることとなった八束村があり，さらに北上すると県境となって，山なみはすぐに，鳥取県の大山につながっている。

Y温泉近くに，本村があり，そこに小学校が1校おかれている。本村と枝村の子どもたちが通っている学校である。明治の中頃，1行政村に1小学校という政府の通達にしたがって，A村（明治以降の行政村）でも小学校を建てることになるのだが，政府からも県からも財政的援助はいっさいなく，財源は村で何とか賄うほかなかった。幸い山村のことゆえ，豊富な共有林と大工仕事に慣れた人手には事欠かない。共有林を切り出し，一部は金銭に換えて，小学校に必要な調度品をそろえ，残りの多くは小学校建設に必要な材木とした。小学校完成後，村の全戸が加入する「奨学会」が作られる。奨学会は初期には教師の給料も支払っていたというが，小学校を維持するために必要な種々の経費を負担し続けてきた。つまり，奨学会は，小学校の建設から維持，運営のほとんどすべてを村の負担として，具体的には，村の全戸の負担として，共同処理する組織であった。もちろん，大きな出費となると，たとえば，ピアノが必要だということになると，共有林を売って，経費の支払いにあてた。

今も奨学会は存続している。そして奨学会にまつわる記憶は，村人のなかに受け継がれ，定着している。小学校は，A村では，村人のための小学校である。村で重要な会議を開く時には，小学校の教室が使われる。小学校の授業は取りやめになる。A村の小学校には，今でもPTAがない。

の議論には深い分裂がつねに潜んでいたのである。意識論が理想を問い，関係論が現実との接点を求めて，コミュニティ形成論の混乱に拍車をかけていた。

ここに提示する議論は，処理システムの変革，ないし新しい処理システムの形成を前面に掲げる点に特色をもつ。従来のように，コミュニティ意識の醸成ないし住民間コミュニケーションの活性化と共同関係の育成を出発点とし，コミュニティ形成を考える論理構成とは，まったく異質である。あるいは，意識の醸成と共同関係の育成のための施設づくりを前提とする発想とも異なっている。

論理は逆転させられている。住民同士が知り合いになること，親しく仲良しになること，住民意識が変わること等を，出発点とは考えない。ここでは，公共的領域の問題処理を担うシステムの内部に住民参画を実現し，それによって住民自治の拡大をめざすことが最重要である。そのために，処理システムを変えること，住民の共同処理をシステムのなかに組み込むこと，新しいシステムを作っていくこと，このことが出発点であり前提である。この過程で住民の意識や住民間関係も少しずつ変容していくものと思われる。つまり意識と関係の変容は，処理システムの変革・新しいシステムの形成に随伴する結果とみなすのである。

重要なことは，次のような点を住民も行政もともに考えていくことである。共同問題のなかで，専門処理にふさわしくない問題とは何か。にもかかわらず現状では専門処理してしまっている問題とは何か。住民の共同処理と行政サービスが結合できる要所とはどこか。サブカテゴリー・システムのどの部分に共同処理を組み込ませたらよいのか。そしてそれはいかなるタイプの共同処理であるのか，処理主体は町内会・自治会なのか，住民の有志なのか，ボランティア団体なのか，NPO なのかあるいは企業なのか，これらの協働であるのか。さらに，政治的・行政的意思決定過程のどこに住民の介入を実現することが住民自治の拡大にとってもっとも効果的であるのか。住民はどこまで権限をかちとれるのか。

これからのコミュニティ形成論が解を与えなくてはならない問いとは，まさしくこのようなシステム変革に内在的に貢献する問いである。

3 新しいコミュニティ形成に伴う諸問題

相互扶助にまつわるイメージ

コミュニティ形成のポイントの1つが，専門処理システムの内部に住民の共同処理を組み込むことであるとしても，住民の共同処理とは，そもそもどのような内容をもつものとしてイメージされているのであろうか。かつての村落における相互扶助と大差のないイメージをもつ人も多い。そうでなくても，共同処理のなかに，知らず知らずのうちにこのイメージが忍び込んでいる場合もある。

村落における相互扶助は，2つの特色をもっていた。1つは全員（全世帯ないし全戸）参加という原則が強固に働いていた点である。いま1つは，援助の中身が労力奉仕ないし手助けを中心とするものであることが多く，体を使って働くことが求められていた点である。この2つの特色は，村落においては，共同問題の処理過程を透明にすることにも寄与していた。全員参加の原則は，世帯と集落との結びつきを確認させ，集落の共同問題であることの認知を徹底させ，処理にあたって誰と誰がどのような役割を果たしているかを全員に周知させた。労力奉仕はまさしく実際の処理過程を身をもって体験するとともに，対価を払わずに問題を処理できるという点でも大きなメリットを有していた。

現在もなお，このタイプの相互扶助が，住民の共同処理の原型として，モデルとして生き続けている。全世帯参加の草取り，道路清掃など事例は多い。そのために共同処理という言葉は，しばしばきわめて狭い意味内容において捉えられることになる。

さまざまな共同処理と行政の課題：共同問題の公共化

しかし，住民の共同処理は，このようなタイプの処理だけであろうか。意思決定への参画，関心をもつ者だけの活動など，現代都市に展開する住民の諸活動はきわめて幅広く多様性に富んでいる。むしろ全世帯参加による手助けや労力奉仕は，共同処理のごく一部にしかすぎない。共同問題の種類別に最適な処理のあり方を考え，多様なタイプの共同処理を専門処理システムのなかに組み込んでいくことが重要である。

行政システムが住民による共同処理との有機的な連携，換言するならば協働＝パートナーシップを実現するためには，クリアすべき課題も多い。

第1に，行政は，自治会・町内会などの既存団体，地域網羅的団体を重視し，古い相互扶助イメージにひきずられがちな現状の視点から転換するべきであろう。多様な共同処理活動に対応できる姿勢が求められている。

第2に，行政は，住民，住民組織，ボランティア団体，NPO等々との間に対等な関係を構築し，公共的領域の責任をともに担う関係を作らなければならない。そのうえで行政責任の範囲を限定し，かつ明確にし，無限定なサービス提供に歯止めをかける必要がある。際限のない個別対応に追われるのではなく，住民に権限や決定権を委ね，責任をもって解決・処理すべき問題領域のあることをむしろ明示していくような，サービス提供の転換が必要である。

第3に，住民の自己組織化能力と問題解決能力を信頼する発想が求められる。行政の指導や規制のもとで住民が協力する体制を作ったり，行政と住民との一体化をむやみに強調するのではなく，住民の公共的領域への介入を歓迎する姿勢が必要である。

したがって第4に，情報提供サービス等のなかで，問題提起を行い，地域社会に潜在する共同問題を顕在化し，住民とともに，これを公共化することが必要である。

第5に，共同問題の公共化と公共化した問題の処理過程への住民の参画や，行政的意思決定過程への住民の介入を許容しうる行政処理システムを構築することである。この点を抜きに，コミュニティ形成を語ることはできない。

周辺からの相互発信

しかし，このような行政システムが抱える課題の背後には，日本の官僚制支配に由来する，より大きな課題が潜んでいる。それは，中央集権型予算決定システムの副産物としての補助金行政によって生ずる問題であり，中央官僚の発想になるモデルを補助金とともに，どの自治体にも同じようにあてはめる政府の行政手法をめぐる問題である。財政事由から補助金交付を優位に置かざるをえない自治体は，提示されるモデルからの逸脱を恐れ，ともすればそれぞれの実情に合った施策を検討する余地を自ら狭めることになっている。コミュニティ行政こそ，このような手法を踏んではならなかったはずであるが，結局は同じ過程をたどることになった。

コミュニティ形成を支える理念は，中央からの発信に依拠するのではなく，地域からの，周辺からの発信に基づいて多様な改革の道を尊重し合う精神にある。大都市のなかの地域であろうと，県庁都市のなかの地域であろうと，地方小都市であろうと，同じく中央に対しては周辺であり，このようなさまざまな周辺からの，処理システム改革の多様なモデルと実践の相互発信こそ，今もっとも求められていることである。

重層的コミュニティの形成

地域社会において発生する共通・共同の生活問題を解決・処理するための最適なシステムづくりがコミュニティ形成であるとするならば，それは地域社会ごとに多様であるとともに，地域の空間的範域に応じて成立する重層性をもつシステムでもある。

問題処理システムは，現状では，行政サービスを中心とする専門処理システムとして機能している。したがってこの改革をコミュニティ形成の中心的課題とするとき，コミュニティの空間的範域もまた行政区画に一定程度対応するものにならざるをえない。住民自治の回復という論点によってもこのことは支持されうる。そこでコミュニティの最大の空間的範域を，第２章で示した地域社会の空間的範域と合致させ，基礎自治体のそれに重ね合わせることに，おそらく異論はないものと思われる。

注意すべきは，共通・共同の生活問題のタイプおよび種類が，空間的範域の大小によって異なる点である。市や特別区レベルで発生する共同の問題と，連合町内会レベルの空間，小学校区レベルの空間，自治会・町内会レベルの空間のそれぞれにおいて発生する共同の生活問題とは，空間範域の大小に応じて異なっている。現状の地域社会における処理システムは，第２章でも述べたように，この空間的範域に応じて重層的に形成されているのである。

コミュニティ形成の基盤となるコミュニティ空間の範域は，モデル的には，基礎自治体および政令指定都市における区を最大の範域とし，中学校区ないし連合自治会・町内会レベル，小学校区レベルを中間的範域に，単位自治会・町内会レベルを最小の範域とするような重層的空間構成において捉えられるものとなる。

この4層の空間的範域から構成されるモデルとしてのコミュニティ空間において，共通・共同の生活問題のタイプも，その処理の仕方も，それぞれに異なる点が重要である。つまり，4層のコミュニティ空間に対応する4層の処理システムが構築されねばならず，この点が第1のポイントである。

たとえば，最小の町内会レベルのコミュニティ空間と，中学校区レベルのコミュニティ空間とでは，共通・共同の生活問題と，これに対処する行政サービスおよび住民の共助のありようはかなり異なるものであり，それぞれに見合う処理システムの改革が求められる。町内会レベルのコミュニティ空間では，この空間を共有財産とするような住民主体の管理ないし共助が処理システムの中心部分を担うことになる。住民の相互扶助組織のあり方が最小のコミュニティ空間における処理システムの構想にとって必須の要件となる。他方，中学校区レベルのコミュニティ空間では，保健・医療・福祉，教育，道路，住宅，上下水道，治安，諸施設に関する行政サービスと，これに対する住民の関与のあり方，さらには地域を超えた広がりをもつ種々の市民的活動との連携のあり方など，最小のコミュニティ空間とは異なる生活問題，異なる処理の担い手，異なる処理の方法が存在する。また，この空間レベルの処理システムの改革は，処理システムに占める行政サービスのウエイトの増大に伴って，行政サービス自体の改革・見直しを抜きに語りえないことになる。

したがって，4層のコミュニティ空間に対応する4層の処理システムの改革を構想するための第2のポイントは，4層の処理システムがそれぞれ担う共同の生活問題を公共化し，処理に関する協働のあり方を明確にすることに求められる。

新しいコミュニティ形成とまちづくり

コミュニティ形成にとっても，また，まちづくりといわれる事業にとっても，1つのモデルとして採用した4層の処理システムのなかで，とりわけ中学校区（ないし連合自治会・町内会）レベルのコミュニティ空間に対応する処理システムをいかに形成するか，このことがもっとも重要な課題となる。このレベルの処理システムにおいて住民の関与を拡大することが住民自治の再生にとって不可欠であるとともに，狭い町内を超え相当の拡がりをもつボランティア活動等の市民活動との協働を初めて具体的に論じうるからである。このレベルのコミュニティ空間こそ，まちづくりの名にふさわしい処理システムの構築が可能な空間である。したがって，中学校区レベルのコミュニティ空間に，権限と正当性を付与し住民自治を保障するような小さな政府—近隣自治政府を作る構想もまた，住民自治の拡大を目標とするコミュニティの形成にとっては，有意義な構想と判断することができる。いずれにせよ，このような新しいコミュニティを形成しうるかどうかが，21世紀における持続可能な都市づくりの焦点であることは疑いようがない。

新しい家郷としてのコミュニティ

全国各地の地域に，とりわけ大都市のなかの地域に，まもなく大量の退職者が居住するようになる。団塊の世代とそれに続く出生コーホートに属する人々である。彼らは退職後の生活時間の大半を地域のなかで過ごすことになる。今住むこの土地で，退職後の生活をできるだけ生き生きと送り，やがてこの地で安らかに死を迎えたいと願う人々は多い。彼らのなかに、この地を，この地域を，自分にとっての「ふるさと」と思えるようにしたい，そして「ふるさと」で老後を過ごし，死んでいきたいと望む人々が少なからずいるとしても，それは何ら不思議なことではないだろう。彼らにとって，コミュニティ形成は，新しい家郷の創造という意味をもっている。

昭和30年代の「過去物語」が人気を集めている。物語は，大都市の片すみの町を舞台に，おそらく小学校の上級学年と思われる少年の眼を通して語られている。昭和30年代に小学校上級学年（4年生～6年生）であった者といえば，ほぼ昭和21年生まれの者から昭和28年生まれの者に相当する。団塊の世代とそれに続く出生コーホートに属する人々であり，その多くがまもなく退職を迎える人々である。

一方，彼らの親の世代は，就学や就職のために大都市に移動してきた世代であり，この親世代にとって都市は故郷と呼びうる居住地ではなかったのである。その当時，親世代が離脱してきた故郷もまた，「家」の存続の危機に直面し，いつでも還ることのできる場所＝家郷としての機能を失いつつあった。昭和30年代の「過去物語」の主人公の親世代は，見田宗介がかつて名づけたように「家郷喪失者」と呼ぶことができる。

しかし団塊の世代とそれに直続する出生コーホートに属する者にとって，都市は小学生以来，長く居住し続けた場所であり，彼らの確かな記憶に残る現実の居住地として存在している。彼らは「家」も「家郷」もはじめからもちあわせてはいない。今，ノスタルジックな追憶とともに昭和30年代の町を想い起こすのは，高齢期の入り口にさしかかって，この都市の，この居住地を，それぞれに新しい故郷とみなしたいがためである。

昭和30年代「過去物語」は，大量の高齢者予備軍に属する者たちの，新しい家郷創造への内なる希求のシンボルとして受容されている。彼らは，家郷喪失者ではなく，家郷創造者として自らを位置づけようとしている。新しいコミュニティ形成は，この意味で新しい家郷としてのコミュニティ創造の営みとして捉えることができる。

引用・参照文献
Reference

倉沢進，1977，「都市的生活様式論序説」磯村英一編『現代都市の社会学』鹿島出版会。

倉沢進，1998，『コミュニティ論――地域社会と住民運動』放送大学教育振興会。

松下圭一，1996，『日本の自治・分権』岩波書店。

見田宗介，1971，『現代日本の心情と論理』筑摩書房。

宮川公男・大守隆編，2004，『ソーシャル・キャピタル』東洋経済新報社。

森岡清志，1993，「都市的ライフスタイルの展開とコミュニティ」蓮見音彦・奥田道大編『21 世紀日本のネオ・コミュニティ』東京大学出版会。

中村八朗，1973，『都市コミュニティの社会学』有斐閣。

日本地方自治学会編，2003，『自治制度の再編戦略――市町村合併の先に見えてくるもの』敬文堂。

奥田道大，1983，『都市コミュニティの理論』東京大学出版会。

Putnam, R. D., 2000, *Bowling Alone : The Collapse and Revival of American Community*, Simon & Schuster.（＝2006，柴内康文訳『孤独なボウリング――米国コミュニティの崩壊と再生』柏書房）

園田恭一，1978，『現代コミュニティ論』東京大学出版会。

鈴木広編，1978，『コミュニティ・モラールと社会移動の研究』アカデミア出版会。

玉野和志，2006，「90 年代以降の分権改革と地域ガバナンス」岩崎信彦・矢澤澄子監修，編集代表玉野和志・三本松政之『地域社会の政策とガバナンス』(『地域社会学講座』第 3 巻）東信堂。

Wellman, B., “The Community Question : The Intimate Networks of East Yorkers,” *American Journal of Sociology*, 84(5).（野沢慎司編・監訳

『リーディングス ネットワーク論』勁草書房，2006 に所収）
Wirth, L., 1938, “Urbanizm as a Way of Life,” *American Journal of Sociology*, 44(1).（＝1965，高橋勇悦訳「生活様式としてのアーバニズム」鈴木広編『都市化の社会学』誠信書房）

Summary　サマリー

コミュニティは，地域社会の英語読みではない。それは，望ましい地域社会像を意味する社会学の期待概念である。すなわち，政治的・行政的過程への住民の参画が実現し，住民自治が具現し，それを保障するものとしての最適な問題処理システテが成立しているような望ましい地域社会の状態を意味する。この社会目標としてのコミュニティの成立に向けて営まれるさまざまな諸活動を含めて，新しいコミュニティ形成と呼ぶ。コミュニティ形成の活動は，現状の処理システムの限界を突破する試みでもあり，その意味で，現状の都市的生活様式を乗り越える営みであると考えることができる。この点で 70 年代・80 年代のコミュニティ行政とは明らかに異なっている。

現状の処理システムの限界とは，巨大性・不透明性，行き過ぎた専門分化，住民の関与の不在などの事態を指示する。これらの問題点を克服する活動としての新しいコミュニティ形成は，地域社会ごとの処理システム改革の活動として具体化する。地域社会・空間は，本書では，基礎自治体を最大の空間範域とする重層的構成をとるものと措定されている。したがって，町内という狭い空間から市という広い空間に至る，それぞれの空間に応じた処理システムの改革を構想していくことが必要である。その時に，中学校区ないし連合町内会レベルの空間における改革が，処理システムへの住民の参画が本当に意義をもつ，もっとも重要な改革として位置づけられる。

SEMINAR セミナー

1. 大都市における共同問題の処理システムがいかに巨大であるのか，このことを理解するために，飲料水の供給およびし尿の処理という共同問題の処理を担う水道と下水道を取り上げ，この２つの処理システムの具体像を描いてみよう。
2. 現代都市における処理システムの限界とは何か。テキストを参照しながら整理してみよう。
3. この処理システムの限界を突破する試みとして，どのようなものが考えられるだろうか。一般論から始まり具体論まで，各自で考え，議論してみよう。
4. 現状では，専門処理されている共同の生活問題であるが，本来は，専門処理には適合的ではない問題とは，どのような問題なのだろうか。具体例をあげてみよう。
5. 住民による新しいタイプの共同処理として，どのようなものが想定できるだろうか。また旧タイプ，新タイプを含む，さまざまな団体や組織の協働のあり方をを考えてみよう。

読書案内

倉沢進「都市的生活様式論序説」磯村英一編『現代都市の社会学』鹿島出版会，1977

都市生活を営むうえで発生する共通・共同の生活問題を，専門機関の提供するサービスによって処理する点に，最初に注目し，そこに都市的生活様式を見出した記念すべき論文である。

中村八朗『都市コミュニティの社会学』有斐閣，1973

コミュニティ研究に関する先行研究を平易に解説するだけでなく，都市の地域社会を対象とする社会学的調査・研究のための基本的指針を示した書である。

鈴木広編『コミュニティ・モラールと社会移動の研究』アカデミア出版会，1978

コミュニティ・ノルムとコミュニティ・モラールという2つの概念を定立したうえでその実証に取り組み，さらに，階層移動と空間移動を重ね合わせる独自の社会移動論を展開し，個人の生活構造との接点を実証的に追求した大著である。土着－流動，上層－下層の組み合わせによる地域社会類型は，地域社会の現状分析において，今でもその有効性を失っていない。

野沢慎司編・監訳『リーディングス ネットワーク論』勁草書房，2006

これまで未訳であった社会的ネットワークに関する海外重要論文を選択的に収集し，翻訳した書である。各論文ごとにわかりやすい解説がつけられている。ウェルマンの「コミュニティ問題」や社会資本というアイディアを示したコールマンの論文も収められているが，なかでもボットの論文をはじめて翻訳した意義は大きい。

―――――――― 森岡清志◆

地域の社会学：索　引

あ　行

か　行

さ 行

た　行

な　行

は　行

ま　行

や　行

ら　行

わ　行

◆編者紹介

森岡清志（もりおか　きよし）

首都大学東京大学院人文科学研究科教授

地域の社会学

Sociology of Urban Community

有斐閣アルマ

2008年3月5日　初版第1刷発行
2009年12月5日　初版第2刷発行

編　者　森　岡　清　志

発行者　江　草　貞　治

発行所　株式会社　有　斐　閣

東京都千代田区神田神保町2-17
電話　(03)3264-1315〔編集〕
(03)3265-6811〔営業〕
郵便番号　101-0051
http://www.yuhikaku.co.jp/

印刷　株式会社理想社・製本　大口製本印刷株式会社・組版　ティオ

© 2008, Kiyoshi Morioka. Printed in Japan

落丁・乱丁本はお取替えいたします。

★定価はカバーに表示してあります。

ISBN978-4-641-12271-0

Ⓡ本書の全部または一部を無断で複写複製（コピー）することは，著作権法上での例外を除き，禁じられています。本書からの複写を希望される場合は，日本複写権センター（03-3401-2382）にご連絡ください。

2
H22. 12. 10